영어회화, 내 마음대로!

영어회화 LIVE패턴
200

박채희 · 최연주 저

씨앤톡
See&Talk

저자 최연주

미국 Oklahoma City Univ. 대학원 TESOL(영어교육)과를 졸업
하였고, 인천 대학교, 인천 전문대학, ㈜ACE TECHNOLOGY,
인하대학교, 영남 대학교에서 토익을 강의했으면 ㈜삼성서비스센터
대구캠퍼스에서 영어회화를 강의하였다.
저서로는 『BASIC TOEIC 문법』(2004) 『영어회화에 강해지는 노
하우 50』(2006)이 있으며, 현재 미국에 체류하면서 영어교재 집필
에 전력하고 있다.

저자 박채희

미국 Oklahoma City University에서 TESOL 석사를 마치고, 현
재 Ball State University, Applied Linguistics(응용언어학) 박사
과정에 재학 중이다.
저서로는 『영어회화에 강해지는 노하우 50』(2006)이 있으며, 현재
미국에 체류하면서 영어교재 집필에 전력하고 있다.

영어회화 내 마음대로!
영어회화 Live 패턴 200

초판 발행 | 2007년 1월 25일
초판 10쇄 | 2015년 3월20일
발행 | 이진곤 **발행처** | 씨앤톡 See&Talk
등록일자 | 2003년 5월 22일 **등록번호** | 제 313-2003-00192호
저자 | 최연주·박채희 **편집총괄** | 최춘성
마케팅 | 김지현, 조정수, 윤정애
일러스트 | 이효정(전나무숲 『카키의 그림일기』에서 발췌)
ISBN | 978-89-6098-000-6 (03740)

주소 | 서울시 서대문구 연희로5길 82 2층
전화 | 02-338-0092 **팩스** | 02-338-0097

한국인이라면 초등학교부터 시작해서 대학교 졸업할 때까지 영어를 배운다. 하지만 외국인을 만나 이야기하고자 할 때 머릿속에서는 맴돌지만 생각보다 쉽게 말문이 열리지 않는 게 우리의 현주소다. 저자는 이러한 학습자들의 잠재된 영어를 공식적인 패턴을 통해 효율적으로 최대한 밖으로 이끌어 내는데 초점을 맞추어 이 책을 집필하였다.

이 책을 펼치기 전에, 영어로 말하고자 할 때 무엇이 가장 답답하였는가를 잠시만 생각해보자. 아마도 자신의 의사를 표현할 때와 상대방의 의견을 묻고 싶으나 영어 실력이 뒷받침 해주지 않을 때 가장 답답함을 느꼈으리라 생각한다. 자 그럼, 자신의 생각을 표현할 때 어떤 말로 시작할 것인지 한두 가지 정도만 생각해보자. 그리고 상대방의 의견을 묻고자 할 때 어떤 말로 질문을 시작해야 할지 한두 가지만 더 떠올려 보도록 하자. 머릿속에 떠올렸으면, 이젠 책의 차례를 살펴보면서 여러분이 생각했던 표현이 있는지 찾아보도록 하자. 분명히 여러분이 생각해낸 표현이 이 패턴 영어에 포함되어 있으리라 확신한다.

여러분 속에 잠재되어 있는 영어를 확인하였는가? 여러분에게는 여러분이 생각해낸 표현 이외에도 셀 수 없이 많은 표현들이 잠재되어 있을 것이다. 이 책은 학습자의 이러한 잠재되어 있는 영어를 효율적이고 과학적인 패턴을 통해 최대한 이끌어내는 데 주력하였다. 다양한 어휘와 어구들은 여러분의 영어를 더욱더 살찌우게 할 것이며, 긴 문장에 익숙해짐으로써 여러분의 영어가 일취월장함을 스스로 느끼리라 확신한다. 한꺼번에 다 소화 하려고 하지 말고, 패턴 하나하나를 찬찬히 곱씹으면서 암기하도록 하며, 암기한 패턴에 새로운 단어를 넣어 사용함으로써 유창함을 길러보도록 하자.

저자 박새희 · 최연주

영어교사

English collocations are difficult for non-native speakers to learn, however, they are an important part of learning how to speak the language as they are very common and necessary to express one's thoughts.

This book has collected some of the most common and useful collocation phrases in the English language. Ones that will be very helpful for anyone who wishes to learn to speak English with greater fluency. Once these basic patterns are learned the learner can acquire greater fluency and build more native sounding sentences.

영어 문장 공부는 영어를 모국어로 사용하지 않는 사람에게는 어렵다. 하지만 이는 자신의 생각을 표현하는 데 가장 기본이면서도 꼭 필요한 것이기 때문에 영어 말하기를 배우는데 있어서 아주 중요한 하나의 부분이 된다.

이 책은 가장 기본적이면서 유용한 영어 표현들을 수록하고 있기에 영어를 능수능란하게 말하고자 하는 사람에게는 아주 유용할 것이며, 일단 이러한 기본적인 표현들을 익히게 되면 탁월한 유창성뿐만 아니라 더 나아가서 원어민 수준의 영어를 구사할 수 있게 될 것이다.

- 크리스탈 버밀리언
- 미국 인디애나 주 먼시 커뮤니티 학교
- ESL 교사

ESL teacher
Muncie Community Schools
Muncie Indiana

Krystal Vermillion

유학생

영어를 공부한 지 오랜 시간이 지났지만, 늘 어렵게만 느껴진다. 아마도 항상 한국식으로 생각하고 그것을 영어로 옮기려고 했기 때문인 것 같다. 그것은 참 쉽지 않은 일이다.

최근 영어를 거의 말하지도 읽지도 못하는 딸아이가 유치원에 가기 시작했는데, 어느 날 갑자기 아이가 영어를 말하는 게 아닌가. 나는 너무나 놀랐다. 물론 그 영어는 단어가 아닌 통문장(패턴영어)이었다. 영어회화를 배우는 초보자에게는 패턴영어가 가장 효과적인 방법인 것 같다. 우리 어린 딸아이의 학습법이 바로 그것이다.

- 김건우 Ball State University 박사과정

김 건우

영어교사

Because some aspects of English grammar are quite different from Korean, it can be difficult for students to learn and remember them. Using patterns is an effective way to address this challenge: with patterns, students learn real language and internalize it so that they develop a sense for what "sounds right" both in oral communication and in writing.

영어 문장 구조는 한국어와 많이 다르기 때문에 한국 학생에게 있어서 영어는 아주 어려울 것이다. 영어 패턴을 익히는 것은 이러한 어려움에 대처하는 데 효과적인 영어 학습 방법이다. 학습자들은 패턴 영어를 통해 생생한 영어를 익히고, 이를 내면화해 구어와 영작문에 있어서 올바른 표현에 대한 언어적 감각을 익히게 될 것이다.

• Rebecca Norman
  ESL instructor, MA in TESOL Ball State University

Rebecca J. Norman

유학생

유학을 오기 전에는 미국에서 살면 큰 노력 없이도 영어가 자연스럽게 늘 줄 알았다. 하지만 생활 중에 영어를 매일 접하더라도 막상 머릿속의 말들이 입으로 잘 나오지 않았다. 그래서 생각해낸 게 필요한 문장들을 통째로 외우는 것이었다. 미국에 와서까지 그렇게 영어를 외우면서 공부하느냐고 반문하는 사람도 있었지만, 문장 암기는 나에게 있어서 영어를 향상시키는 정말 유용한 방법이었다. 주저 없이 문장을 통째로 외워보자. 그러면 나 자신도 모르게 어느 순간 상황에 맞는 적절한 말이 튀어나올 것이다.

• 김명희, MA TESOL, Indiana State University

Indiana State University
TESL MA. 전공 김명희

" This book has collected some of the most common and useful collocation phrases in the English language."

이 책의 구성

Point Tips 패턴에 관한 모든 것!

Live Talks 패턴, 대화에서 활용하기!

Quiz 퀴즈로 체크하는 나의 실력!

Talk Talk 튀는 English! 관용표현까지 쏙쏙 마스터!

Basic Exercise 응용학습은 이렇게!

패러디 극장 재미와 영어학습을 한방에!

패러디 극장 해설 웃으며 배우는 영어표현!

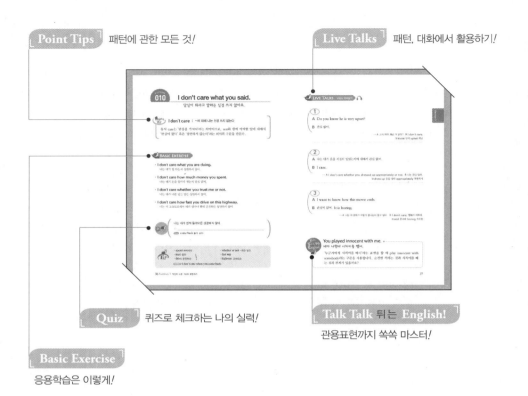

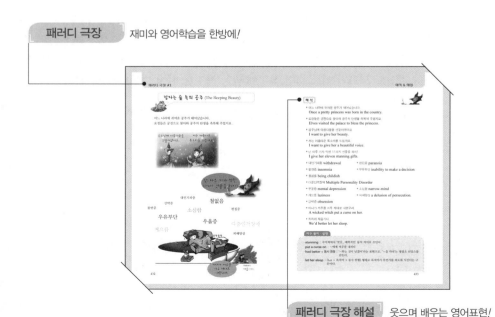

CONTENTS

패러디 극장 1 잠자는 숲 속의 공주

자신의 느낌 100% 표현하기

자신의 느낌이나 생각을 표현할 때 사용하는 패턴영어이다. 자신의 의사를 표현하고자 하기에 기본적으로 1인칭 I로 시작한다. 하지만 내용에 3인칭 대명사(He, She, They)를 번갈아 사용하면서 다양한 표현들을 익히도록 하자.

Section 1

CONTENTS

패러디 극장 2 **백설공주**

알고 싶은 거 100% 물어보기

기본적으로 상대방에게 질문을 할 때 자주 쓰는 표현이다. 2인칭에 익숙해지면 주어를 3인칭 대명사(He, She, They)로 바꿔서 연습하도록 하자. 3인칭 표현에 능숙해지면 자신의 영어가 한층 업그레이드 되었음을 느낄 것이다.

Section **2**

CONTENTS

패러디 극장 3　개구리 왕자

의문사 100% 활용하기

Section ③ ····
의문사를 최대한 활용해서 상대방에게 묻는 표현이다. 이미 학창시절에 배웠던 내용
들이기 때문에 쉽게 익숙해지리라 생각한다. 이 섹션에서도 마찬가지로 3인칭 대명
사(He, She, They)를 넣어 여러 가지로 표현해보도록 하자.

CONTENTS

패러디 극장 4   신데렐라

CONTENTS

머릿속 문법 100% 응용하기
암기해야만 쉽게 입에서 나오는 기본적인 영문법을 활용한 표현이다. 반복해서 말함으로써 자동적으로 암기가 되리라 생각한다. 새로운 문법 내용이 아니기에 읽으면 읽을수록 과거에 배웠던 기억들이 떠오르며 익숙해질 것이다.

CONTENTS

패러디 극장 5　　장난감 병정

Section **5** ‥‥

머릿속 단어 100% 활용하기

대부분 여러분이 알고 있는 형용사와 부사들이다. 이러한 단어들이 생활영어에서 어떻게 쓰이는지 파악하고 자연스럽게 입에서 나올 때까지 연습하도록 하자. 쉬운 단어만 가지고도 얼마든지 영어회화를 자유자재로 할 수 있다.

패러디 극장 6　　성냥팔이 소녀

CONTENTS

Section 6

머릿속 숙어 100% 표현하기

중·고등학교에서 배운 숙어를 기본으로 한 영어회화 패턴이다. 섹션5의 머릿속 단어와 섹션6의 머릿속 숙어를 완전히 마스터하면 영어로 자신의 의사를 표현하는데 능숙능란해질 것이다. 꼭 하나하나 암기하고 넘어가도록 한다.

CONTENTS

패러디 극장 7   세 가지 소원

긴 문장 100% 말해보기

이 부분에서 어려움을 느낀다면 다시 앞으로 돌아가서 단문 패턴을 복습하도록 하자. 앞의 간단한 문장 구조를 기본으로 해서 긴 문장이 형성되기 때문에 짧은 문장에 먼저 익숙해져야 이런 긴 문장들도 쉽게 말해볼 수 있게 된다.

CONTENTS

패러디 극장 8 빨간 망토

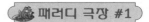

The Sleeping Beauty

A pretty princess was born in the country.
Elves visited the palace to bless the princess.

obsession

withdrawal

being childish

insomnia

narrow-mind

paranoia

inability to make
a decision

mental
depression

Multiple Personality
Disorder

laziness

a delusion of persecution

···→ 해석과 해설은 432페이지에

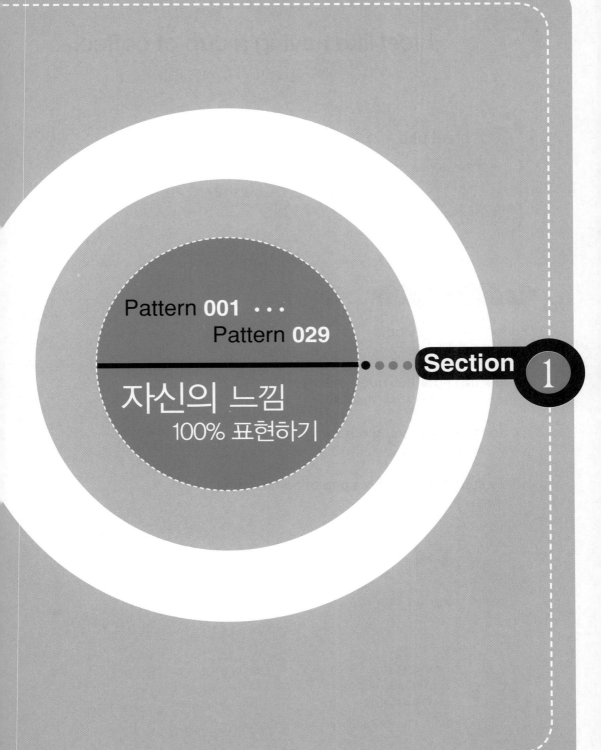

Pattern 001 ···
Pattern 029

자신의 느낌
100% 표현하기

Section 1

PATTERN 001

I feel like having a cup of coffee.

커피 한 잔 마시고 싶어요.

 I feel like : ~을 가지고 싶다, 마치 ~한 느낌이 든다

직역하면 '마치 ~인 것 같은 기분이 든다'라는 의미로 자신의 느낌을 이야기하는 것이며, '자신이 무언가를 원한다'는 [I want]와 유사한 뉘앙스를 갖는다. [I feel like] 다음에는 절이나 동명사가 온다.

 BASIC EXERCISE

- I feel like I am stupid.
  내가 꼭 바보 같아요.

- I feel like I made a huge mistake.
  내가 엄청난 실수를 저지른 거 같아요.

- I don't feel like going out tonight.
  오늘 밤은 나가고 싶지 않아.

- I don't feel like having a cup of tea this time.
  이번에는 차 마시고 싶지 않아.

 그는 나의 계획에 대해서 이야기하고 싶어 하지 않는 것 같은 느낌이 들어요.

⇨ _____

Hint talk about ~관해서 이야기하다 | plan 계획

- stupid 어리석은
- make a mistake 실수를 하다
- have tea 차 마시다
- huge 거대한
- go out 놀러 나가다
- this time 이번에

ANSWER I feel like he doesn't want to talk about my plan.

Section 1

1

A Do you want to play tennis?

B No. 그거 할 기분이 아니야.

···→ **A** 테니스 치고 싶니? **B** 아니. I don't feel like doing that.
:: play tennis 테니스를 치다

2

A It's very cold outside.

B Me, too. 뜨거운 초콜릿 한 잔 마셨으면 좋겠어요.

···→ **A** 밖이 매우 추워요. **B** 저도요. I feel like having a cup of hot chocolate.
:: cold 추운 | outside 바깥 | a cup of 한 잔

3

A We need to talk about our trip.

B I am sorry, 지금 그것에 관해서 이야기하고 싶은 기분이 아니야.

···→ **A** 우리는 여행에 대해서 이야기해야 해. **B** 미안해, I don't feel like talking about it now.
:: need to ~할 필요가 있다 | talk about ~에 관해서 이야기하다 | trip 여행

We marked down the price.
우리는 가격을 내렸어요.

'물건의 가격을 내리다'라는 표현을 영어로는 mark down the price라
고 합니다. 반대로 '가격을 올리다'라는 표현은 mark up the price라는
것도 기억하세요.

19

PATTERN 002

I wish I could be with you.

나도 너랑 같이 있을 수 있으면 좋겠어.

I wish + 절(주어 + 동사) : ~하면 좋겠다

[I wish] 다음에 오는 절에 동사의 과거형을 사용한다. 현재에 이루어지지 않고 있는 어떤 일이 이루어졌으면 좋겠다는 바람을 표현할 때 쓴다.

BASIC EXERCISE

- **I wish I were happy.**
  내가 행복했으면 좋겠어.

- **I wish he could get the scholarship.**
  나는 그가 장학금을 받았으면 좋겠어.

- **I wish she would postpone the test.**
  나는 그녀가 시험을 연기했으면 좋겠어.

- **I wish he would ask me out.**
  나는 그가 나에게 데이트 신청을 하면 좋겠어.

QUIZ

내가 좋은 요리사였으면 좋겠어요.

⇨ _____

Hint cook 요리사

- wish 희망하다, ~이기를 바라다
- postpone 연기하다
- ask out 데이트 신청을 하다
- scholarship 장학금

ANSWER I wish I were a good cook.

1

A It looks pretty, doesn't it? I want to buy this but I can't afford it.

B Right. I can't either. 이것을 살 수 있었으면 좋겠다.

···➤ **A** 이거 예쁘다, 그렇지 않니? 이거 사고 싶지만 살 여유가 없어.
B 맞아. 나도 역시 여유가 없어. I wish I could buy it.
∷ look ~로 보이다 | afford ~할 여유가 있다 | either 역시(부정문에서)

2

A I applied to UCLA this spring, but I still don't have any answer from them.

B Be patient. You will be admitted soon. 나도 UCLA에 갔으면 좋겠다.

···➤ **A** 이번 봄에 UCLA에 지원했는데 아직도 답을 못 들었어.
B 참아. 곧 입학 허가가 날 거야. I wish I could go to UCLA, too.
∷ apply for ~에 지원하다 | patient 인내심 있는 | admit 수용하다

3

A Your daughter is very cute. 나도 딸이 있었으면 좋겠어요.

B Thank you. Do you have only boys?

···➤ **A** 당신 딸이 너무 귀여워요. I wish I had a daughter. **B** 고마워요. 아들만 있나요?
∷ cute 귀여운

I'm coming down with flue.
나 독감에 걸렸어.

'감기에 걸렸다'는 표현을 할 때, catch a cold라고 하는 거 알지요?
그 이외에도 '어떤 병에 걸리다'라는 표현으로 come down with라는
어구를 쓴답니다.

21

PATTERN 003

I think you are right.

네가 맞는 거 같아.

Point Tip

I think (that) + 절(주어 + 동사) : 내 생각에 ~인 것 같다

자신의 의견을 나타낼 때 쓰는 가장 일반적인 표현이다. '내 생각에 ~이 아닌 것 같다'라는 반대의 의미를 나타내는 [I don't think (that) + 절]의 형태도 함께 알아두자.

BASIC EXERCISE

- **I think she is a teacher.**
  그녀는 선생님인 거 같아.

- **I think she is the right person for this position.**
  저는 그녀가 이 자리에 적합하다고 생각해요.

- **I think you should check it out one more time.**
  네가 그것을 다시 한번 확인해야 할 거 같아.

- **I don't think I can attend the meeting tomorrow.**
  내일 회의에 참석할 수 없을 거 같아요.

QUIZ

이거 정말 재미있는 거 같아.

⇨ _____

Hint hilarious 매우 재미있는

Tip

- right person 적합한 사람
- check out 확인하다
- attend 참석하다
- position: (직업) 자리
- one more time 한 번 더
- meeting 회의

ANSWER I think it's hilarious.

LIVE TALKS - 뉘앙스 따라잡기 🎧

1

A Why don't you leave tomorrow? It is snowing a lot.

B Well, 그거 좋은 생각인 거 같아.

> ⋯▸ **A** 내일 떠나는 게 어때요? 밖에 눈이 너무 많이 와요. **B** 음, I think that's a good idea.
> ፨ why don't you~ ~하는 게 어때 | leave 떠나다 | a lot 많이

2

A May I see your driver's license, please?

B Oh, no. 집에 두고 왔나 봐요.

> ⋯▸ **A** 운전 면허증 좀 보여 주시겠어요? **B** 어머, 이런. I think I left it at home.
> ፨ driver's license 운전 면허증 | leave 남겨 두다

3

A 존은 초콜릿을 너무 좋아하는 것 같아.

B Really? I didn't know that.

> ⋯▸ **A** I think John loves chocolate too much. **B** 정말? 몰랐네.
> ፨ too much 너무 많이

Let's set the date for the picnic!
소풍 날짜를 정하자!

어떤 특별한 행사를 하기 위해서 날짜를 정해야 하는 일이 종종 있습니다. 미국인들은 그럴 때 set the date for라는 구문을 자주 사용한답니다.

23

I owe you a lot.

신세를 많이 졌습니다.

I owe : ~을 빚지다

돈뿐만 아니라 신세나 마음의 빚까지를 모두 포함하여, 되돌려줘야 할 무언가가 있을 때 쓸 수 있는 표현이다.

BASIC EXERCISE

• **I owe my mom five grand.**
  나는 엄마에게 5,000달러를 빚졌어요.

• **I owe John my life.**
  존은 나의 생명의 은인입니다.

• **I owe you an apology.**
  사과할게요.(사과를 빚졌어요.)

• **How much do I owe you?**
  제가 얼마를 드려야 하나요?

저녁을 빚졌어요.(다음에 저녁 살게요.)
⇨ _____
Hint dinner 저녁

* owe 빚지고 있다
* grand 천 달러
* apology 사과
ANSWER I owe you dinner.

LIVE TALKS - 뉘앙스 따라잡기

1

A 내가 너에게 30달러 줘야 하지, don't I?

B I think so.

> ⋯→ **A** I owe you 30 dollars, 그렇지 않니? **B** 그런 거 같아.
> :: I think so 그런 것 같다

2

A Jeff, can you work for me this Saturday?

B Again? OK, but 너 나한테 빚졌어.

> ⋯→ **A** 제프, 이번 토요일에 나 대신 일해 줄 수 있어? **B** 또? 알았어, 하지만 you owe me.
> :: work for ~를 위해 일하다

3

A Hey, 나 너한테 빚진 거 없어.

B What are you talking about?

> ⋯→ **A** 이봐, I owe you nothing. **B** 무슨 소리 하는 거야?
> :: nothing 아무 것도 없는

We made several trips to move all of these.
우리가 이것들을 다 옮기기 위해 여러 번 날랐어.

labor charge(인력비)가 비싼 미국은 이삿짐센터 이용도 그리 만만치 않습니다. 이사를 할 때 물건들을 옮기는 것을 trip이라는 단어로 표현한답니다.

25

PATTERN 005

I guess you were tired.

네가 피곤했던 것 같아.

I guess : ~한 것 같다

어떠한 일에 대해서 확실치는 않고 미루어 짐작한다는 의미의 표현이다.
[I guess so. 나도 그렇게 추측해]라는 단독 표현으로도 많이 사용되고 있다.

BASIC EXERCISE

- I guess he is around 25 years old.
  그는 대략 25살 정도 되는 거 같습니다.

- I guess she has been living in that apartment for a long time.
  제 짐작으로는 그녀가 저 아파트에 오랫동안 살고 있는 거 같아요.

- I guess I can deal with it.
  제가 그것을 다룰 수 있을 거 같아요.

- I guess I can manage this.
  내가 이것을 다룰 수 있을 거 같은데.

저는 수업 시간에 저의 학생들을 통제할 수 있을 거 같아요.

⇨ _____

Hint control 통제하다 | student 학생 | class 수업 시간

Tip
- around 대략
- deal with 다루다
- manage 잘 다루다
- for a long time 오랫동안

ANSWER I guess I can control my students in class.

Section 1

1

A We need to take a nap. Do you think this area is safe?

B 그런 것 같은데.

⋯→ **A** 우리는 낮잠을 좀 자야 해. 이곳이 안전한 거 같아? **B** I guess so.
⫶ take a nap 낮잠을 자다 | area 지역 | safe 안전한

2

A 이 스튜를 부글부글 끓도록 아주 잠시만 더 내버려 둬야 할 거 같아.

B I agree.

⋯→ **A** I guess we need to let this stew simmer a little bit more. **B** 동감이야.
⫶ let ~하도록 두다 | stew 스튜 | simmer 부글부글 끓다 | a little bit more 아주 조금만 더

3

A 진이 약혼을 한 거 같아.

B Oh, you saw her ring, didn't you?

⋯→ **A** I guess Jean is engaged. **B** 오, 그녀의 반지를 봤구나, 그렇지 않니?
⫶ be engaged 약혼하다 | ring 반지

Cut it out!
그만해!

요즘 부모들은 식당에서 자신의 아이들이 야단법석을 떨며 돌아다녀도,
기 죽인다고 아무 이야기도 안 한다고 하지요? 그런 아이들에게 따끔하
게 이런 말이 필요한데 말이죠. Cut it out!

PATTERN 006

I know what you said.

당신이 한 말을 알겠어요.

 Point Tip

I know what + 절(주어 + 동사) : ~한 것을 알다

'~한 무엇을 알다' 혹은 '~한 무엇을 이해한다'라는 의미의 표현이다.
단독으로 사용될 경우, 좋은 생각이 떠올랐을 때 '알았어' 혹은 '좋아'라는 의미
로도 사용된다.

 BASIC EXERCISE

- I know what I have to do.
  내가 무엇을 해야 하는지 알아요.

- I know what he did for a living.
  나는 그의 직업이 무엇인지 알아요.

- I know what you are thinking.
  나는 네가 무슨 생각을 하고 있는지 알아.

- I know what this book is about.
  이 책이 무엇에 관한 것인지 압니다.

Quiz

나는 네가 지난 여름에 무엇을 했는지 알아.

⇨ _____

Hint last summer 지난 여름

 Tip

- know 알다, 알고 있다
- do for a living 직업으로 무엇을 하다
- have to ~해야 하다
- think 생각하다

ANSWER I know what you did last summer.

1

A Do you understand now?

B Yes. Now 당신 뜻을 알겠어요.

> ⋯▸ **A** 이제 이해하겠어요? **B** 네. 이제 I know what you mean.
> ∷ **now** 이제, 지금 | **mean** 의미하다

2

A 나는 네가 앨리슨을 위해서 뭘 샀는지 알아.

B Don't tell her yet. It's a secret.

> ⋯▸ **A** I know what you bought for Alison. **B** 그녀에게 아직 말하지 마. 비밀이야.
> ∷ **buy** 사다 | **yet** 아직 | **secret** 비밀

3

A 나는 엄마가 지금 만드시는 게 뭔지 알아. But I have to keep a secret.

B Why?

> ⋯▸ **A** I know what mom is making now. 하지만 비밀을 지켜야 해. **B** 뭣 때문에?
> ∷ **have to** ~해야만 하다 | **keep a secret** 비밀을 지키다

I am still going strong.
나는 아직 건재해.

어떠한 사람이 자신이 하던 일을 여전히 별 탈 없이 잘 하고 있을 때 사용할 수 있는 표현입니다. 여전히 강하다, go strong을 기억하세요.

PATTERN 007

I will get you some water.

제가 물을 좀 드릴게요.

Point Tip **I will get you : ~을 드릴게요**

'무엇을 당신에게 가져다 준다'라는 의미로, [I will give you]의 좀더 우회적인
표현이라 할 수 있다. 일상 회화에 유용하게 활용할 수 있다.

 BASIC EXERCISE

· **I will get you a ticket.**
   티켓을 가져다 드릴게요.

· **I will get you some pills.**
   약을 좀 가져다 드릴게요.

· **I will get you some wine.**
   와인을 좀 가져다 드릴게요.

· **I will get you some drinks.**
   마실 것을 좀 가져다 드릴게요.

뜨거운 차를 좀 가져다 드릴게요.

⇨ _____

Hint hot tea 뜨거운 차

* ticket 표
* wine 와인, 포도주
* pill 알약
* drinks 마실 것

ANSWER I will get you some hot tea.

LIVE TALKS - 뉘앙스 따라잡기 🎧

1

A I am very nervous.

B Take it easy. 제가 커피를 좀 가져다 드릴게요.

> ···→ **A** 너무 떨려요. **B** 진정하세요. I will get you some coffee.
> :: nervous 긴장한

2

A 내가 가지고 있는 책을 드릴게요.

B Thank you. It will be helpful. I need that book.

> ···→ **A** I will get you the book that I have.
> **B** 고마워요. 도움이 많이 될 거예요. 난 그 책이 필요하거든요.
> :: helpful 도움이 되는

3

A I have to buy some pepper.

B I have some. 좀 드릴게요.

> ···→ **A** 후추를 좀 사야 해. **B** 저에게 좀 있어요. I will get you some.
> :: pepper 후추

She is meticulous about spellings.
그녀는 스펠링에 너무 꼼꼼해.

어떠한 일을 하나의 흠도 없이 하는 사람들에게 사용할 수 있는 표현입니다. 직장 상사가 'meticulous' 하면 너무 피곤하지요?

PATTERN 008

I can't stand it any more.

더 이상 못 참겠어.

 Point Tip

I can't stand : ~을 못 견디다

주로 부정문이나 의문문으로 사용해서 '어떤 일을 견딜 수가 없다'는 의미를 전달할 때 자주 쓰는 표현이다.

 BASIC EXERCISE

- I can't stand that noise.
  저 소음을 견딜 수가 없어.

- I can't stand your baby's banging on the floor.
  당신 아기가 바닥을 두드리는 것을 참을 수가 없어요.

- I can't stand my mom's nagging.
  엄마의 잔소리를 못 견디겠어.

- Can you stand his snoring?
  그의 코고는 소리를 참을 수 있어?

QUIZ

저는 그의 거짓말을 더 이상 견딜 수가 없어요.

⇨ _____

Hint lying 거짓말(하는 것) | any more 더 이상

 Tip

* noise 소음
* nag 잔소리하다
* bang 탕 치다
* snore 코를 골다

ANSWER I can't stand his lying any more.

LIVE TALKS - 뉘앙스 따라잡기

1

A June, I can't go to the movies with you today. I am sorry.

B Again? 더 이상 못 참겠다.

⋯→ **A** 준, 오늘 너랑 영화 보러 못 가겠어. 미안해.　**B** 또 그러는구나. I can't stand it any more.
∷ go to the movies 영화 보러 가다

2

A 그가 노래하는 거 못 듣겠어. (못 참겠어)

B I know. He is tone deaf.

⋯→ **A** I can't stand his singing.　**B** 알아. 그는 음치야.
∷ tone deaf 음치의

3

A I heard your girlfriend is going to Japan soon. Aren't you sad?

B Yes, I am. She is going to stay for two years to study. 못 견디겠어.

⋯→ **A** 네 여자 친구가 곧 일본 간다며? 슬프지 않아?
B 응, 슬퍼. 공부 때문에 2년 동안 거기에 머물 거야. I can't stand this.
∷ hear 듣다 | sad 슬픈 | stay 머물다

I was charged for violating the speed limit.
속도 위반으로 기소됐었어.

제한 속도보다 조금 빨리 갔을 경우 미국에서는 warning ticket(경고딱지)만을 줍니다. 하지만 제한 속도를 너무 많이 초과하면 법원에 가야합니다. 이렇게 속도 위반으로 법원까지 가야 될 경우 이런 표현을 쓴답니다.

33

I can't wait to see you.

당신을 빨리 보고 싶어요.

 I can't wait to + 동사 원형 : 나는 빨리 ~하고 싶다

자신이 어떤 일을 하는 것을 더 이상 기다릴 수 없을 만큼 빨리 그 일을 하고 싶다는 조바심을 표시하는 표현이다.

BASIC EXERCISE

· I can't wait to move into the new apartment.
  나는 빨리 새 아파트로 이사 가고 싶어요.

· I can't wait to work at your company.
  나는 빨리 당신의 회사에서 일하고 싶어요.

· I can't wait to show my new car to you.
  나는 빨리 내 새 차를 너에게 보여주고 싶어.

· I can't wait to watch '*Harry Potter 5*'.
  나는 빨리 '해리 포터 5'를 보고 싶어.

나는 결과 보는 것을 기다릴 수가 없어요.

⇨ _____

Hint see 보다 | result 결과

* move into ~로 이사를 들어가다   * company 회사
* show 보여주다   * watch 보다
ANSWER I can't wait to see the result.

LIVE TALKS – 뉘앙스 따라잡기

1

A Did you read the newly released book by your teacher?

B Not yet. 빨리 읽어보고 싶어.

··→ **A** 너의 선생님의 새로 출시된 책 읽었니? **B** 아니 아직. I can't wait to read it.
∷ newly 새롭게 | released 출시된 | yet 아직

2

A 너의 노래를 듣고 싶어서 못 견디겠어. Are you finished?

B Almost.

··→ **A** I can't wait to listen to your song. 다 끝났니? **B** 거의.
∷ listen to ~을 듣다 | finish 끝내다 | almost 거의

3

A My wife gave birth to a beautiful daughter last night.

B 그들 둘 다 보고 싶어 못 기다리겠어.

··→ **A** 제 아내가 어제 저녁에 예쁜 딸을 출산했어요. **B** I can't wait to see both of them.
∷ give birth to a daughter 딸을 출산하다 | both 둘 다

That'll be the day.
그랬으면 얼마나 좋을까!

어떠한 사항을 희망하고 바랄 때 사용할 수 있는 표현입니다. 하지만
의미 그대로 이루어질 가망이 거의 없음을 내포하고 있죠.

35

PATTERN 010

I don't care what you said.

당신이 뭐라고 말하든 신경 쓰지 않아요.

Point Tip **I don't care** : ~에 대해 나는 신경 쓰지 않는다

동사 care는 '관심을 가지다'라는 의미이므로, not와 함께 어떠한 일에 대해서 '관심이 없다' 혹은 '상관하지 않는다'라는 의미의 구문을 만든다.

BASIC EXERCISE

- I don't care what you are doing.
  나는 네가 뭘 하든지 상관하지 않아.

- I don't care how much money you spent.
  나는 네가 돈을 얼마나 썼는지 관심 없어.

- I don't care whether you trust me or not.
  나는 네가 나를 믿든 말든 상관하지 않아.

- I don't care how fast you drive on this highway.
  나는 이 고속도로에서 네가 얼마나 빨리 운전하든 상관하지 않아.

Quiz

나는 네가 언제 돌아오든 상관하지 않아.

⇨ _____

Hint come back 돌아오다

Tip
- spend 써버리다
- trust 믿다
- drive 운전하다
- whether or not ~하든 말든
- fast 빠른
- highway 고속도로

ANSWER I don't care when you come back.

1

A Do you know he is very upset?

B 관심 없어.

⋯→ **A** 그가 매우 화난 거 알아?　**B** I don't care.
∷ know 알다　upset 화난

2

A 나는 네가 옷을 적절히 입었는지에 대해서 관심 없어.

B I care.

⋯→ **A** I don't care whether you dressed up appropriately or not.　**B** 나는 관심 있어.
∷ dress up 옷을 입다　appropriately 적절하게

3

A I want to know how this movie ends.

B 관심이 없어. It is boring.

⋯→ **A** 나는 이 영화가 어떻게 끝나는지 알고 싶어.　**B** I don't care. 영화가 지루해.
∷ end 끝나다　boring 지루한

You played innocent with me.
네가 나한테 시치미를 뗐어.

'누군가에게 시치미를 떼다'라는 표현을 할 때 play innocent with somebody라는 구문을 사용합니다. 순진한 척하는 것과 시치미를 떼는 것과 관계가 있을까요?

37

I would like to talk to you.

당신과 이야기하고 싶습니다.

 BASIC EXERCISE

- I would like to visit you tomorrow.
  내일 당신을 방문하고 싶습니다.

- I would like to rent a car this weekend.
  이번 주말에 차를 빌리고 싶습니다.

- I would like to ask you for a recommendation for one of my students.
  당신에게 저의 학생 중 한 명의 추천서를 부탁하고 싶습니다.

- I would like to make a reservation for a table for three people.
  세 명을 위한 자리를 예약하고 싶습니다.

나는 이 신발을 신어보고 싶어.

⇨ _____

Hint try on 신어보다

- visit 방문하다
- this weekend 이번 주말
- make a reservation 예약하다
- rent 빌리다
- recommend 추천하다

ANSWER I would like to try on these shoes.

LIVE TALKS - 뉘앙스 따라잡기

1

A 이번 여름에 베트남을 여행하고 싶어요.

B You'd better book a flight.

⋯→ **A** I would like to travel to Vietnam this summer. **B** 비행기를 예약하는 것이 좋을 거예요.
∷ travel 여행하다 | had better ~하는 게 낫다 | book 예약하다

2

A 너를 짐에게 소개시켜주고 싶어.

B Oh, yes. I would like to meet him.

⋯→ **A** I would like to introduce you to Jim. **B** 응, 그래. 나도 그를 만나고 싶어.
∷ introduce 소개하다 | meet 만나다

3

A 나는 내일 점수를 확인하고 싶어.

B Why not today?

⋯→ **A** I would like to check my grade tomorrow. **B** 오늘 왜 안 해?
∷ check 확인하다 | grade 점수

Don't let it go to your head.
너무 자만하지 말아라.

'어떤 일에 자만하다'는 표현을 영어에서는 '머릿속에 들어가게 하다'로
표현하는군요. 문자 그대로의 해석만으로는 문장의 의미를 알기 힘들
겠죠? 이번 기회에 잘 알아두세요.

I've got to go now.

지금 가야 해.

Point Tip

have got to + 동사 원형 : ~을 해야 하다

무언가를 해야 한다는 의무를 나타낼 때 쓸 수 있는 표현으로, 강제의 의무성을 표현하는 [have to]보다는 약한 의미의 의무를 나타낸다.

BASIC EXERCISE

• I've got to finish this work.
  이 일을 마쳐야 해요.

• You've got to drink more water.
  당신은 물을 좀더 마셔야겠어요.

• I've got to listen to this tape.
  이 테이프를 들어야겠어요.

• We've got to buy tickets now.
  우리는 지금 표를 사야 해.

QUIZ

나는 시험을 더 잘 봐야 해요.

⇨ _____

Hint do better 더 잘하다 | exam 시험

Tip
* finish 마치다   * drink 마시다
* listen 듣다   * buy 사다
ANSWER I've got to do better on my exam.

LIVE TALKS – 뉘앙스 따라잡기

1

A 나는 너한테 지금 말해야겠어.

B About what? Go ahead.

⋯ **A** I've got to tell you now. **B** 무엇에 관해서? 해봐.
▪▪ tell 말하다 | go ahead 하세요

2

A Sam, please turn the volume down. 지금 짐에게 전화해야 해.

B Why don't you go to your room?

⋯ **A** 샘, 볼륨 좀 낮춰줘. I've got to call Jim now. **B** 네 방으로 가지 그래?
▪▪ turn down 줄이다 | why don't you ~하는 게 어때?

3

A Do you have a minute now?

B I am sorry. 기차를 잡아야 해요.

⋯ **A** 시간 있어요 지금? **B** 미안합니다. I've got to catch a train.
▪▪ minute 분 | catch 잡다 | train 기차

I like it just the way it is.
나는 그냥 이대로가 좋아.

새로운 무언가보다 현재 상태 그대로가 더 좋다라는 표현입니다. '그냥 그대로'라는 의미의 just the way it is라는 구문을 익혀두세요.

I am so happy to hear that.

그것을 듣게 돼서 너무 기뻐요.

Point Tip **I am so happy to + 동사 원형 : ~하게 돼서 아주 기쁘다**

어떠한 일에 대한 기쁨을 표현하는 구문으로, [I am so glad to + 동사 원형]과 바꿔 쓸 수 있다.

BASIC EXERCISE

- I am so happy to see you again.
  다시 당신을 뵙게 되어 너무 기쁩니다.

- I am so happy to participate in this project.
  이 프로젝트에 참여하게 되어 아주 기쁩니다.

- I am so happy to find out the correct answer to this question.
  이 문제의 정답을 찾게 되어 아주 기뻐.

- I am so happy to have you at my office.
  당신을 제 사무실에 모시게 되어 너무 기쁩니다.

다시 당신을 돕게 되어서 정말 기쁩니다.

➡ _____

Hint help out 돕다 | again 다시

- participate in ~에 참여하다
- correct answer 정답
- office 사무실

ANSWER I am so happy to help you out again.

1

A 직업을 가지게 되어서 너무 행복해요.

B I am happy too.

⋯→ **A** I am so happy to have a job. **B** 나도 역시 기뻐요.
:: **have a job** 직업을 구하다

2

A 당신에게 감사할 수 있는 기회가 생겨서 너무 기쁘네요.

B You don't need to be.

⋯→ **A** I am so happy to have a chance to appreciate you. **B** 그러실 필요 없어요.
:: **chance** 기회 | **appreciate** 고마워하다

3

A Are you satisfied with your new contract?

B Yes. 휴일을 더 많이 받을 수 있어서 너무 행복해.

⋯→ **A** 너의 새로운 계약에 만족하니? **B** 응. I am so happy to get more vacation.
:: **be satisfied with** ~에 만족하다 | **contract** 계약서

My eyes are bloodshot.
내 눈이 충혈됐어.

눈이 충혈되면 핏발이 서서 빨갛게 되죠. 영어로도 혈액 blood를 사용하여 표현한답니다. bloodshot된 눈을 상상해 보세요.

I am here to help you.

나는 당신을 돕기 위해 여기 있어요.

I am here to : 나는 ~을 하기 위해 여기 있다

자신이 왜 이곳에 있는지 그 이유를 나타내는 구문이다. to 다음에 이유를 나타
내는 동사의 원형을 넣어 여러 가지 문장을 표현할 수 있다.

BASIC EXERCISE

· **I am here to help you with your study.**
  나는 너의 공부를 돕기 위해 이곳에 있단다.

· **I am here to take a passport photo.**
  저는 여권 사진을 찍으려고 이곳에 있어요.

· **I am here to register for a course.**
  저는 수강 신청을 하기 위해서 이곳에 있어요.

· **I am here to persuade your mother.**
  나는 너의 어머니를 설득하기 위해서 이곳에 있단다.

저는 당신의 고양이들을 돌보기 위해 여기 있어요.

⇨ _____

Hint take care of 돌보다

· take a photo 사진 찍다   · passport 여권
· register for a course 수강 신청을 하다
· persuade 설득하다

ANSWER I am here to take care of your cats.

LIVE TALKS - 뉘앙스 따라잡기 🎧

1

A 저는 환자를 치료하기 위해서 이곳에 있어요.

B Are you a doctor?

> ⋯→ **A** I am here to cure patients. **B** 당신은 의사예요?
> :: cure 치료하다 | patient 환자

2

A What are you doing here?

B 지도 교수님을 만나려고 여기 있어요.

> ⋯→ **A** 여기서 뭐하니? **B** I am here to meet my advisor.
> :: meet 만나다 | advisor 지도 교수

3

A 나는 아버지가 벽을 칠하는 것을 도와 드리려고 여기 있어요.

B It is good to hear that.

> ⋯→ **A** I am here to help my father to paint the walls. **B** 좋은 소식이구나.
> :: paint 페인트 칠하다 | wall 벽

You're my right arm man.
너는 내 오른팔이야.

나에게 가장 힘이 되는 친구를 나의 오른팔이라고 하나요? 조직의 보스가 가장 신임하는 부하를 지칭할 때 자주 말하곤 합니다. 혹시 영어에서 온 말은 아닐까요?

PATTERN
015

I'm calling to check my grade.

제 성적을 확인하려고 전화했어요

I am calling to + 동사 원형 : ~을 하려고 전화를 하다

화자가 왜 지금 전화를 거는지 그 용무를 이야기할 때 사용하는 표현이다. 전화를 걸게 된 여러 상황을 설명하는 말을 뒤에 붙이면 된다.

BASIC EXERCISE

- I'm calling to check my bank account balance.
  제 은행 잔고를 확인하려고 전화 드립니다.

- I'm calling to make sure that you are OK.
  네가 괜찮은지 확인하려고 전화했어.

- I'm calling to find out when the movie starts.
  그 영화가 언제 시작하는지 알아보려고 전화했어요.

- I'm calling to see if John is available tonight.
  오늘 밤에 존이 시간이 있는지 알아보려고 전화했어요.

나는 너의 행복한 생일을 기원하려고 전화했어.

⇨ _____

Hint wish 기원하다

* bank account 은행 계좌   * balance 잔액
* make sure 확인하다   * find out 확인하다
* available 시간이 있는
ANSWER I'm calling to wish you a happy birthday.

1

A 오늘 오후 회의가 취소됐다고 알려드리려고 전화했어요.

B Really? Thank you.

⟶ **A** I'm calling to tell you that this afternoon's meeting was cancelled.
B 그래요? 감사합니다.
∷ this afternoon 오늘 오후 | cancel 취소하다

2

A 내가 내일 너의 차를 사용해도 되는지 알아보려고 전화했어.

B Yes, you can use my car anytime you want.

⟶ **A** I'm calling to see if I can use your car tomorrow.
B 응, 언제든 네가 원하면 사용해도 돼.
∷ use 사용하다 | anytime 언제든

3

A 예약 확인을 하려고 전화했어요.

B May I have your reservation number?

⟶ **A** I'm calling to confirm my reservation. **B** 예약 번호를 알려주시겠습니까?
∷ confirm 확인하다 | reservation 예약

He tossed and turned all night.
그는 밤새 엎치락뒤치락 했어.

누군가가 밤새 잠을 이루지 못하고 잠을 설칠 때 쓰는 표현입니다.
영어로도 우리말과 비슷하게 '던지고 돌린다' 즉 toss and turn 이라고
표현하네요.

47

PATTERN 016

I told you to clean your room.

내가 너에게 방 청소하라고 말했지.

Point Tip   **I told you to** ： 내가 너에게 ~하라고 말했다

자신이 상대방에게 무엇을 하라고 미리 이야기 내지 경고했음을 표현할 때 쓰는 구문으로, '~을 하지 말라고 말했다'고 표현할 경우는 [I told you not to]를 사용한다.

BASIC EXERCISE

• **I told you to take some vitamins.**
내가 너에게 비타민을 먹으라고 말했지.

• **I told you to hold the elevator.**
내가 너에게 엘리베이터를 잡으라고 말했지.

• **I told you not to add 2.**
내가 너에게 2를 더하지 말라고 말했지.

• **I told you to put some lotion on your face.**
내가 얼굴에 로션을 바르라고 너한테 말했지.

Quiz   내가 너에게 이 지우개를 짐과 함께 사용하라고 말했지.

⇨ _____

Hint share 나누다, 함께 사용하다 ｜ eraser 지우개

Tip
* take a vitamin 비타민을 복용하다   * hold 잡다
* add 더하다   * put on 입다, 바르다
ANSWER I told you to share this eraser with Jim.

1

A Oops! I've lost my car key again.

B Oh, no. 내가 그것을 주머니에 보관하라고 말했지.

> ···⟩ **A** 이런! 나 자동차 열쇠를 또 잃어버렸어. **B** 오, 안 돼. I told you to keep it in your pocket.
>
> :: lose 잃어버리다 | keep 보관하다

2

A Wow. Did you make it by yourself?

B Yes. 내가 날 과소평가하지 말라고 말했지.

> ···⟩ **A** 와. 이거 너 혼자 만든 거니? **B** 응. I told you not to underestimate me.
>
> :: by yourself 혼자서 | underestimate 과소평가하다

3

A I made Jim upset again.

B Really? 내가 그를 화나게 하지 말랬지.

> ···⟩ **A** 내가 짐을 또 화나게 했어. **B** 정말? I told you not to annoy him.
>
> :: upset 화가 난 | annoy 성가시게 하다, 화나게 하다

Scratch my back and I'll scratch yours.
오는 정이 있어야 가는 정이 있지.

우리 말에는 '네가 해야 나도 한다'라는 의미로 '정'이라는 단어를 사용
하지요. 영어로는 '내 등을 네가 긁어 주면 나도 네 등을 긁어 준다'라
고 표현하네요. '서로에게 필요한 것을 얻어 간다'라는 표현을 손이 닿
기 어려운 등에 비유를 한 거랍니다.

PATTERN 017

I didn't mean to do that.

그럴 뜻은 아니었어요.

Point Tip **I didn't mean to + 동사 원형 :** 내가 ~하려던 의도는 아니었다

자신의 의도와는 전혀 다른 방향으로 일이 진행되었을 때, 상대방에게 자신의 의도가 아니었음을 표현하는 구문이다.

 BASIC EXERCISE

- **I didn't mean to make you feel bad.**
  당신을 기분 나쁘게 하려던 것은 아니었어요.

- **I didn't mean to say that to you.**
  그것을 당신에게 말하려던 것이 아니었어요.

- **I didn't mean to take your chance from you.**
  당신으로부터 당신의 기회를 빼앗으려던 것이 아니었어요.

- **I didn't mean to bother you.**
  당신을 귀찮게 하려던 것이 아니었어요.

당신의 집을 침입할 의도는 아니었어요.

⇨ _____

Hint break into 침입하다

* make A feel bad A를 기분 나쁘게 하다
* take A from B B로부터 A를 빼앗다
* bother 귀찮게 하다

ANSWER I didn't mean to break into your house.

1

A I am so sorry. 당신을 깨우려던 것이 아니었어요.

B It's OK. I was going to get up.

⋯→ **A** 정말 미안해요. I didn't mean to wake you up. **B** 괜찮아요. 일어나려고 했었어요.
∷ wake up 잠에서 깨어나다 | get up 일어나다

2

A Excuse me. This is my seat.

B I am sorry. 당신의 자리를 차지할 뜻은 아니었어요.

⋯→ **A** 실례합니다. 이것은 제 자리인데요. **B** 미안해요. I didn't mean to take your seat.
∷ seat 자리

3

A Were you eavesdropping on my conversation?

B I am sorry. 그러려는 의도가 아니었어요.

⋯→ **A** 우리의 대화를 엿듣고 있었어요? **B** 미안해요. I didn't mean to do that.
∷ eavesdrop 엿듣다 | conversation 대화

I'll see what I can do.
어떻게 해볼게요.

'해결하기 어려운 문제나 일을 노력해서 해보겠다'라는 의미로, 화자가
일을 진행하려는 매우 긍정적인 태도를 가졌을 때 쓰는 표현이랍니다.

PATTERN 018 I've always wanted to see you again.

저는 항상 당신을 다시 보기를 원해왔어요.

Point Tip **have / has always wanted to** : 항상 ~하는 것을 원해왔다

완료형을 써서 과거 어느 때부터 지금까지 계속적으로 무엇인가 하기를 원해왔음을 표현할 때 사용하는 구문이다.

BASIC EXERCISE

· He has always wanted to buy a big house.
그는 항상 큰 집을 사고 싶어했어요.

· My teacher has always wanted to call us by our nicknames.
선생님은 항상 우리를 별명으로 부르길 원했어요.

· I have always wanted to see Keanu Reeves.
나는 항상 키아누 리브스를 보고 싶었어요.

· They have always wanted to discuss this issue.
그들은 항상 이 화제에 대해서 토론하고 싶어했어요.

Quiz

나는 내내 영화 배우가 되고 싶었어요.
⇨ _____

Hint become ~이 되다 | movie star 영화 배우

Tip
· big 큰
· nickname 별명
· issue 화제, 사건
· teacher 선생님
· discuss 토론하다

ANSWER I have always wanted to become a movie star.

LIVE TALKS – 뉘앙스 따라잡기

1

A She is very happy to see the president.

B Yes. 그녀는 항상 그를 직접 보기를 원해왔었죠.

⋯▸ **A** 그녀는 대통령을 보게 돼서 너무 행복해 해요.
B 그래요. She has always wanted to see him in person.
∷ president 대통령 | in person 직접

2

A Happy birthday, Sarah! This is for you. I hope you like it.

B Wow. 이 신발을 항상 가지고 싶었어. Thank you so much.

⋯▸ **A** 생일 축하해, 새라! 이것은 너를 위한 거야. 네가 이것을 좋아하기 바래.
B 와. I have always wanted to have these shoes. 정말 고마워.
∷ hope 희망하다 | shoes 신발

3

A 나는 항상 번지점프를 하고 싶어했었어.

B No, no. I don't want to do that. I am scared.

⋯▸ **A** I have always wanted to bungee jump. **B** 아니. 나는 하고 싶지 않아. 무서워.
∷ bungee jump 번지점프를 하다 | be scared 무섭다

I barely made ends meet last month.
나는 지난달에 가까스로 수지를 맞췄어.

수입과 지출을 아울러 '수지'라고 하지요? make ends meet이라 하면 '수입과 지출의 균형을 맞추다'라는 표현이랍니다. 말 그대로 끝과 끝을 만나게 한다는 뜻이죠.

53

I am glad to see you again.

당신을 다시 만나서 기뻐요.

Point Tip **I am glad to :** ~해서 기쁘다

화자가 '어떠한 일을 하게 되어 기분이 좋다'라는 자신의 감정을 나타낼 때 자주 사용하는 표현이다. 비슷한 표현인 [I'm happy to]를 사용해도 좋다.

BASIC EXERCISE

- **I am glad to know the reason.**
  이유를 알게 되어서 기쁘네요.

- **I am glad to help you out.**
  당신을 도와주게 되어 기뻐요.

- **I am glad to have you here today.**
  오늘 여기에 당신을 모셔서 기뻐요.

- **I am glad to hear that you finally got a job.**
  네가 드디어 일을 구했다고 들으니 기쁘구나.

Quiz

제가 그의 걸작을 볼 수 있는 기회를 가져서 기뻐요.

⇨ _____

Hint have a chance 기회를 가지다 | masterpiece 걸작

Tip
- know 알다
- help out 돕다
- finally 드디어
- reason 이유
- get a job 일자리를 얻다

ANSWER I am glad to have a chance to see his masterpiece.

LIVE TALKS - 뉘앙스 따라잡기

1

A 당신을 태워주게 되어서 기뻐요.

B Thank you very much.

⋯→ **A** I am glad to give you a ride. **B** 정말 감사합니다.
∷ give a ride 태워주다

2

A Now I think I can make my paper clear. Thank you.

B You're welcome. 너의 글에 조언을 해줄 수 있어서 기뻐.

⋯→ **A** 이제 제가 제 글을 명확하게 할 수 있을 거 같아요. 감사합니다.
B 천만에. I am glad to give you some advice for your paper.
∷ make clear 명확하게 하다 | paper 글 | advice 충고

3

A Welcome aboard!

B Thank you for welcoming me. 당신과 함께 일하게 되어 기쁩니다.

⋯→ **A** 환영합니다. **B** 환영해 주셔서 감사합니다. I am glad to work with you.
∷ welcome aboard 탑승을 환영하다 | welcome 환영하다

Don't bother!
그럴 필요 없어요!

상대에게서 미안하다는 소리를 듣게 되면 '뭘요. 괜찮아요.' 라고 말하
지요? 영어로는 그런 일로 방해 받지 말라는 의미로 Don't bother!라
고 한답니다.

55

I am tired of your lies.

너의 거짓말에 이제 질린다.

 be tired of : ~에 진저리가 나다, ~에 싫증나다

어떠한 사물이나 일에 대해 더 이상 관심이 없고 싫증이 났음을 표현할 때 사용할 수 있는 표현이다.

 BASIC EXERCISE

- I am tired of listening to your story.
  너의 이야기 듣는 거 질려.

- He seems to be tired of this book.
  그는 이 책에 싫증난 거 같아요.

- They are tired of playing soccer.
  그들은 축구 경기 하는 것에 싫증났어요.

- She is already tired of her new dress.
  그녀는 벌써 새 드레스에 싫증을 내요.

나는 토요일마다 일하는 거 진저리 나.

⇨ _____

Hint work 일하다 | every Saturday 토요일마다

- listen to ~을 듣다
- play soccer 축구를 하다
- seems to ~인 것 같다
- already 벌써

ANSWER I am tired of working every Saturday.

1

A What's wrong, Jean?

B 늦은 밤까지 일하는 거 진저리 나.

⋯▸ **A** 무슨 일이야, 진? **B** I am tired of working until late night.
∷ wrong 나쁜 | until ~까지 | late night 늦은 밤

2

A Ben is upset again.

B Yes, 그가 화내는 거 보는 거 이제 진저리 나.

⋯▸ **A** 벤이 또 화가 났어. **B** 알아. I am tired of seeing him angry.
∷ upset 화가 난 | angry 화가 난

3

A Are you going to throw those shoes away?

B Yes. 싫증났어.

⋯▸ **A** 이 신발들 버릴 거니? **B** 응. I am tired of them.
∷ throw away 버리다 | shoes 신발

Please stop bugging me!
나 좀 그만 괴롭혀!

누군가가 성가시게 하거나 괴롭힐 때 사용할 수 있는 구문입니다. 벌레
가 나를 물거나 내 몸을 기어 다니는 모습. 상상만 해봐도 꽤나 괴롭죠?

57

PATTERN 021

I am afraid of tigers.

저는 호랑이가 무서워요.

be afraid of + 명사 : ~을 두려워하다

어떠한 일이나 사물을 두려워한다거나, 어떤 사실에 대해 매우 유감스러움을 나타낼 때 쓰는 표현이다.

BASIC EXERCISE

• I am afraid of being lazy.
  게을러지는 것이 두려워요.

• He is afraid of watching horror movies.
  그는 공포영화 보는 것을 두려워해요.

• They are afraid of being ignored by people.
  그들은 사람들로부터 외면당하는 것을 두려워해요.

• I am afraid of saying this, but I have to tell you.
  이걸 말하기 싫지만, 당신에게 말해야 해요.

아이들은 어둠 속에 있는 것을 두려워해요.

⇨ _____

Hint children 아이들 | being in a dark 어둠 속에 있다

* lazy 게으른
* horror movie 공포영화
* ignore 무시하다, 외면하다

ANSWER Children are afraid of being in the dark.

1

A I don't want to leave my son alone. 제 아들은 혼자 있는 것을 두려워해요.

B Then, you can bring him to my house.

⋯→ **A** 아들을 혼자 두고 싶지 않아요. **He is afraid of being alone.**
B 그렇다면, 아들을 저의 집으로 데리고 오세요.
⫶ **leave** 두다 | **bring** 데리고 오다

2

A 저는 TV 광고 모델이 되는 것이 두렵습니다.

B Relax. You will be fine.

⋯→ **A** I am afraid of being a model for a TV commercial.
B 긴장을 푸세요. 당신은 괜찮을 거예요.
⫶ **TV commercial** TV 광고 | **relax** 긴장을 풀다

3

A 그를 직접 만나는 것이 두려워요.

B Don't be. He is a very nice guy.

⋯→ **A** I am afraid of seeing him in person. **B** 그러지 마세요. 그는 정말 좋은 사람이에요.
⫶ **in person** 직접 | **guy** 사람

He is a pushover.
그는 식은 죽 먹기야.

어떤 사람을 묘사할 때 '본인의 생각이나 의지가 없는 사람' 혹은 '매우 나약한 사람'을 표현할 때 영어로는 pushover이라고 합니다. 그냥 밀어붙이고 가버릴 수 있는 사람을 의미하는 거겠지요?

I am impressed by his book.

그의 책에 감동을 받았어요.

Point Tip **be impressed by** : ~에 감동을 받다

어떤 사건이나 사물로부터 특별한 감동을 받았음을 표현할 때 사용한다. 주어가 '감동을 주다'라고 표현할 때는 be동사 없이 impress를 사용하지만, 주어가 '감동을 받다'라고 할 때에는 be impressed by의 형태가 된다는 것을 기억한다.

BASIC EXERCISE

- I was impressed by your speech.
  당신의 연설에 감동 받았어요.

- We were impressed by the movie that we saw yesterday.
  우리는 어제 본 영화에 감동 받았어.

- He is impressed by your kindness.
  당신의 친절함에 그는 감동 받아요.

- Are you impressed by my letter?
  내 편지에 감동 받았어?

Quiz

나는 그녀의 아이들을 위한 희생에 감동을 받아요.

⇨ _____

Hint sacrifice 희생 | children 아이들

* impress ~에게 깊은 인상을 주다, 감동시키다
* speech 연설   * kindness 친절함
* letter 편지

ANSWER I am impressed by her sacrifice for her children.

1

A Did you see my brother's concert?

B Yes, I did. 너의 동생의 연주에 감명 받았어.

···› **A** 내 동생 콘서트 봤니? **B** 응, 봤어. **I was impressed by your brother's performance.**
:: concert 콘서트 | performance 연주

2

A Look at Harry. 너의 선물에 감동 받았어.

B I hope so.

···› **A** 해리 좀 봐. **He is impressed by your gift.** **B** 그랬으면 좋겠다.
:: gift 선물 | so 그렇게

3

A Is it true your dad made this bed? It is amazing.

B Yes, it is true. 나도 역시 감동 받았어.

···› **A** 너의 아빠가 이 침대를 만드셨다는 것이 사실이야? 너무 멋지다.
B 응, 사실이야. **I was impressed by my dad, too.**
:: true 사실 | amazing 대단한 | too 역시

Talk Talk 튀는 English

You were born with it.
진짜 잘 어울린다!

자신과 잘 어울리는 스타일 하나씩은 다 가지고 있지요? 정말 잘 어울
린다는 표현, 마치 같이 태어난 것 같다는 뜻으로, be born with it라
고 한답니다.

I am worried about my score.

내 점수에 대해서 걱정돼.

 be worried about + 명사 : ~에 대해서 걱정이 되다

어떤 일이나 사건에 대해서 걱정하고 있음을 나타내는 표현이다. 구문의 형태
가 말해주듯이 [be + 과거분사의 수동태]의 형태라는 것에 유의하자.

 BASIC EXERCISE

- I am worried about my mother.
  나는 어머니가 걱정됩니다.

- I am worried about the people who are behind us.
  나는 우리 뒤에 남은 사람들이 걱정돼요.

- We are worried about taking an airplane.
  우리는 비행기 타는 것을 걱정해요.

- You are worried about missing the train.
  너는 기차를 놓칠까봐 걱정하는구나.

그는 그의 미래에 대해서 걱정해요.

⇨ _____

Hint future 미래

- left 남은
- take an airplane 비행기를 타다
- behind 뒤에
- train 기차
- **ANSWER** He is worried about his future.

LIVE TALKS - 뉘앙스 따라잡기 🎧

1

A Are you all right?

B 총괄시험이 너무 걱정돼.

⋯▶ **A** 너 괜찮니? **B** I am very worried about the comprehensive test.
∷ comprehensive test 총괄시험

2

A Why are you so nervous?

B 면접이 너무 걱정돼요.

⋯▶ **A** 왜 그렇게 긴장하니? **B** I am worried about the interview.
∷ nervous 긴장한 | interview 면접

3

A 그는 그의 콘서트에 대해서 걱정을 매우 많이 해요.

B I believe he can make it.

⋯▶ **A** He is worried about his concert very much. **B** 나는 그가 해낼 거라고 믿어.
∷ believe 믿다 | make it 해내다

Let's take turns driving.
교대로 운전하자.

'어떠한 일을 교대로 하다'라는 말을 할 때 영어로는 take turns라는
표현을 사용해요. '차례를 돌아가면서 잡다'라는 의미랍니다.

63

I heard that you went home.

네가 집에 갔다고 들었어.

I heard (that) : ~을 들었다

자신이 어떠한 일이나 상황을 들었다는 것을 표현하는 구문이다. 일반적으로 that를 생략하여 표현한다.

 BASIC EXERCISE

- I heard that you came back from a long trip.
  네가 긴 여행에서 돌아왔다고 들었어.

- I heard that the thief was caught.
  그 도둑이 잡혔다고 들었어요.

- I heard that he is getting married soon.
  그가 곧 결혼한다는 것을 들었어요.

- I heard that my father was on a business trip.
  아버지가 출장 중이었다고 들었어요.

그가 나에게 메시지를 좀 남겼다고 들었어요.

⇨ _____

Hint leave a message 메시지를 남기다

- come back from ~로부터 돌아오다
- be caught 잡히다
- business trip 출장
- thief 도둑
- get married 결혼하다

ANSWER I heard that he left some messages for me.

1

A Are you OK? 너에게 자동차 사고가 났다고 들었어.

B Yes. I am fine, though.

···▸ **A** 너 괜찮니? I heard that you got into a car accident. **B** 맞아. 그래도 난 괜찮아.

∷ car accident 자동차 사고 | though 그래도

2

A 당신이 매니저로 승진했다고 들었어요. Congratulations!

B Thank you very much.

···▸ **A** I heard you were promoted to manager. 축하해요! **B** 정말 고맙습니다.

∷ promote 승진시키다 | congratulations 축하해요

3

A 네가 나에게 거짓말했다는 거 들었어.

B I am sorry. I just didn't want to let you down.

···▸ **A** I heard that you told me a lie. **B** 미안해. 난 그냥 너를 실망시키고 싶지 않았어.

∷ tell a lie 거짓말을 하다 | let A down A를 실망시키다

Don't push yourself so hard.
너무 무리하지마.

'무리하다'라는 표현을 영어로는 '밀다'라는 의미의 동사 push를 사용
한답니다. 영어 표현만으로도 의미를 짐작할 수 있겠죠?

PATTERN 025

I am afraid I can't.

죄송하지만 저는 못해요.

 I am afraid I can't : 미안하지만 ~할 수 없다

상대방의 제안에 대해 유감스럽게도 할 수 없다는 사양의 표현을 정중하게 할 때 사용한다. 비슷한 표현으로 [I am sorry I can't]를 사용할 수도 있다.

 BASIC EXERCISE

- I am afraid I can't give you any tips for the final exam.
  유감스럽지만 너에게 기말고사 힌트를 줄 수가 없어.

- I am afraid I can't help you wash your car.
  미안하지만 네가 세차하는 거 못 도와주겠어.

- I am afraid I can't accept your offer.
  죄송합니다만 당신의 제안을 받아들일 수 없습니다.

- I am afraid I can't take you to the festival today.
  미안하지만 오늘 너를 페스티벌에 데려다 줄 수가 없구나.

미안하지만 내일 너의 집에 못 들를 거 같아.

⇨ _____

Hint come over 들르다 | tomorrow 내일

- tip 힌트
- wash a car 세차하다
- offer 제안
- final test 기말고사
- accept 받아들이다

ANSWER I am afraid I can't come over to your house tomorrow.

Section 1

1

A Can I bother you for a minute? Can you check this out?

B 미안합니다만 지금은 안 되겠어요.

⋯→ **A** 제가 잠깐 방해를 해도 될까요? 이것을 좀 봐주시겠어요? **B** I am afraid I can't now.
∷ bother 방해하다 | for a minute 잠시 동안 | check out 체크하다

2

A 미안하지만 너한테 진실을 말할 수가 없어.

B Do you know the truth?

⋯→ **A** I am afraid I can't tell you the truth. **B** 너는 진실을 알아?
∷ tell a truth 진실을 말하다

3

A 죄송하지만 나는 당신을 이곳에 머무르게 할 수 없어요.

B Don't worry. It's OK.

⋯→ **A** I am afraid I can't allow you to stay here. **B** 걱정 마세요. 괜찮아요.
∷ allow 허락하다 | stay 머물다 | worry 걱정하다

Talk Talk 튀는 English

I'm gonna let it slide only this time.
이번 한 번만 봐준다.

한 번만 눈감아달라고 사정해본 적, 혹은 누군가의 실수를 눈감아준
적 있지요? 영어에서는 난처한 상황을 미끄러지듯 빠져나가게 한다는
의미로 let it slide라는 표현을 쓴답니다.

PATTERN 026

I've decided to go to see him now.

나는 지금 그를 보러 가기로 결정했어.

Point Tip I've decided to + 동사 원형 : 나는 막 ~을 하기로 결정했다

어떠한 일을 하기로 방금 결정했음을 알릴 때 사용하는 표현이다. 주로 just와 함께 사용한다. 일상 회화에 자주 등장하는 표현이니 잘 익혀두자.

BASIC EXERCISE

- **I've decided to adopt a baby.**
  나는 아기를 입양하기로 결정했어.

- **I've decided not to change my plan.**
  나는 내 계획을 수정하지 않기로 결정했어.

- **I've just decided to ask her out.**
  나는 방금 그녀에게 데이트를 신청하기로 결심했어.

- **I've decided to cover it up for you.**
  나는 너를 위해서 그것을 덮어두기로 결심했어.

나는 김 박사님에게 투표하기로 결정했어.

⇨ _____

Hint vote for (투표에서) ~를 선택하다

* adopt 입양하다   * ask out 데이트를 신청하다
* cover up 덮어두다
ANSWER I've decided to vote for Dr. Kim.

LIVE TALKS - 뉘앙스 따라잡기 🎧

1

A Didn't you make up your mind yet?

B Yes, I did. 나는 방금 그를 채용하기로 결정했어.

> ⋯▸ **A** 아직도 마음을 정하지 못했어? **B** 했어. I've just decided to hire him.
> :: make up one's mind 결심하다 | yet 아직 | hire 채용하다

2

A What are you going to cook tonight?

B 나는 오늘 밤에는 요리 안 하기로 했어. Let's go out for dinner.

> ⋯▸ **A** 오늘 밤에 뭘 요리할 거야? **B** I've decided not to cook tonight. 저녁 먹으러 나가자.
> :: cook 요리하다 | let's ~하자 | go out for ~을 하러 나가다

3

A Where are you going this summer?

B 지금 막 이태리로 가기로 결정했어요.

> ⋯▸ **A** 당신은 이번 여름에 어디로 가세요? **B** I've just decided to go to Italy.
> :: this summer 이번 여름 | Italy 이태리

She is cut out to be a teacher. ●
그녀는 선생님이 적격이다.

'누군가가 어떠한 일에 적격이다'라는 표현을 할 때가 많습니다. '그 일이라면 더 이상 말할 것도 없다'는 뉘앙스로 [be cut out] 구문을 사용해서 나타낸답니다.

I'm telling you the truth.

나는 너에게 진실을 말하고 있는 거야.

Point Tip **I'm telling you** : 나는 너에게 ~을 말하고 있는 거다

일반적으로 화자가 상대방의 주의를 끌려는 의도를 가질 때 사용되며, [I'm telling you] 뒤에 명사를 써도 좋고, 절(주어 + 동사)을 써도 좋다.

BASIC EXERCISE

- **I'm telling you he wasn't there.**
  나는 그가 거기에 없었다고 말하는 거야.

- **I'm telling you how important this is.**
  이것이 얼마나 중요한지를 말하는 겁니다.

- **I'm telling you I am in serious trouble now.**
  지금 내가 심각한 어려움에 처해 있다고 말하는 겁니다.

- **I'm telling you the game is over.**
  게임이 끝났다고 말하는 겁니다.

그들이 오지 않을 거라고 말하는 거예요.

⇨ _____

Hint come 오다

- **there** 그곳에
- **be in trouble** 어려움에 처해 있다
- **be over** 끝나다
- **important** 중요한
- **serious** 심각한

ANSWER I'm telling you that they are not coming.

LIVE TALKS - 뉘앙스 따라잡기 🎧

1

A What are you talking about?

B 그가 유학을 하고 싶어하지 않는다고 말하는 거야.

⋯▸ **A** 너 무슨 말을 하는 거니? **B** I am telling you he doesn't want to study abroad.
:: talk about ~에 대해서 이야기하다 | study abroad 해외에서 공부를 하다

2

A 경쟁은 여전히 계속되고 있다고 말하는 거야.

B I got it.

⋯▸ **A** I'm telling you the competition is still going on. **B** 알았어.
:: competition 경쟁 | go on 계속되다

3

A 제가 어떻게 2개국어를 하는 사람이 되었는지 말하고 있어요.

B It is interesting.

⋯▸ **A** I am telling you how I became a bilingual. **B** 흥미롭군요.
:: become ~이 되다 | bilingual 2개국어를 하는 사람

Stop pulling my leg! ●
나 좀 그만 놀려!

'누군가에게 농담하다' 혹은 '놀리다'라는 표현으로 미국인들은 pull one's leg라는 구문을 사용합니다. 문장만 봐서는 무슨 내용인지 이해하기 힘든 표현 중에 하나입니다.

71

PATTERN 028 I'm calling about the job you posted.

당신이 광고하는 일자리 때문에 전화 드립니다.

 Point Tip I'm calling about + 명사 : ~때문에 전화하다

전화 건 목적을 말할 때 사용하는 표현이다. 정보를 얻으려고 문의전화를 하는 것과 같이 구체적인 의도를 가지고 전화를 걸 때 주로 사용한다.

BASIC EXERCISE

• I'm calling about renting a car.
  자동차 렌트 때문에 전화 걸었어요.

• I'm calling about the car for sale.
  팔려는 자동차 때문에 전화 드립니다.

• I'm calling about the apartment for rent.
  세놓은 아파트 문제로 전화 드립니다.

• I'm calling about the garage sale that you advertised.
  당신이 광고한 차고 세일 문제로 전화 드려요.

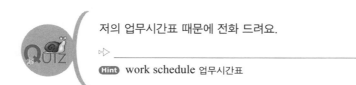

저의 업무시간표 때문에 전화 드려요.

⇨ _____

Hint work schedule 업무시간표

 Tip
  * rent 빌리다
  * garage sale 차고 세일
  * for sale 파는
  * advertise 광고하다
  ANSWER I'm calling about my work schedule.

1

A 아이들을 위한 재단에 대해서 알고 싶어서 전화 드립니다. How can I contribute?

B Please call this toll free number. Operators are waiting to assist you.

⋯ **A** I'm calling about your foundation for children. 제가 어떻게 기여할 수 있나요?
B 무료 전화로 전화를 해주십시오. 상담원이 당신을 도와 드리기 위해 기다리고 있습니다.
:: contribute 기여하다 | toll free 무료 전화 | assist 돕다

2

A 신문에 당신이 광고한 세일 때문에 전화합니다.

B I am sorry, but that sale is over.

⋯ **A** I'm calling about the sale you advertised in the paper. **B** 죄송합니다만 세일이 끝났어요.
:: advertise 광고하다 | paper 신문 | be over 끝나다

3

A 당신이 주려고 하는 강아지들 때문에 전화했어요.

B I am sorry, but I changed my mind. I decided to keep them.

⋯ **A** I'm calling about the puppies you are giving away.
B 죄송합니다만 제가 마음을 바꿨어요. 그들을 데리고 있기로 결정했어요.
:: give away 멀리 주다 | change one's mind ~의 마음을 바꾸다

Talk Talk 튀는 English

He has ants in his pants.
그 사람 안절부절 난리야.

바지 속에 개미가 들어갔다고 생각해보세요. 얼마나 근질근질하겠어
요? 이렇게 영어에서는 어떤 사람이 안절부절 못하는 모습을 보고 He
has ants in his pants.라고 표현한답니다.

73

PATTERN 029

I hate to tell you this, but I have to.

이것을 당신에게 말하고 싶지 않지만, 해야 해요.

Point Tip **I hate to …, but** : ~하고 싶지 않지만

자신이 매우 난처한 상황이며, 하기 싫은 일이기는 하지만 할 수밖에 없음을 알릴 때 사용할 수 있는 표현이다.

BASIC EXERCISE

• **I hate to disappoint you, but I can't bring Jimmy to your house.**
너를 실망시키고 싶지 않지만, 지미를 너의 집에 데리고 갈 수 없어.

• **I hate to tell you this, but you are fired.**
이런 말 하고 싶지 않지만, 너는 해고되었어.

• **I hate to let you down, but we can't give you a scholarship.**
너를 실망시키고 싶지 않지만, 우리는 너에게 장학금을 줄 수가 없구나.

• **I hate to bother you, but I am in a hurry.**
당신을 성가시게 하고 싶지 않지만, 제가 급해요.

Quiz
이런 말 하고 싶지 않지만, 이것은 네 책임이야.

⇨ _____

Hint responsibility 책임

Tip
• disappoint 실망시키다
• let someone down ~를 실망시키다
• bother 성가시게 하다
• fire 해고하다
• scholarship 장학금
• be in a hurry 급하다

ANSWER I hate to tell you this, but this is your responsibility.

LIVE TALKS - 뉘앙스 따라잡기 🎧

1

A How is my Christmas decorating?

B 이런 말 하고 싶지 않지만, 너무 지나쳐.

⤙ **A** 내 크리스마스 장식 어때요? **B** I hate to tell you this, but it is too much.
∷ decorating 장식 | too much 너무 많은

2

A 묻고 싶지 않지만, 해야 해요.

B About what? Are you talking about my design?

⤙ **A** I hate to ask you this, but I have to. **B** 뭐에 관해서요? 내 디자인에 관해서 말하는 건가요?
∷ ask 묻다 | talk about ~에 대해서 이야기하다

3

A 인정하고 싶지 않지만, 우리 엄마와 아빠가 이혼을 하셨어.

B Oh, I am so sorry to hear that.

⤙ **A** I hate to admit it, but my mom and dad got divorced. **B** 오, 정말 유감스러운 일이구나.
∷ admit 인정하다 | get divorced 이혼하다

I was not born yesterday.
호락호락 넘어갈 줄 알아?

뻔한 거짓말로 자신을 속이려는 사람들에게 한마디 할 수 있는 표현입
니다. '어제 태어난 내가 아니다', 갓 태어난 아기의 천진난만한 표정
을 상상해보면 그 뜻을 알 수 있답니다.

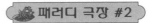

Snow White

So Snow White was supposed to go to the palace and live happily with the prince······

but she didn't want to.

Why do I feel like I am too good for him?

It seemed difficult for her to say

'good bye' to seven handsome guys.

Oh ye~ I don't need to listen to dish-breaking sounds any more.

Wow~ It's my last day to be a nude model for her.

I don't need to make coffee for her any more.

It's my last day to erase something.

··→ 해석과 해설은 434페이지에

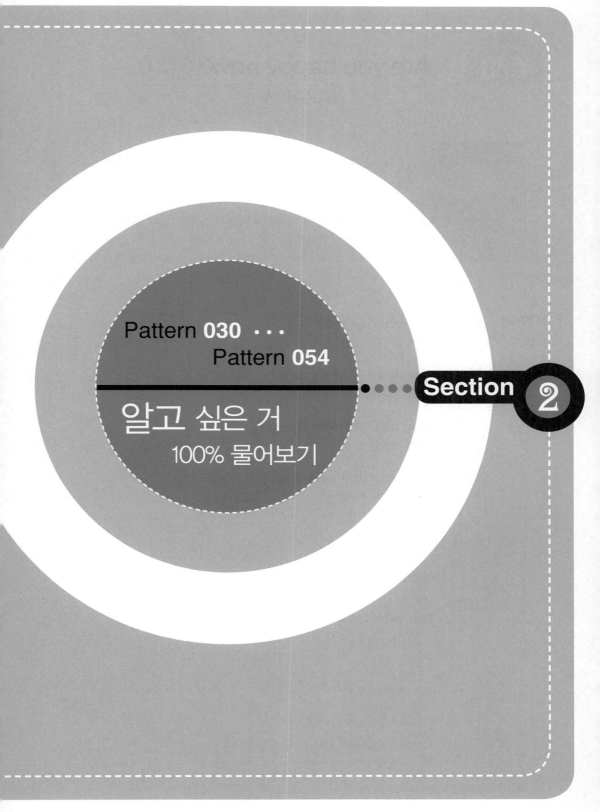

Section ②

알고 싶은 거
100% 물어보기

PATTERN
030

Are you happy now?

너는 지금 행복하니?

𝒫oint 𝒯ip

are you···? : 당신은 ~입니까?

상대방의 현재의 심리적 혹은 물리적 상태나 직업 등을 물을 때 사용할 수 있는 구문으로 Yes나 No로 대답할 수 있다.

BASIC EXERCISE

- **Are you mad at me?**
  나한테 화났니?

- **Are you tired of this game?**
  너 이 게임에 벌써 싫증나니?

- **Are you pleased with this gift?**
  이 선물이 마음에 드니?

- **Are you satisfied with your job now?**
  지금 너의 직업에 만족하니?

QUIZ 당신은 이 학교의 선생님인가요?

⇨ _____

Hint teacher 선생님 | school 학교

Tip

- be mad at ~에 화나다
- pleased 기쁜
- be satisfied with ~에 만족하다
- be tired of ~에 싫증나다
- gift 선물

ANSWER Are you a teacher at this school?

LIVE TALKS - 뉘앙스 따라잡기

1

A 당신 괜찮아요?

B Yes, I am fine. Thank you.

⋯→ **A Are you OK?** **B** 네, 괜찮아요. 고맙습니다.
∷ fine 괜찮은

2

A 레이와 결혼하신 거예요?

B Yes, I am. We have two kids.

⋯→ **A Are you married to Ray?** **B** 네. 우리는 두 아이들이 있어요.
∷ be married to ~와 결혼한 상태인 | kid 아이들

3

A 춤 잘 추세요?

B Not at all, but I love dancing.

⋯→ **A Are you good at dancing?** **B** 아니요, 전혀. 하지만 춤추는 거 좋아해요.
∷ be good at ~을 잘하다 | not at all 전혀 | dancing 춤추기

I still stand a chance.
나는 아직 희망이 있어.

가망이 있다 혹은 없다라는 표현을 할 때 영어로는 stand라는 단어를
쓴답니다. '기회의 위에 서있다'라는 의미는 표현 그대로 '가망이 있다'
라는 뜻으로 짐작할 수 있겠죠?

79

Are you doing your homework?

숙제하고 있니?

Point Tip

are you -ing? : 당신은 ~하고 있나요?, 당신 ~할 건가요?

상대방이 현재에 진행하고 있는, 혹은 매우 가까운 미래에 하게 될 어떤 동작이나 상태를 질문할 때 쓰는 구문이다.

BASIC EXERCISE

- Are you cooking now?
  지금 요리하고 있니?

- Are you coming to my apartment tonight?
  오늘 밤에 우리 집에 올 거니?

- Are you blaming me for that?
  그것에 대해서 나를 비난하는 거니?

- Are you telling me that I am wrong now?
  너 지금 내가 잘못했다고 말하는 거니?

QUIZ

너 지금 음악 듣고 있니?

⇨ _____

Hint listen to ~을 듣다 | music 음악

Tip
- cook 요리하다
- blame A for B B에 관해서 A를 비난하다
- wrong 잘못된

ANSWER Are you listening to music now?

1

A 샤워하고 있니, 짐?

B Yes. I am in the bathroom, mom.

⋯→ **A** Are you taking a shower, Jim? **B** 네, 욕실에 있어요, 엄마.
:: take a shower 샤워하다 | bathroom 화장실, 욕실

2

A 부엌 청소하고 있니?

B Yes, I am.

⋯→ **A** Are you cleaning the kitchen? **B** 네, 그래요.
:: clean 청소하다 | kitchen 부엌

3

A 너 지금 테니스 치고 있니?

B No, I am playing a video game with my sister.

⋯→ **A** Are you playing tennis now? **B** 아니요, 여동생이랑 비디오 게임하고 있어요.
:: play tennis 테니스를 치다

You are pathetic!
불쌍하군요!

정 많은 한국인. 우리가 다른 민족보다 더 많이 하는 표현이 '불쌍하다'
는 말 아닐까요? 영어로는 You are pathetic!이랍니다.

81

Are you talking about the exam?

시험에 대해서 말하고 있는 거니?

Point Tip

are you talking about + 명사 …? : ~에 관해서 말하고 있는 겁니까?

다른 사람에게 진행되고 있는 이야기의 주제가 자신이 생각하고 있는 그것인지를 확인할 때 주로 쓰는 표현이다.

BASIC EXERCISE

• Are you talking about the newly released movie?
    새로 나온 영화에 대해서 이야기하는 거니?

• Are you talking about the new investment policies of the company?
    당신은 회사의 새로운 투자 정책에 관해서 이야기하는 겁니까?

• Are you talking about moving to another city?
    다른 도시로 이사하는 것을 이야기하는 거니?

• Are you talking about your career?
    당신의 경력에 대해서 이야기하는 겁니까?

QUIZ

우리가 어젯밤에 봤던 경기에 대해서 이야기하는 거니?

⇨ _____

Hint game 경기 | watch 보다 | last night 어젯밤

Tip

• release 출시되다   • investment 투자
• policy 정책   • move 이사하다
• career 경력

ANSWER Are you talking about the game we watched last night?

 **LIVE TALKS** – 뉘앙스 따라잡기

 1

A 패션 경향에 대해서 이야기하는 거니?

B Well, not exactly.

⋯▸ **A** Are you talking about the fashion trend? **B** 음, 꼭 그렇지는 않아.
:: fashion 패션 | trend 경향 | exactly 정확하게

 2

A We should've checked the spelling carefully before we handed in the paper.

B 너 철자 오류를 말하는 거니?

⋯▸ **A** 제출하기 전에 철자를 주의 깊게 확인했어야 했어.
B Are you talking about the spelling mistakes?
:: carefully 주의 깊게 | hand in 제출하다 | mistake 실수

 3

A 스케줄에 관해서 말하시는 거예요?

B Yes. Could you change my shift for this Friday?

⋯▸ **A** Are you talking about the schedule? **B** 네. 이번 금요일에 교대조를 바꿔주실 수 있을까요?
:: schedule 스케줄 | change 바꾸다 | shift 교대조

 It beats me. ●
나는 모르겠는데.

I don't know. 이외에 '몰라요'라는 표현 중에 생각나는 것이 있나요?
미국인들이 많이 쓰는 표현 중 하나가 '이기다'라는 동사를 이용한 It
beats me.랍니다.

83

Do you go to church on Sundays?

일요일마다 교회에 가니?

Point Tip

do you …? : ~을 하십니까?

상대방에게 현재의 어떠한 행위에 관련된 일을 물으면서 Yes나 No의 대답을 기대하는 거의 모든 질문을 할 때 시작할 수 있는 구문이다.

BASIC EXERCISE

- **Do you love him?**
  그를 사랑하세요?

- **Do you agree with this plan?**
  이 계획에 동의하세요?

- **Do you still work there?**
  너 아직도 거기에서 일하니?

- **Do you know anybody who works at this mall?**
  너 이 상점에서 일하는 사람 아니?

QUIZ

신을 믿으시나요?

⇨ _____

Hint believe 믿다 | God 신

Tip

* agree with ~에 동의하다
* there 거기에
* mall 상점
* still 여전히
* anybody 어떤 사람

ANSWER Do you believe in God?

1

A 물 좀 드실래요?

B No, thank you. I am fine.

⋯➜ **A** Do you want to have some water? **B** 아니요, 감사합니다. 저는 괜찮아요.
∷ water 물 | fine 좋은

2

A 찰리, 너 지금 돈 좀 있니?

B I am sorry. I don't have any.

⋯➜ **A** Do you have some money with you, Charlie? **B** 미안하지만 없어.
∷ with ~와 함께

3

A 아이들에게 자주 책 읽어주나요?

B Actually, no. I don't have enough time to do that.

⋯➜ **A** Do you read a book to your kids often? **B** 사실 아니에요. 그럴 시간이 충분치 않아요.
∷ read 읽다 | often 자주 | actually 사실 | enough 충분한

Let's go Dutch!
각자 내자!

'각자 계산을 하다'라는 표현이랍니다. 우리가 흔히 사용하는 Dutch pay는 사실 미국인들이 사용하지 않는 표현이에요. 정확한 표현을 익혀두세요.

Did you call your mom?

엄마에게 전화했나요?

did you …? : ~을 했습니까?

상대방에게 과거의 어떠한 동작에 관련된 일을 물으면서 Yes나 No의 대답을 기
대하는 거의 모든 질문을 할 때 시작할 수 있는 구문이다.

BASIC
EXERCISE

- **Did you drink beer which you watched the baseball game?**
  당신은 그 야구 경기를 볼 때 맥주를 마셨나요?

- **Did you make up your mind?**
  마음을 결정했나요?

- **Did you accept her offer?**
  그녀의 제안을 받아들였어?

- **Did you admit that you made a mistake?**
  네가 실수를 했다는 것을 인정했니?

QUIZ

그 도둑을 잡았나요?

⇨ _____

Hint catch 잡다 | thief 도둑

Tip

- make up one's mind 마음을 결정하다
- offer 제안
- make a mistake 실수하다
- accept 받아 들이다
- admit 인정하다

ANSWER Did you catch the thief?

LIVE TALKS – 뉘앙스 따라잡기 🎧

1

A 이번 달에 집세를 지불했나요?

B Of course, I did.

⋯▸ **A** Did you pay for the rent this month? **B** 물론 했습니다.
:: pay for 지불하다 | rent 집세 | this month 이번 달

2

A 당신은 야생 개를 만났을 때 아기를 보호하려고 했나요?

B Fortunately, my baby was at home. She was safe at that time.

⋯▸ **A** Did you try to protect your baby when you met a wild dog?
B 다행히도 아기는 집에 있었어요. 그때 그녀는 안전했어요.
:: protect 보호하다 | fortunately 다행히도 | at that time 그 때

3

A 이 소음을 견뎠어요?

B Yes. I had to.

⋯▸ **A** Did you put up with that noise? **B** 네. 그래야만 했어요.
:: put up with ~을 견디다

 He eavesdropped on our conversation.
그가 우리 대화를 엿들었어.

'누구의 대화를 엿듣다'라는 표현으로 영어로는 eavesdrop이라는 단어
를 사용한답니다. 단어 ear와 연상시켜서 익혀두세요.

Do you want to go with me?

저랑 함께 가고 싶어요?

Point Tip

do you want to + 동사 원형 ···? : ~을 하고 싶어요?

상대방이 무엇을 하고 싶어하는지 물을 때 쓰는 일반적인 구문이다. 대부분의
미국인은 [Do you wanna~?]로 발음한다는 것도 알아두자.

BASIC EXERCISE

• Do you want to take this job?
  이 직업을 갖고 싶어요?

• Do you want to move into this apartment?
  이 아파트로 이사 오고 싶어?

• Do you want to keep my book longer?
  내 책을 좀더 오래 가지고 있고 싶니?

• Do you want to have some fun?
  좀 즐기고 싶어?

QUIZ

내 사진 찍고 싶어?

⇨ _____

Hint take a photo of ~의 사진을 찍다

Tip

• want 원하다
• longer 더 오래
• have fun 즐겁게 지내다

• move into ~로 이사 들어가다

ANSWER Do you want to take a photo of me?

LIVE TALKS - 뉘앙스 따라잡기 🎧

1

A I have two classical music concert tickets. 가고 싶어?

B I want to, but I can't. I have a test next week. Thanks, anyway.

> ⋯→ **A** 나한테 클래식 콘서트 표가 두 장 있어. **Do you want to go?**
> **B** 가고 싶지만 못 가. 다음주에 시험이 있어. 여하튼 고마워.
> ∷ **classical music** 클래식 음악 | **anyway** 하여간

2

A I got a flat tire. I need to walk to school.

B 대신 내 자전거라도 탈래?

> ⋯→ **A** 타이어가 펑크가 났어. 학교를 걸어서 가야 해. **B Do you want to ride my bike instead?**
> ∷ **flat tire** 펑크가 난 타이어 | **ride a bike** 자전거 타다 | **instead** 대신에

3

A 내 인형 한번 보고 싶어?

B Yes, I do. It looks very cute.

> ⋯→ **A Do you want to take a look at my doll? B** 응. 너무 귀여워.
> ∷ **take a look at** ~을 보다 | **doll** 인형 | **cute** 귀여운

He has a shoddy job.
그는 겉만 번지르르한 직업을 가지고 있어.

겉으로 보기엔 너무나도 근사해 보이지만 실속이 없거나 혹은 벌이가 겉
보기만하지 못한 직업을 일컬을 때 쓰는 표현이 shoddy job이랍니다.

89

PATTERN 036 Do you want me to baby sit tomorrow night?

제가 내일 저녁에 아기를 봐주길 원하는 거죠?

Point Tip

> **do you want me to … ?** : 당신은 내가 ~하기를 원하나요?

상대가 내가 무엇 하기를 원하는지 파악하려 할 때 쓰는 질문이다. [Do you want to…?]와 유사하지만, to 이하의 행동의 주체가 want 다음에 온다는 것에 유의한다.

BASIC EXERCISE

- **Do you want me to take you home?**
  내가 너를 집에 데려다 주길 원해?

- **Do you want me to buy a costume for Halloween?**
  너는 내가 핼로윈 복장을 사주길 원해?

- **Do you want me to teach you how to drive?**
  너는 내가 운전하는 법을 가르쳐주길 바래?

- **Do you want me to keep an eye on your bag?**
  당신은 제가 이 가방을 봐주길 원하는 거죠?

QUIZ

너는 내가 너를 위해서 노래 불러주길 바라니?

⇨ _____

Hint sing a song 노래 부르다

Tip

- take somebody home 누구를 집에 데려다 주다
- costume 의상, 복장
- teach 가르치다
- how to drive 운전하는 법
- keep an eye on ~을 감시하다

ANSWER Do you want me to sing a song for you?

 **LIVE TALKS** – 뉘앙스 따라잡기

A I have lots of things to do today.

B 내가 이 DVD 반납해줄까?

┈→ **A** 오늘 해야 할 일이 너무 많아. **B** Do you want me to return this DVD for you?
:: lots of 많은 | return 반납하다

A 내가 운전할까? You look very tired.

B Yes, please. I am sleepy.

┈→ **A** Do you want me to drive? 너 매우 피곤해 보여. **B** 그래, 부탁해. 졸려.
:: look ~처럼 보이다 | tired 피곤한 | sleepy 졸린

A I am having a lot of fun in this club. I met a lot of nice people.

B 나도 그 클럽에 참여하길 바라니?

┈→ **A** 이 클럽에서 매우 즐거운 시간을 보내고 있어. 많은 좋은 사람들도 만났어.
B Do you want me to join that club?
:: have fun 즐거운 시간을 가지다 | a lot of 많은 | join 참여하다

He's really mean.
그 사람 정말 고약하네.

혹시 여러분의 상사가 비열하고 인색하고 째째한 사람은 아닌가요? 이런 사람의 성격을 이야기할 때, 영어에서는 mean이라는 형용사를 사용한답니다. He's really mean.은 꽤 심한 욕이겠죠?

PATTERN 037 Do you mean I need to apologize to him?

제가 그 사람에게 사과해야 한다는 말씀인가요?

do you mean ···? : ~라는 말인가요?

말하는 사람의 의향을 다시 한번 확인하고자 할 때 사용할 수 있는 표현이다. 대개 do를 생략하고, [you mean ...?]만으로 문장 끝의 억양을 올려 사용하기도 한다. 일상 회화에서 자주 사용하는 구문이다.

BASIC EXERCISE

• Do you mean they didn't take the final test?
   그들이 기말고사를 보지 않았단 말이에요?

• Do you mean I need to make a reservation in advance?
   제가 미리 예약을 해야 한다는 말인가요?

• You mean I need to deposit some money?
   돈을 좀 입금시켜야 한다는 말인가요?

• You mean I have to ask Mr. Green for this information?
   이 정보를 그린 씨에게 물어봐야 한다는 말이에요?

QUIZ

그녀가 한 학기를 더 해야 한다는 말인가요?

⇨ _____

Hint semester 학기

Tip

• take the final test 기말고사를 보다   • make a reservation 예약하다
• in advance 미리   • deposit 입금하다
• information 정보

ANSWER Do you mean she has to take one more semester of classes?

1

A 행사를 못 본다는 말씀인가요?

B I am sorry. Tickets are sold out already.

> ⋯▸ **A** Do you mean we can't watch the ceremony? **B** 미안합니다. 표가 이미 다 팔렸어요.
> :: ceremony 행사 | be sold out 매진되다 | already 벌써

2

A John, please slow down.

B 내가 너무 빨리 운전한다는 말이야?

> ⋯▸ **A** 존, 제발 천천히 가요. **B** Do you mean I'm driving too fast?
> :: slow down 속도를 줄이다 | too 너무 | fast 빠르게

3

A Now, put the fruit into the bowl and toss it.

B 모든 블루베리와 딸기 말씀인가요?

> ⋯▸ **A** 지금, 과일을 그릇에 넣으시고 버무려주세요.
> **B** Do you mean all the blueberries and the strawberries?
> :: put into ~에 넣다 | toss 버무리다

 ## I try to keep in shape.
건강을 유지하려고 노력하고 있어요.

shape는 사람에게 있어서 건강, 외양적인 모습, 스타일까지 아우르는 단어예요. keep in shape라는 표현은 건강을 유지하거나 좋은 몸매를 유지한다고 할 때 사용하는 표현입니다.

Do you mind if I smoke here?

여기에서 담배 좀 피워도 될까요?

Point Tip

do you mind if I …? : ~해도 될까요?

어떤 일에 대한 허락을 구할 때 사용할 수 있는 표현이다. 동사 mind가 '꺼리다'
라는 의미이므로 대답은 보통의 의문문과 반대로 해야 한다. 즉, 긍정의 대답은
not를 사용하고 부정의 대답으로는 not를 사용하지 않는다.

BASIC EXERCISE

• **Do you mind if I ask you some questions?**
  질문을 좀 드려도 되나요?

• **Do you mind if I ask you a favor?**
  부탁을 드려도 되나요?

• **Do you mind if I close the window?**
  창문을 좀 닫아도 되겠습니까?

• **Do you mind if I sing a song here?**
  여기서 노래 불러도 되나요?

QUIZ

제가 오늘 밤에 전화 드려도 될까요?

⇨ _____

Hint call 전화하다 | tonight 오늘 밤

Tip

* question 질문   * ask a favor 부탁하다
* close 닫다
* sing a song 노래하다

ANSWER Do you mind if I call you tonight?

Section 2

1

A It is hot in this room. 창문을 좀 열어도 될까요?

B Of course not.

···➤ **A** 이 방 안이 덥네요. **Do you mind if I open the window?** **B** 물론이죠.
:: hot 더운 | open 열다

2

A 당신의 보고서를 복사해도 될까요?

B Yes, I do. I am sorry.

···➤ **A** Do you mind if I copy your report? **B** 안 돼요. 죄송합니다.
:: copy 복사하다 | report 보고서

3

A 제가 이 자료의 리스트를 만들어도 괜찮을까요?

B Absolutely not.

···➤ **A** Do you mind if I make a list of this data? **B** 물론이지요.
:: make a list 리스트를 만들다 | data 자료

Don't panic!
당황하지 마!

흔히 '패닉'이라는 단어는 한국에서 꽤 심각한 단어로 쓰고 있죠?
영어에서는 평소에 당황하는 모습을 보일 때 자주 이 단어를 씁니다.

PATTERN 039

Do you have to go right now?

꼭 지금 당장 가야 하나요?

BASIC EXERCISE

- Do you have to sell your car?
  너의 차를 팔아야만 하니?

- Do you have to combine these two?
  이 두 개를 더해야만 하니?

- Do you have to get permission from your mom?
  너는 엄마한테서 허락을 받아야만 하니?

- Do you have to visit your grandmother every Saturday?
  너 매주 토요일마다 할머니를 방문해야만 하니?

QUIZ

이 모든 것을 다 점수 매겨야 하니?

⇨ _____

Hint grade 점수를 매기다

Tip

- sell 팔다
- get a permission 허락을 받다
- every Saturday 매주 토요일
- combine 더하다
- visit 방문하다

ANSWER Do you have to grade all of these?

Section 2

1

A 회의에 꼭 가야만 하니?

B Yes, I do.

⋯▸ **A** Do you have to go to the conference? **B** 네, 그래요.
:: conference 회의

2

A 여기에 서명을 해야 하나요?

B Yes, please.

⋯▸ **A** Do I have to sign this? **B** 네, 부탁합니다.
:: sign 서명을 하다

3

A 이 배터리를 충전해야 하니?

B No, I don't have to. I have one more battery.

⋯▸ **A** Do you have to recharge this battery?
B 아니요, 그럴 필요 없어요. 저한테 배터리가 하나 더 있어요.
:: recharge 충전하다 | battery 배터리 | one more 하나 더

Talk Talk 튀는 English

I am very ticklish.
나는 간지럼을 잘 타.

폭력보다 더 무서운 것이 간지럼 아닐까요? 자신이 간지럼을 많이 타
는 사람임을 이야기할 때, I am very ticklish.라 표현한답니다.

Do I look fine?

저 괜찮아 보여요?

𝒫oint 𝒯ip

do I look (like) … ? : 제가 ~(처럼) 보이나요?

상대방에게 화자가 어떻게 보이는지를 물을 때 사용할 수 있는 표현으로, [Do I look] 다음에는 형용사를 쓰지만, 명사를 쓰고자 할 경우에는 [Do I look like...?]를 쓴다는 것을 기억하자.

BASIC
EXERCISE

- **Do I look angry?**
  내가 화나 보이니?

- **Do I look slim?**
  내가 날씬해 보이니?

- **Do I look like a police officer?**
  내가 경찰관처럼 보여요?

- **Do I look like an American?**
  제가 미국인처럼 보여요?

QUIZ

제가 엄격한 선생님처럼 보이나요?

⇨ _____

Hint strict 엄격한 | teacher 선생님

Tip

* look like ~처럼 보이다   * angry 화난
* slim 날씬한
* police officer 경찰관
ANSWER Do I look like a strict teacher?

LIVE TALKS - 뉘앙스 따라잡기

1

A What's going on here? You look great.

B 좋아 보여? I have a date tonight.

⋯→ **A** 여기 무슨 일이지? 너 멋져 보여. **B** Do I look nice? 오늘 밤에 데이트가 있거든.
:: **great** 멋진 | **nice** 좋은

2

A 이 재킷을 입으면 내가 나이 들어 보이니?

B No. You look stylish.

⋯→ **A** Do I look old with this jacket? **B** 아니. 멋있어 보여.
:: **jacket** 재킷 | **stylish** 멋있는

3

A Why are you staring at me? 내가 의심스러워?

B Yes.

⋯→ **A** 왜 날 쳐다봐? Do I look suspicious? **B** 응.
:: **stare at** ~을 쳐다보다 | **suspicious** 의심스러운

Can you move up your car?
차를 앞으로 좀 빼주시겠어요?

주차할 곳이 빠듯한 한국에서 우리가 아주 자주 사용하는 구문이죠.
영어로는 '차를 앞으로 빼다' 라는 표현을 move up a car이라고 한답
니다.

99

PATTERN 041

Does he get up early?

그는 일찍 일어나나요?

does he / she ···? : 그가 / 그녀가 ~을 하나요?

'당신은 / 그들은 / 우리가 ~을 하나요?'라는 표현은 [Do you / they / we ~?]라고
자연스럽게 말하다가도 3인칭 주어를 위해 does로 질문을 할 때는 머뭇거릴 때
가 많다. 익숙해지도록 충분히 연습해두자.

BASIC
EXERCISE

· **Does she have a laptop computer?**
그녀는 노트북을 가지고 있나요?

· **Does he enjoy riding a bike?**
그는 자전거 타는 것을 즐깁니까?

· **Does she go to church every Sunday?**
그녀는 매주 일요일에 교회에 가나요?

· **Does he snore when he sleeps?**
그가 잠을 잘 때 코를 고나요?

QUIZ

그녀가 당신에게 영어를 가르치나요?

⇨ _____

Hint teach 가르치다

Tip

· laptop computer 노트북   · ride a bike 자전거를 타다
· go to church 교회에 가다
· snore 코를 골다
ANSWER Does she teach you English?

1

A I usually cook with my daughter.

B Great. 그녀도 역시 요리하는 것을 좋아하나요?

⋯→ **A** 나는 주로 내 딸과 함께 요리해요. **B** 좋군요. Does she like cooking, too?
:: usually 주로 | daughter 딸 | too 역시

2

A I am going to City Hall to see Jim today.

B To City Hall? 그가 거기에서 일을 하나요?

⋯→ **A** 오늘 짐을 보러 시청으로 가요. **B** 시청으로요? Does he work there?
:: City Hall 시청 | work 일하다 | there 그 곳

3

A 그녀가 우리 그룹에 참여하고 싶어해?

B Yes, she does. Did she ask you about it already?

⋯→ **A** Does she want to join our group? **B** 응, 그래. 벌써 그녀가 너에게 그것에 대해서 물어봤어?
:: join 참여하다 | already 벌써

He was tied up the meeting.
그는 회의로 꼼짝 못했어.

'어떠한 일 때문에 시간을 낼 수 없을 만큼 바쁘다'라는 표현을 영어로
는 '꽁꽁 묶어놓는다'는 tied up을 사용하는군요. '회의 때문에 꽁꽁 묶
여있어'라고 할 때, He was tied up the meeting.

PATTERN 042

Can I get some water?

물을 좀 주실래요?

can I get …? : ~을 얻을 수 있나요?

상대방으로부터 무언가를 얻고 싶다는 의사 표현을 다소 예의 바르게 표현하는 것이다. 얻고 싶은 무언가를 [can I get] 다음 명사의 형태로 넣으면 된다.

BASIC EXERCISE

- **Can I get some information from you?**
  당신한테서 정보를 좀 얻을 수 있나요?

- **Can I get your advice?**
  당신의 충고를 좀 들을 수 있을까요?

- **Can I get the instructions for this machine?**
  이 기계의 사용 설명서를 좀 받을 수 있나요?

- **Can I get more coffee?**
  커피 좀 더 주시겠어요?

QUIZ

당신 부모님 사진을 좀 가질 수 있어요?

➪ _____

Hint photos 사진 | parents 부모님

Tip

* information 정보　　　　　　* advice 충고
* instructions 사용 설명서
* machine 기계

ANSWER Can I get some photos of your parents?

Section 2

A Anything else?

B 버터 좀 주실 수 있나요?

⋯➤ **A** 다른 거는요?　**B** Can I get some butter?
:: else 그 외에 | butter 버터

A 공항 지도를 좀 받을 수 있을까요?

B I am sorry. We don't have any now.

⋯➤ **A** Can I get a map of the airport?　**B** 죄송합니다. 지금은 저희가 가지고 있지 않습니다.
:: map 지도 | airport 공항

3

A 열쇠를 돌려받을 수 있을까?

B I gave it to Sara.

⋯➤ **A** Can I get my key back?　**B** 내가 사라에게 줬어.
:: key 열쇠

Talk Talk 튀는 English

He needs to adjust his tie.
그는 넥타이를 고쳐서 매야겠어.

'의복이나 타이 등을 고쳐서 매다' 혹은 '똑바로 입다'라는 표현을 할 때 adjust라는 동사를 쓴다는 것을 기억하세요.

103

PATTERN 043

Could you come here tomorrow?

내일 여기에 와주시겠습니까?

Point Tip

could you ⋯? : ~해주시겠습니까?

상대방에게 어떠한 일을 부탁할 때 사용하는 표현이다. 단지 과거형 could를 쓸 뿐이지만 [Can you ⋯?]보다 좀더 정중한 표현이 된다.

BASIC EXERCISE

· **Could you do me a favor?**
부탁을 좀 들어주실 수 있나요?

· **Could you support us?**
저희를 지지해주실 수 있나요?

· **Could you send it to my professor?**
이것을 교수님에게 보내주실 수 있나요?

· **Couldn't you persuade her?**
그녀를 설득해주실 수 없나요?

QUIZ

도서관에 제 책을 좀 반납해주실래요?

⇨ _____

Hint return 돌려주다 | library 도서관

Tip

* do a favor 부탁을 들어주다   * support 지지하다
* send 보내다   * professor 교수
* persuade 설득하다

ANSWER Could you return my book to the library?

Section 2

1

A 내일 일찍 출근해주실 수 있나요?

B Sure.

⋯→ **A** Could you come to work early tomorrow? **B** 물론이지요.
∷ come to work 출근하다

2

A 레스토랑 좀 추천해주실 수 있나요?

B There are some around my office.

⋯→ **A** Could you recommend some restaurants? **B** 내 사무실 근처에 몇 군데가 있어요.
∷ recommend 추천하다 | around 주위에

3

A 제 아이들을 위해서 이 책을 소리 내어 읽어주실 수 있나요?

B Of course.

⋯→ **A** Could you read this book aloud for my kids? **B** 그럼요.
∷ read aloud 소리 내어 읽다 | kids 아이들

 ## Take that offer by all means.
꼭 그 제안을 받아 들여!

어떤 일을 '꼭' 혹은 '반드시'라고 강조할 때, 영어로는 by all means라
는 표현을 붙인답니다. 그러므로 반드시 제안을 받아 들여 달라는 것
을 강조하고 싶을 때 이런 표현을 쓰면 됩니다.

105

Can you tell me about your plan?

당신의 계획에 대해서 말해줄 수 있나요?

Point Tip

can you tell me ···? : ~에 대해서 나에게 말해줄 수 있어요?

상대방에게 어떤 일에 대해 자신에게 말해줄 수 있는지를 다소 정중하게 묻는 것이다. [Can you tell me] 다음에 대상이 되는 명사를 써도 좋고, where, when, what 등의 의문사를 써서 질문을 구체적으로 연결해도 좋다.

BASIC
EXERCISE

- **Can you tell me when the exhibition opens?**
  전시회가 언제 열리는지 말해줄 수 있어요?

- **Can you tell me what you are going to do from now on?**
  지금부터 당신이 무엇을 할 것인지 말해줄 수 있어요?

- **Can you tell me the reason you didn't show up yesterday?**
  네가 어제 왜 나타나지 않았는지 이유를 말해줄 수 있어?

- **Can you tell me how it works?**
  이것이 어떻게 작동하는지 말해줄 수 있니?

QUIZ

제가 얼마나 오랫동안 입원해야 하는지 말해줄 수 있나요?

⇨ _____

Hint how long 얼마나 오랫동안 | be hospitalized 입원하다

Tip

- exhibition 전시회
- from now on 지금부터
- work 작동하다
- be going to ~할 것이다
- show up 나타나다

ANSWER Can you tell me how long I have to be hospitalized?

🐕 LIVE TALKS – 뉘앙스 따라잡기

1

A Have you used this machine?

B No. 저에게 어떻게 이것을 사용하는지 말해줄 수 있어요?

⤳ **A** 이 기계를 사용해본 적이 있어요? **B** 아니요. Can you tell me how to use it?
∷ use 사용하다 | machine 기계

2

A 당신이 언제 한가한지 말해줄 수 있어요?

B I am available every Monday morning from 10 to 11.

⤳ **A** Can you tell me when you are available?
B 저는 매주 월요일 아침 10시부터 11시까지 여유가 있어요.
∷ available 여유가 있는 | from A to B A부터 B까지

3

A Excuse me. 어떻게 공항으로 가는지 말해줄 수 있나요?

B The No. 12 bus goes to the airport. You should take that bus.

⤳ **A** 실례합니다. Can you tell me how to get to the airport?
B 12번 버스가 공항으로 가요. 그 버스를 타셔야 해요.
∷ how to get to ~에 가는 법 | airport 공항

Once in a blue moon!
가뭄에 콩 나듯 드물어.

'푸른 달이 뜰 때 한 번'이라니, 이게 도대체 무슨 뜻일까요? 아주 드물거나 거의 일어 나지 않는다는 것을 표현할 때 Once in a blue moon! 이라고 한답니다.

Can I pay online?

온라인으로 지불할 수 있을까요?

Point Tip

> **can I ⋯ ?** : 제가 ~해도 될까요?
>
> 상대방의 허가를 요청하거나 가능성을 물어볼 경우 쓸 수 있는 유용한 표현이다.
> 유사한 표현으로 [May I⋯?] 혹은 [Do you mind⋯?]가 있으나, 이는 주로 격
> 식을 차릴 경우 사용되고, 일반적인 관계에서는 [Can I⋯?]를 훨씬 더 많이 사
> 용한다.

BASIC EXERCISE

- Can I have some water, please?
  저 물 좀 마실 수 있을까요?

- Can I ask you something? It's a kind of a private question.
  제가 뭘 좀 물어봐도 될까요? 이건 사적인 질문인데요.

- Can I get a new catalogue?
  새로운 목록을 좀 받을 수 있을까요?

- Can I see your driver's license? You were a little bit over the speed limit.
  운전 면허증 좀 볼 수 있겠습니까? 속도를 조금 위반하셨습니다.

QUIZ

내가 이 새 차를 살 능력이 될까?

⇨ _____

Hint afford ~할 경제적 여유가 되다

Tip

- have 가지다, 먹다, 마시다
- a kind of a private question 사적인 질문
- driver's license 운전 면허증
- a little bit over the speed limit 속도를 조금 위반한

ANSWER Can I afford this new car?

LIVE TALKS - 뉘앙스 따라잡기

1

A 네 공책 좀 볼 수 있을까? Actually, I dozed off during the last class.

B I would, but I didn't come to the class.

⋯➡ **A** Can I see your notebook? 사실, 지난 시간에 졸았거든. **B** 보여주고 싶은데, 난 수업에 빠졌단다.
:: doze 1 꾸벅꾸벅 졸다 2 멍하니 있다

2

A 아기 돌보는 것 도와 드릴까요?

B My god, this kid is out of control.

⋯➡ **A** Can I help baby sit? **B** 세상에, 이 아이는 통제가 안 되네요.
:: baby sit 아기를 돌보다 | out of control 통제 불능인

3

A 네 사진들을 다운로드 받아도 될까?

B Why not?

⋯➡ **A** Can I download your pictures? **B** 왜 안 되겠니?
:: download 1 다운로드 받다 2 공항 짐을 내리다

Thick-skinned!
철면피!

뻔뻔스럽고 염치없는 사람, 우리는 그들을 '철면피'라 부르고 미국인들
은 'thick-skinned'라고 표현합니다. 한국이나 미국이나 낯이 두껍다
는 말을 쓰는 것은 똑같군요.

109

Should I ask Mr. Green about it?

이것에 관해서 그린 씨에게 물어봐야 하나요?

𝒫oint 𝒯ip

> **should I …? : 제가 ~을 해야 하나요?**

어떠한 일을 본인이 반드시 해야 하는지 물어볼 때 사용할 수 있는 표현이며, [should I] 다음에는 동사의 원형이 와야 한다.

BASIC EXERCISE

- Should I come to the office?
  제가 이 사무실로 들어가야 하나요?

- Should I add some bread crumbs?
  제가 빵가루를 좀더 넣어야 해요?

- Should I talk to my boss directly?
  제가 사장님과 직접 이야기해야 하나요?

- Should I explain this question to him?
  제가 이 문제를 그에게 설명해야 하나요?

QUIZ

제가 이 정보로 리스트를 만들어야 하나요?

⇨ _____

Hint make a list 리스트를 만들다 | information 정보

Tip

- add 더하다
- directly 직접
- explain 설명하다
- bread crumb 빵가루

ANSWER Should I make a list with this information?

 **LIVE TALKS** - 뉘앙스 따라잡기

 1

A 호텔에서 먼저 체크인부터 해야 하나요?

B Yes, you should.

> ⋯→ **A** Should I check into the hotel first? **B** 네, 그래야 해요.
> :: check in 체크인하다 | first 먼저

 2

A 케이크를 굽기 전에 오븐을 미리 데워야 하나요?

B Yes, but not too long.

> ⋯→ **A** Should I preheat the oven before I bake a cake? **B** 네, 하지만 너무 오래는 아니고요.
> :: preheat 미리 데우다 | bake 굽다

3

A Please fill this form out.

B 당신의 클럽에 가입을 하려면 이것을 해야 하나요?

> ⋯→ **A** 이것을 기입해 주세요. **B** Should I do this in order to join your club?
> :: fill out 기입하다 | in order to ~하기 위해서 | join 가입하다

 ## You haven't seen anything yet.
이건 약과야.

어떤 일이나 사람을 보고 놀랬을 때, 그것보다 더 놀랄 일을 경험한 사
람에게서 들을 수 있는 표현이지요. '너는 아직 아무것도 보지 못했다'
라는 것은 말 그대로 '그 정도는 아무것도 아니다'란 의미를 가지고 있
답니다.

May I come in?

들어가도 될까요?

BASIC EXERCISE

- **May I ask you a favor?**
  부탁을 좀 해도 될까요?

- **May I taste this pie?**
  이 파이 맛을 봐도 될까요?

- **May I bother you for a while?**
  잠시 실례를 해도 될까요?

- **May I take a look at your room?**
  당신의 방을 좀 봐도 될까요?

QUIZ

당신 아이들 사진을 찍어도 될까요?

⇨ _____

Hint take a photo 사진을 찍다 | children 아이들

Tip

* ask a favor 부탁을 하다   * taste 맛을 보다
* bother 귀찮게 하다   * for a while 한동안
* take a look at ~을 보다

ANSWER May I take a photo of your children?

1

A 이 탁자를 함께 사용해도 될까요?

B Absolutely. Go ahead!

⋯▶ **A** May I share this table?　**B** 물론이지요. 앉으세요.
:: share 나누다

2

A I am a big fan of yours. 싸인 좀 받을 수 있을까요?

B Sure. I am pleased to hear that.

⋯▶ **A** 저 당신의 팬이에요. **May I have your autograph?**　**B** 물론이지요. 기쁘군요.
:: fan 팬 | autograph 싸인

3

A 국적이 어디인지 물어봐도 될까요?

B I am Greek but I was born in America.

⋯▶ **A** May I ask your nationality?　**B** 저는 그리스 사람입니다만 미국에서 태어났어요.
:: nationality 국적 | Greek 그리스인(의) | be born in ～에서 태어나다

He is one in a million.
그는 매우 뛰어나요.

고사성어에 '군계일학'이라는 표현이 있습니다. 어떠한 일에 매우 뛰어난 사람을 일컬을 때 사용할 수 있는 표현이지요. 영어로는 '백만 명 중 하나' 라고 표현해서 그 뛰어남을 나타내는군요.

Will you do that for me?

저것 좀 해주시겠어요?

Point Tip

will you …? : ~을 좀 해주시겠어요?

상대방에게 무언가를 요청할 때 쓰는 표현이다. 같은 의미로 좀더 정중한 표현
을 하고 싶으면 [Would you …?] 혹은 [Could you …?]를 사용하면 된다.

BASIC EXERCISE

- Will you be quiet?
  조용히 좀 해주실래요?

- Will you keep an eye on my bag?
  제 가방 좀 봐주실래요?

- Will you cover the pot with this?
  이것으로 냄비를 덮어줄래?

- Will you turn on the TV?
  TV 좀 켜줄래요?

QUIZ

내 손 좀 잡아줄래요?

⇨ _____

Hint hold 잡다 | hands 손

Tip

- be quiet 조용히 하다
- cover 덮다
- turn on 켜다

- keep an eye on ~을 감시하다, ~을 봐주다
- pot 냄비

ANSWER Will you hold my hands?

LIVE TALKS - 뉘앙스 따라잡기

1

A 소리 좀 줄여줄래?

B I am sorry. Was it too loud?

⋯→ **A** Will you turn the volume down? **B** 미안해. 너무 시끄러웠니?
∷ turn volume down 소리를 낮추다 | loud 시끄러운

2

A 이 편지를 수에게 좀 전해줄래요?

B OK. I will.

⋯→ **A** Will you give this letter to Sue? **B** 좋아요. 그럴게요.
∷ give 주다 | letter 편지

3

A 영어로 말해주실래요?

B I am sorry. I can't speak English.

⋯→ **A** Will you speak in English? **B** 미안해요. 저는 영어를 못 해요.
∷ speak 말하다

Talk Talk 튀는 English

You might be right there.

그건 그렇겠네.

'어떠한 일에 있어서는 상대의 의견이 옳을 수도 있다'라는 의미로 사용할 수 있는 표현입니다. 전적으로 동의할 수는 없지만 그럴 수도 있겠다라는 의미로 사용된답니다.

Have you ever seen fire ants?

파이어 개미를 본 적이 있니?

PATTERN 049

Point Tip

have you ever + 과거분사 …? : 당신은 ~을 해본 적 있나요?

상대에게 어떠한 일을 해본 적이 있는지, 그 경험의 유무에 관해 물을 때 사용할 수 있는 표현이다. 일상 대화에서 유용하니 잘 알아두자.

BASIC EXERCISE

- Have you ever met a TV star in person?
  TV 스타를 직접 본 적 있니?

- Have you ever rented a car before?
  전에 차를 렌트해본 적 있어?

- Have you ever used this perfume?
  이 향수를 써본 적 있어?

- Have you ever stayed at a Hilton hotel?
  힐튼 호텔에서 머물러본 적 있나요?

QUIZ

너 '니모를 찾아서' 본 적 있니?

⇨ _____

Hint cartoon 만화 | *Finding Nemo* 니모를 찾아서

Tip

- in person 직접
- before 전에
- stay 머무르다
- rent 빌리다
- perfume 향수

ANSWER Have you ever watched the cartoon '*Finding Nemo*'?

LIVE TALKS – 뉘앙스 따라잡기 🎧

1

A 너의 계획에 대해서 아버지와 이야기해본 적 있니?

B Not yet. He must be disappointed.

⟶ **A** Have you ever talked about your plan with your dad?
B 아니 아직. 그는 반드시 실망할 거야.
:: talk about ~에 대해서 이야기하다 | disappoint 실망하다

2

A 너 내 동생이 작곡한 노래 들어본 적 있어?

B Yes. It was impressive.

⟶ **A** Have you ever listened to the song my brother composed? **B** 응. 인상적이었어.
:: listen to ~을 듣다 | compose 작곡하다 | impressive 인상적인

3

A 너 바다에서 써핑 해본 적 있니?

B No. It scares me.

⟶ **A** Have you ever gone surfing? **B** 아니. 무서워.
:: go surfing 써핑 하다 | scare ~을 두렵게 하다

Your room looks like a pig-pen.
네 방은 꼭 돼지 우리 같다.

여러분의 방을 보고 '돼지 우리(pig-pen) 같다!'고 하는 어머니의 잔소리 자주 들으시나요? 미국인들도 더러운 것을 표현할 때 우리와 마찬가지로 pig(돼지)를 인용하는군요.

117

Have you heard about him?

당신 그에 대해서 들었어요?

Point Tip

have you heard about + 명사 …? : ~에 관해서 들었나요?

상대가 자신이 알고 있는 어떠한 일이나 사건에 대해 들어 알고 있는지를 묻고 확인하는 표현이다. 새로운 화제를 시작할 때 자주 사용하는 말이다.

BASIC EXERCISE

- Have you heard about the blockbuster movie?
  너 그 대히트 영화에 대해서 들었니?

- Have you heard about the project for the managing system?
  관리 시스템에 대한 프로젝트에 대해 들었어요?

- Have you heard about the exhibition of Picasso's works?
  피카소 작품의 전시회에 대해서 들으셨어요?

- Have you heard about the itinerary of our trip?
  우리 여행 일정에 대해 들었니?

QUIZ

너 LA를 강타한 지진에 대해서 들었어?

⇨ _____

Hint earthquake 지진 | hit 치다

Tip

- blockbuster movie 대히트 영화
- exhibition 전시회
- trip 여행
- manage 관리하다
- itinerary 일정

ANSWER Have you heard about the earthquake that hit LA?

1

A 너 회사의 새 정책에 대해서 들었어?

B No, not yet. Have you?

⋯▸ **A** Have you heard about the new policy of the company? **B** 아니, 아직. 너는 들었어?

:: policy 정책 | company 회사 | yet 아직

2

A 선거에 대해서 들었니?

B Yes. My dad told me about it.

⋯▸ **A** Have you heard about the election? **B** 응. 아빠가 말해줬어.

:: election 선거

3

A 북한의 상황에 대해서 들었어요?

B Yes. I read some articles.

⋯▸ **A** Have you heard about the situation in North Korea? **B** 네. 기사를 좀 읽었어요.

:: situation 상황 | article 기사

He checked out yesterday.
그분 어제 돌아가셨대요.

한국어 표현에서도 죽었다는 말이 다양하듯이, 영어 표현도 마찬가지 랍니다. 그 중 check out은 대통령이나 유명 인사 등, 나와 직접적으로 관계가 없는 사람의 죽음을 나타낼 때 사용하지요.

Have you thought about this?

이것에 관해서 생각해본 적 있어요?

Point Tip

have you thought about + 명사 ⋯? : ~에 관해서 생각해본 적이 있나요?

상대에게 어떠한 일이나 사물에 대해서 생각을 해본 적이 있는지의 여부를 묻는
질문이다. 의견을 묻거나 진지한 대화를 나눌 때 자주 사용하는 표현이다.

BASIC EXERCISE

• Have you thought about your future?
  너의 미래에 대해서 생각해본 적 있어?

• Have you thought about studying abroad?
  유학하는 거 생각해본 적 있니?

• Have you thought about backpacking through Europe alone?
  혼자서 유럽 배낭여행 하는 거 생각해본 적 있어?

• Have you thought about my proposal?
  내 제안에 대해 생각해본 적 있어?

QUIZ

우리 마을로 이사 오는 거 생각해본 적 있니?

⇨ _____

Hint move into 이사 오다 | town 마을

Tip

* study 공부하다   * abroad 해외에서
* backpack 배낭여행하다   * alone 혼자서
* proposal 제안

ANSWER Have you thought about moving into my town?

Section 2

1

A Don't yell at me in front of people. 내 기분에 대해서 생각해봤니?

B I am sorry. I won't do that again.

⋯→ **A** 사람들 앞에서 나한테 소리치지 마. Have you thought about my feelings?
B 미안해. 다시는 안 그럴게.
:: yell at ~에게 소리치다 | in front of ~앞에 | feeling 감정

2

A Is our meeting tomorrow?

B Yes. By the way, 투자 방안에 대해서는 생각해보셨나요?

⋯→ **A** 내일이 회의 맞죠? **B** 네. 그런데, have you thought about the investment options?
:: by the way 그런데 | investment option 투자 방안

3

A I am looking for a new job these days.

B Really? 정부를 위해서 일하는 거 생각해본 적 있어?

⋯→ **A** 요즘 새 일자리 찾는 중이야.
B 그래? Have you thought about working for the government?
:: look for 찾다 | work for ~을 위해서 일하다 | government 정부

When it comes to cooking, I am all thumbs.
나는 요리할 때는 매우 서툴러요.

열 손가락이 모두 엄지 손가락 같다면, 일하는 데 매우 불편하지 않을
까요? 그래서 미국에서는 어떤 것이 매우 서툴다는 것을 표현할 때,
I am all thumbs.라고 한답니다.

Have I told you about my mom?

내가 우리 엄마에 대해서 너에게 말한 적 있니? .

BASIC EXERCISE

• Have I told you how much I love you?
  제가 당신을 얼마나 많이 사랑하는지 말했나요?

• Have I told you that I got engaged?
  내가 약혼했다고 말한 적 있나요?

• Have I told you that I am in trouble?
  내가 어려움에 처해 있다고 말한 적 있나요?

• Have I told you why I became a painter?
  내가 왜 화가가 되었는지 말한 적 있나요?

QUIZ

내가 신혼여행이 얼마나 근사했는지 이야기한 적 있어?

⇨ _____

Hint wonderfu 멋진 | honeymoon 신혼여행

Tip

• get engaged 약혼하다   • be in trouble 어려움에 처해 있다
• become ~이 되다
• painter 화가

ANSWER Have I told you how wonderful my honeymoon was?

LIVE TALKS – 뉘앙스 따라잡기

1

A Long time no see. How was Italy?

B Yes. How have you been? By the way, how do you know I went to Italy? 내가 너한테 어디로 간다고 말한 적 있어?

⋯→ **A** 오랜만이야. 이태리는 어땠어? **B** 그러게. 어떻게 지냈어? 그런데, 어떻게 내가 이태리에 간 걸 알아?
Have I told you where I was going?
∷ by the way 그런데(화제를 바꿀 때 사용)

2

A 내 아들이 추수감사절에 집에 온다고 이야기했었니?

B Yes. I can't wait to see him.

⋯→ **A** Have I told you my son is coming home at Thanksgiving? **B** 응, 빨리 그를 봤으면 좋겠다.
∷ Thanksgiving 추수감사절 | wait 기다리다

3

A 이번 달에 내가 플로리다 간다고 말한 적 있니?

B No, really? I wish I could go there, too.

⋯→ **A** Have I told you that I am going to Florida this month?
B 아니, 정말이야? 나도 역시 거기에 갔으면 좋겠다.
∷ this month 이번 달 | wish 바라다 | too 역시

You are a lifesaver.
정말 고마워.

도움을 받은 것에 대해 굉장히 감사하다는 것을 표시할 때 우리는 '생명의 은인'이라는 표현을 많이 씁니다. 영어 역시 우리말과 비슷하게 lifesaver라는 표현을 쓴답니다.

123

Would you rather go now?

차라리 지금 가실래요?

Point Tip

would you rather …? : 차라리 ～을 하실래요?

정중하게 상대에게 어떤 의견에 대한 대안을 제시하며 물어볼 때 사용할 수 있는 표현이다. 구체적으로 A보다 B가 낫다는 것을 표현하고 싶을 때는 [Would you rather B than A?]의 표현을 사용할 수 있다.

BASIC
EXERCISE

• Would you rather take a taxi or my car?
차라리 택시나 제 차를 이용하실래요?

• Would you rather try on this coat or that one?
차라리 이 코트나 저 코트를 입어보실래요?

• Would you rather visit us again next week?
차라리 다음 주에 저희를 다시 방문해주실래요?

• Would you rather vote for plan A or plan B?
차라리 계획 A나 계획 B에 표를 주시겠습니까?

Quiz

차라리 신문이나 잡지를 구독하는 게 어떤가요?

⇨ _____

Hint subscribe 정기 구독하다 | newspaper 신문 | magazine 잡지

Tip

* coat 코트
* next week 다음 주
* vote for 투표하다

* visit 방문하다

ANSWER Would you rather subscribe to a newspaper or a magazine?

1

A 하루 더 저희 집에 머무실래요?

B I am sorry, I have to go back home today.

⋯› **A** Would you rather stay at my house one more day?
B 죄송합니다만 오늘 집으로 돌아가야만 해요.
ː: **stay at** ~에 머물다 | **one more day** 하루 더 | **have to** ~을 해야만 하다

2

A 영어 대신 스페인어를 배우실래요?

B Do you think it would be ok?

⋯› **A** Would you rather learn Spanish instead of English? **B** 그것이 괜찮을 거 같아요?
ː: **Spanish** 스페인어 | **instead of** ~대신에

3

A 집에 가시는 길에 저의 집에 들러주실래요? I won't be home tomorrow.

B Sure.

⋯› **A** Would you rather drop by my house on your way home? 내일은 제가 집에 없어서요.
B 그러죠.
ː: **drop by** 들르다 | **on one's way home** 집에 가는 길에

Did you break the news to your mom?
너의 엄마에게 소식을 알렸니?

주로 '나쁜 소식을 누군가에게 알리다'라는 의미로 break the news to someone라는 표현을 사용합니다. CNN을 보다 보면 breaking news 라는 표현을 자주 듣게 된답니다.

125

PATTERN 054 · Would you prefer a cup of coffee or tea?

커피를 드릴까요 아니면 차를 드릴까요?

BASIC EXERCISE

• Would you prefer a window seat or an aisle seat?
  창가 좌석과 통로 좌석, 어느 것이 좋으세요?

• Would you prefer smoking or non smoking?
  흡연지역과 금연지역 중 어느 것이 더 좋으세요?

• Would you prefer using Power Point or an overhead projector?
  파워포인트와 오버헤드 프로젝터 중 어느 것을 사용하는 게 더 좋으세요?

• Would you prefer a spoken test or a written test?
  구두 시험과 필기 시험 중 어느 것이 더 좋으세요?

QUIZ

당신은 야간 근무와 주간 근무 중 어느 것이 더 좋으세요?

⇨ _____

Hint night shift 야간 근무 | day shift 주간 근무

Tip

* window seat 창가 좌석
* use 사용하다
* written test 필기 시험
* aisle seat 통로 좌석
* spoken test 구두 시험

ANSWER Would you prefer a night shift or a day shift?

1

A 금반지와 은반지 중 어느 것을 더 좋아하세요?

B Actually, I love both.

⋯⟶ **A** Would you prefer a gold ring or a silver ring? **B** 사실 둘 다 좋아해요.
∷ gold ring 금반지 | silver ring 은반지 | both 둘 다

2

A 6개월 상품과 1년 상품 중 어느 것이 더 좋으세요?

B I'd prefer a one-year plan.

⋯⟶ **A** Would you prefer a six-month plan or a one-year plan? **B** 1년 상품이 더 좋아요.
∷ prefer 더 좋아하다

3

A 초록 카레와 빨간 카레 중 어느 것이 더 좋으세요?

B I have never had either of them
Would you recommend one of them?

⋯⟶ **A** Would you prefer green curry or red curry?
B 둘 중 어느 것도 먹어본 적이 없어요. 추천 좀 해주시겠어요?
∷ curry 카레 | recommend 추천하다

This book doesn't ring a bell.
그 책은 생각이 나지 않아요.

'무엇이 생각나다' 혹은 '떠오르다'라는 표현을 영어로는 '벨을 울리다',
즉 ring a bell이라고 말합니다. 멍하니 있을 때 벨이 울리면 정신이 번
쩍 드는 것을 생각해보세요.

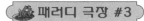

The Frog Prince

Once I got kissed from the princess, I could become a prince again.

Great! Let me trust you!

As the pretty princess kissed the frog, the curse from the prince was removed, and he turned into the prince again.

 Pow!

Hey! What a small man! Are you a dwarf?

Princess, would you marry me?

Give me a break! Go get the ball……

⋯ 해석과 해설은 436페이지에

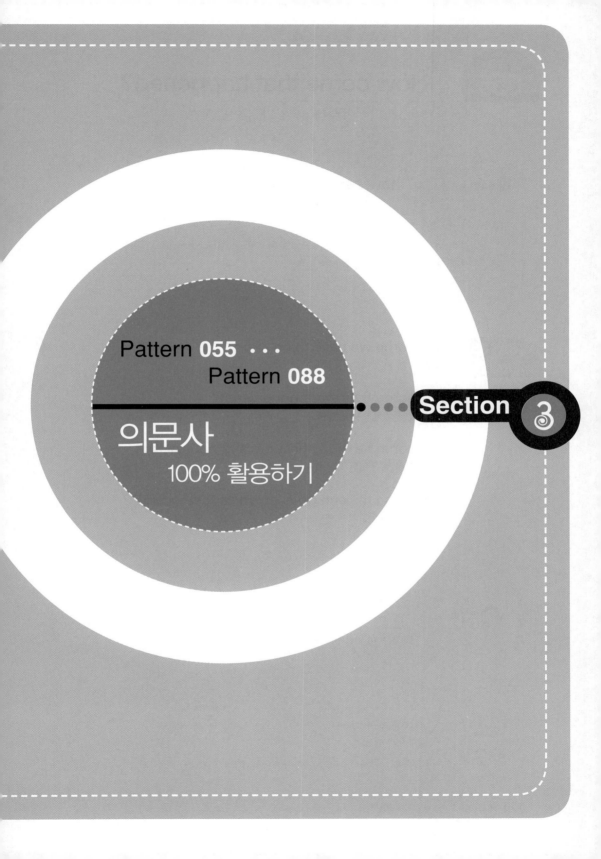

의문사
100% 활용하기

Section 3

How come that happened?

어떻게 그 일이 일어났지?

 how come + 절 ? : 왜 ~하니?

Why의 구어적인 표현으로 매우 널리 사용되지만, 격식 없이 사용하는 표현이 므로 공식적인 경우에는 피하는 것이 좋다. 또한 how come은 부정적인 의미 혹은 명령의 의미와 더 자주 사용된다.

BASIC EXERCISE

• How come we have to go there?
  우리가 왜 거기에 가야만 해?

• How come they were not present?
  왜 그들이 출석하지 않았어요?

• How come he didn't become a famous actor?
  왜 그 사람은 유명한 배우가 되지 못했어?

• How come the sun goes down so fast recently?
  요즘은 왜 이렇게 해가 빨리 지니?

QUIZ

왜 그들이 이 클럽에 참여하지 않아?

⇨ _____

Hint join 참여하다 | club 클럽

Tip

• have to ~해야만 한다   • present 출석하다
• become ~이 되다   • famous 유명한
• go down 지다

ANSWER How come they don't join this club?

1

A He got into a car accident yesterday, but the hospital refused to admit him.

B 어째서?

⋯› **A** 어제 그가 차 사고가 났어. 그런데 병원에서 그를 받는걸 거부했어. **B** How come?
∷ **car accident** 자동차 사고 | **refuse** 거절하다 | **admit** 수용하다

2

A 왜 그렇게 화가 났니?

B One of my classmates keeps on annoying me.

⋯› **A** How come you look so angry? **B** 반 아이 하나가 나를 계속 짜증나게 해.
∷ **keep on** 계속 해서 ~하다 | **annoy** 짜증나게 하다

3

A 왜 내 케이크는 까맣게 탔지?

B You probably heated the oven too high.

⋯› **A** How come my cake burned black? **B** 아마도 네가 오븐을 너무 높게 가열했나 봐.
∷ **burn black** 새까맣게 타다 | **heat** 가열하다

I have a stuffy nose.
코가 막혔어요.

한국인들은 미국에서 여러 가지 알레르기로 고생을 합니다. 그 중에 대표적인 것이 비염과 같이 코가 막히는 증상인데, '코가 막혀서 맹맹 해요.'라고 말하고 싶을 때 쓸 수 있는 표현이랍니다.

How about this one?

이거 어때요?

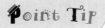 **how about …? : ~ (하는 거) 어때요?**

무엇인가를 제안할 때, 혹은 어떤 것에 대한 의견을 물을 때 사용할 수 있는 말로 [why don't we ~?] [Why don't you ~?] 구문과 함께 자주 사용되는 표현이다.

- **How about the result?**
  결과는 어때요?

- **How about a cup of coffee?**
  커피 한 잔 어때?

- **How about going skiing?**
  스키 타는 거 어때?

- **How about adding some photos?**
  사진을 좀더 붙이는 게 어때?

이 수영복은 어때?

⇨ _____

Hint swim suit 수영복

- result 결과
- go skiing 스키 타러 가다
- a cup of coffee 커피 한 잔
- add 더하다

ANSWER How about this swim suit?

LIVE TALKS – 뉘앙스 따라잡기 🎧

1

A Let's brush up together today.

B I can't. 내일 하는 게 어때?

⋯→ **A** 오늘 다 같이 복습하는 거 어때? **B** 난 오늘 안 돼. **How about tomorrow?**
ːː brush up 복습하다 | together 함께

2

A How are you doing, Becky?

B I am doing great. 너는 어때?

⋯→ **A** 베키, 어떻게 지내고 있어? **B** 난 잘 지내고 있어. **How about you?**
ːː great 아주 좋은

3

A 아주 조금만 더 그들을 기다려보는 게 어때?

B That's a good idea.

⋯→ **A** How about waiting for them a little bit longer? **B** 그거 좋은 생각이다.
ːː wait for ~를 기다리다 | a little bit 아주 조금 | longer 더 길게

He is a spoilsport! •————
그는 김새는 사람이야.

어딜 가나 흥을 깨는 사람이 있기 마련이지요? 우리는 '김샌다'라고 표현하는데, 영어에서는 흥을 망치는 사람이라 하여 spoilsport라는 단어를 사용한답니다.

How do you get home?

집에는 어떻게 가니?

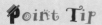 **how do you …?** : 어떻게 ~을 하나요?

무언가를 할 때 상대방이 어떤 방법을 이용하여 해결하는지 알고 싶을 때 쓸 수 있는 질문 표현이다.

 BASIC EXERCISE

· **How do you solve this question?**
  너는 이 문제를 어떻게 푸니?

· **How do you read this chart?**
  이 차트를 어떻게 읽지요?

· **How do you pronounce this word?**
  이 단어를 어떻게 발음하나요?

· **How do you handle this problem?**
  이 문제를 어떻게 다루나요?

 QUIZ

당신은 이 서류들을 어떻게 정리하나요?

⇨ _____

Hint organize 정리하다 | file 서류

 Tip

* solve (문제를) 풀다   * chart 차트
* pronounce 발음하다   * handle 다루다
ANSWER How do you organize these files?

LIVE TALKS - 뉘앙스 따라잡기 🎧

1

A 매일 아침 당신은 어떻게 집에서 회사까지 통근하세요?

B I take the bus.

⋯▸ **A** How do you commute from your home to work? **B** 버스를 이용해요.
∷ commute 통근하다 | from A to B A로부터 B까지

2

A 이 붓을 어떻게 사용하나요?

B I don't know because that's not mine.

⋯▸ **A** How do you use this brush? **B** 제 것이 아니라서 잘 모르겠어요.
∷ brush 붓 | because ~때문에 | mine 내 것

3

A 너는 어떻게 음악 파일을 다운 받니?

B I always ask Phillip to do that for me. Ask him. He will tell you how to do that.

⋯▸ **A** How do you download music files?
B 항상 필립이 나를 위해서 해줘. 그에게 물어봐. 그가 어떻게 해야 할지 말해줄 거야.
∷ download 다운로드하다 | always 항상 | ask 물어보다

Don't be bossy. ●━━━
쥐고 흔들려고 하지 마.

Don't be bossy라는 표현은 boss라는 단어를 사용해서 권위적인 상사, 혹은 사장의 특성을 나타내는 말입니다. 우리말로는 '권위적이다'라는 말로도 사용할 수 있겠죠?

135

How do you think he did this?

당신은 그가 어떻게 이것을 했다고 생각해요?

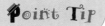 **how do you think …?** : 당신은 ~이 어떻다고 생각하세요?

어떤 일이나 사건의 상태, 또는 결과에 대해 상대방이 어떻게 생각하는지 그 의견을 묻는 표현으로, [How do you think] 다음에는 주로 절(주어 + 동사)이 따라온다.

- **How do you think I came here alone?**
  내가 혼자 이곳에 온 것을 어떻게 생각해?

- **How do you think he wrote his essay without any help?**
  당신은 그가 어떤 도움도 없이 수필을 쓴 것을 어떻게 생각해요?

- **How do you think she could get into the building?**
  당신은 그녀가 이 건물 안으로 들어올 수 있었던 것을 어떻게 생각해요?

- **How do you think they united their territories?**
  당신은 그들이 그들의 영토를 통일한 것을 어떻게 생각해요?

우리가 에너지를 절약할 수 있었던 것을 어떻게 생각해요?

⇨ _____

Hint save 절약하다 | energy 에너지

- alone 혼자서
- without ~없이
- territory 영토
- essay 수필, 에세이
- unite 통일하다

ANSWER How do you think we could save energy?

LIVE TALKS – 뉘앙스 따라잡기

1

A 선거가 어떻게 돼가는 거 같아요?

B I am watching the news now.

⋯⋯→ **A** How do you think the election is going? **B** 지금 뉴스 보고 있어요.
∷ election 선거 | news 뉴스

2

A She behaves like an adult.

B 그녀가 그러는 것을 어떻게 생각하세요?

⋯⋯→ **A** 그녀는 마치 어른처럼 행동해요. **B** How do you think she is doing?
∷ behave 행동하다 | like ~처럼 | adult 어른

3

A 수지를 위해서 우리가 돈을 좀 모으는 것을 어떻게 생각해요?

B Let's just ask her friends first.

⋯⋯→ **A** How do you think we can collect some money for Susie?
B 그녀의 친구들에게 먼저 물어봅시다.
∷ collect 모으다

You are the apple of my eyes.
너는 나한테 매우 소중한 존재야.

누군가가 소중한 존재라는 것을 표현할 때 미국인들은 apple에 비유해서 '내 눈 안에 사과'라고 표현한답니다. 우리말로는 '눈에 넣어도 아프지 않다'라는 표현이 있지요?

137

PATTERN 059

How did you get her number?

그녀의 전화번호를 어떻게 알았어?

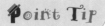 **how did …?** : 어떻게 ~을 했나요?

과거에 어떤 방법을 통해 그러한 결과를 이끌어낼 수 있었는지에 대해 알고 싶을 때 상대방에게 쓸 수 있는 유용한 표현이다.

 BASIC EXERCISE

- **How did she become a super model?**
  어떻게 그녀가 슈퍼 모델이 됐죠?

- **How did he make this gorgeous cake?**
  어떻게 그가 이렇게 멋진 케이크를 만들었나요?

- **How did she get a free ticket to the movie 'Shreck'?**
  어떻게 그녀가 영화 '슈렉'의 공짜 표를 얻었지?

- **How did they open this door without a key?**
  어떻게 그들이 열쇠도 없이 문을 열었을까요?

 QUIZ

어떻게 그가 그의 모든 돈을 잃었어요?

⇨ _____

Hint lose 잃다

 Tip
- become ~이 되다
- free ticket 공짜 표
- gorgeous 멋진
- without ~없이

ANSWER How did he lose all his money?

1

A He is very rich. 어떻게 그가 부자가 됐어?

B He worked very hard when he was young.

⋯→ **A** 그는 매우 부자야. How did he become so rich? **B** 그가 젊었을 때 매우 열심히 일했대.
∷ rich 부자인 | hard 열심히 | young 젊은

2

A It is a beautiful Christmas tree. 어떻게 이것을 만들었니?

B My mom helped me make it.

⋯→ **A** 너무 예쁜 크리스마스 트리구나. How did you make it? **B** 엄마가 만드는 것을 도와줬어요.
∷ help 도와주다

3

A There was a car accident yesterday in front of my apartment.

B Really? 어떻게 사고가 났어?

⋯→ **A** 어제 우리 집 앞에서 자동차 사고가 있었어. **B** 정말? How did it happen?
∷ car accident 자동차 사고 | in front of ~ 앞에 | happen 일어나다

I'm scared to death.
겁나 죽겠어.

진짜 무서울 때 쓰는 표현입니다. 우리도 '겁나 죽겠어'라고 표현하지
요? 미국에서는 '죽을 만큼 겁나다'라고 표현합니다. 한국이나 미국이
나 죽음은 두려운 것인가 봅니다.

How could you do this to me?

어떻게 나한테 이럴 수가 있어?

𝒫oint 𝒯ip / **how could + 절(주어 + 동사)?** : 어떻게 ~할 수가 있나요?

예상치 못한 행동이나 결과에 대한 유감의 뜻을 나타낼 때 쓸 수 있는 유용한 표현이다. 이와 유사하나 좀더 강한 표현으로 [How dare…?] '감히 어떻게 ~할 수 있니?'를 사용하기도 한다.

• **How could he come to the party?**
감히 어떻게 그가 파티에 왔지?

• **How could you think that I told your secret to your mom?**
어떻게 내가 비밀을 너의 엄마에게 말했을 거라고 생각할 수가 있어?

• **How could I live without you?**
어떻게 내가 당신 없이 살 수 있어요?

• **How could the service be this rude?**
어떻게 서비스가 이렇게 무례할 수 있지?

• **How could she solve this problem so quickly?**
어떻게 그녀는 이 문제를 그렇게 빨리 풀 수 있지?

어떻게 우리 부모님 앞에서 네가 어린아이처럼 행동할 수 있어?

⇨ _____

Hint act 행동하다 | little 어린 | in front of 앞에서

---

* tell a secret 비밀을 말하다   * live 살다
* without ~없이   * rude 무례한
* solve (문제를) 풀다

ANSWER How could you act like a little child in front of my parents?

1

A He is very lazy. He doesn't study at all.

B You are right. 어떻게 의사가 되기를 희망할 수가 있지?

⋯› **A** 그는 너무 게을러. 전혀 공부를 안 해. **B** 네 말이 맞아. **How could he hope to be a doctor?**
:: **lazy** 게으른 | **study** 공부하다 | **at all** 전혀

2

A Have you met Jenny?

B Yes. She is such a great girl. 어떻게 짐은 그녀를 싫어할 수가 있지?

⋯› **A** 제니 만나봤니? **B** 응. 너무나도 좋은 애더라. **How could Jim hate her?**
:: **such** 너무나도 ~한 | **great** 매우 좋은 | **hate** 싫어하다

3

A Did you hear that Jerry refused Dr. Green's offer?

B Yes. 어떻게 그럴 수가 있지? Most students would jump at his offer.

⋯› **A** 너 제리가 그린 박사님의 제안을 거절했다는 거 들었어?
B 응. **How could he do that?** 대부분의 학생들은 그의 제안을 쾌히 응했을 텐데.
:: **refuse** 거절하다 | **offer** 제안 | **jump at** 쾌히 응하다

I got short-changed.
거스름돈이 모자라요.

물건값을 지불할 때 암산이 빠른 우리는 이미 계산이 끝났는데, 미국인 cashier는 느리게 셈을 하면서도 거스름돈까지 부족하게 주네요. 이럴 때 쓸 수 있는 표현이랍니다.

141

PATTERN 061

How would you like your steak?

스테이크는 어떻게 드릴까요?

𝓟oint 𝓣ip | **how would you like …? : ~을 어떻게 드릴까요?**

일반적으로 상점이나 식당 등에서 음식이나 물건의 상태를 어떻게 해주는 것을 원하는지 구체적인 질문을 할 때 쓰는 표현이다. 즉 상대의 구미를 더 가까이 맞추고자 할 때 사용하는 말이다.

BASIC EXERCISE

- **How would you like your eggs?**
  계란은 어떻게 해 드릴까요?

- **How would you like to pay for it?**
  이것을 어떻게 계산하시겠어요?

- **How would you like your hair cut?**
  머리를 어떻게 잘라 드릴까요?

- **How would you like your soup?**
  수프는 어떻게 해 드릴까요?

QUIZ

표들을 어떻게 받으시겠습니까?

⇨ _____

Hint get 받다 | ticket 티켓

Tip

* egg 계란
* pay for 지불하다
* hair cut 머리 자르다

ANSWER How would you like to get the tickets?

LIVE TALKS - 뉘앙스 따라잡기

1

A 여기에 어떻게 오실 건가요?

B I am going to drive.

⋯⋯▸ A How would you like to come here? B 운전을 할 겁니다.
:: come 오다 | here 여기

2

A 고기는 어떻게 해 드릴까요?

B I'd like it medium rare.

⋯⋯▸ A How would you like your meat? B 조금 덜 익혀 주세요.
:: meat 고기 | would like ~을 원하다 | medium rare 중간 정도로 설익은

3

A 오늘 지불은 어떻게 하실 건가요?

B I am going to use my credit card.

⋯⋯▸ A How would you like to pay for that today? B 신용카드를 사용할 거예요.
:: pay for 지불하다 | credit card 신용카드

Stick around!
기다리세요!

미국의 TV 프로그램은 한 프로그램이 끝날 때까지 광고가 여러 번 방영이 되죠. 이럴 때 쇼 진행자가 시청자에게 자주 하는 말, Stick around! 다른 프로그램으로 돌리지 말고 기다리라는 뜻이랍니다.

143

PATTERN 062

How is your dad?

너의 아빠는 잘 지내시니?

Point Tip **how's + 명사 …? : ~는 어떤가요?**

의문사 중 방법 혹은 대상에 대한 상태를 질문할 때 사용할 수 있는 구문이다.
How's 뒤에 명사를 쓰게 되는데 I, you, we, 혹은 they 와는 사용할 수 없다.

BASIC EXERCISE

- **How's the weather today?**
  오늘 날씨가 어때?

- **How's my idea for our trip?**
  우리 여행에 대한 내 생각이 어떠니?

- **How's my cake decorating skills?**
  제 케이크 장식하는 솜씨가 어떤가요?

- **How's my Halloween costume?**
  내 핼로윈 복장 어때요?

QUIZ

그 프로그램이 어떤가요?

⇨ _____

Hint program 프로그램

Tip

- weather 날씨
- travel 여행
- costume 복장
- idea 의견, 생각
- decorate 장식하다

ANSWER How's that program?

144 Section 3 의문사 100% 활용하기

LIVE TALKS – 뉘앙스 따라잡기

1

A I heard your sister had surgery. 그녀는 어때요?

B She is getting better.

⋯→ **A** 여동생이 수술했다는 소식 들었어요. **How is she?** **B** 점점 좋아지고 있어요.
:: have surgery 수술 받다 | get better 점점 좋아지다

2

A 너의 새 직장은 어떠니?

B Fantastic. I am so happy now.

⋯→ **A** How's your new job? **B** 환상이야. 지금 나 너무 행복해.
:: job 직업 | fantastic 환상적인

3

A 비행은 어땠어요?

B It was OK, but I don't want to take an airplane again.

⋯→ **A** How was your flight? **B** 괜찮았지만, 다시 비행기 타고 싶진 않아요.
:: flight 비행 | airplane 비행기 | again 다시

Who cut the cheese?
누가 방귀를 뀐 거야?

김치처럼 치즈도 발효 음식이라 그 냄새가 마치 방귀냄새를 연상시킨
다고 하네요. 그래서 '누가 방귀 뀐 거야?'라는 표현으로 Who cut the
cheese?라 한답니다.

145

PATTERN 063

How many sons do you have?

아들이 몇 명이에요?

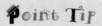 **how many …?** : 얼마나 많이 ~이 있나요?

구체적인 수를 물을 때 쓰는 표현으로, 이 구문은 셀 수 있는 명사와 사용한다.
셀 수 없는 명사의 경우 [How much …?]를 쓴다는 것도 함께 익혀두자.

 BASIC EXERCISE

- **How many cars do you have?**
  차를 몇 대나 가지고 있어?

- **How many rooms are there in this house?**
  이 집에 방이 몇 개예요?

- **How many photos did you take?**
  사진을 몇 장 찍었어?

- **How many cats do you take care of?**
  몇 마리의 고양이를 돌보는 거예요?

 QUIZ

너는 몇 개의 나라를 여행했니?

⇨ _____

Hint country 나라 | travel 여행하다

 Tip
- car 자동차
- photo 사진

- there are ~들이 있다
- take care of 돌보다

ANSWER How many countries did you travel to?

LIVE TALKS – 뉘앙스 따라잡기

1

A Did you buy a bag again? 너 가방을 몇 개나 가지고 있는 거야?

B Yes, I did. I don't know. Isn't it pretty?

⋯▸ **A** 너 가방 또 샀니? How many bags do you have? **B** 응, 샀어. 몰라. 예쁘지 않아?

:: bag 가방 | pretty 예쁜

2

A 환자가 몇 명이나 이 병원에 있나요?

B I guess there are more than 120 patients.

⋯▸ **A** How many patients are there in this hospital? **B** 짐작으로는 120명보다 많을 거예요.

:: patient 환자 | guess 짐작하다 | more than ~보다 많은

3

A 지난 달에 너 DVD 몇 개나 샀어?

B I bought 15 DVDs last month. Of course, I have more than that.

⋯▸ **A** How many DVDs did you buy last month?
B 지난 달에 15개 샀어. 물론 그것보다 더 많이 가지고 있지.

:: last month 지난 달 | of course 물론

He called in sick again.
그가 또 결근하겠다고 전화를 했어.

회사에 아파서 전화를 하는 이유는 출근을 못한다는 의미죠. 바로 그
표현을 미국인들은 call in sick 라고 한답니다.

How much money do you have?

돈을 얼마나 가지고 있어요?

Point Tip / how much …? : 얼마나 많이 ~가 있나요?

구체적인 양을 묻는 표현으로 이 구문은 셀 수 없는 명사와 함께 사용한다. 셀수 있는 명사의 경우 [How many …?]를 쓴다는 것도 함께 익혀두자.

- **How much does it cost?**
  비용이 얼마에요?

- **How much air do we need to survive?**
  우리가 생존하기 위해서는 공기가 얼마나 필요할까?

- **How much oil do I need to put in the dough?**
  이 반죽에 얼마나 많은 기름을 넣어야 하나요?

- **How much money did your father give you?**
  아버지가 얼마나 많은 돈을 너에게 주셨어?

너는 물이 얼마나 필요해?

⇨ _____

(Hint) water 물 | need 필요하다

---

* cost 비용이 들다   * survive 생존하다
* put in 넣다   * dough 반죽

(ANSWER) How much water do you need?

LIVE TALKS - 뉘앙스 따라잡기

1

A 이 파이 만드는 데 얼마나 많은 시간을 썼니?

B It took around one hour.

⟶ **A** How much time did you spend making this pie? **B** 약 한 시간 정도 걸렸어요.
∷ spend 시간을 쓰다 | pie 파이 | around 약, 대략

2

A 내 차를 고치는 데 얼마나 돈이 필요 할까요?

B I think you'll need around 100 dollars to fix it.

⟶ **A** How much money will it cost to fix my car? **B** 대략 100불 정도 필요할 거 같아.
∷ fix 고치다

3

A Wow. It is too salty. 이 수프에 소금을 얼마나 넣은 거야?

B Really? I just did what the recipe said.

⟶ **A** 어머. 이거 너무 짜다. How much salt did you put in this soup?
B 정말? 난 그냥 요리법에 써있는 대로 했을 뿐인데.
∷ salty 짠 | put in 넣다 | recipe 요리법

I've had it with him.
나는 그에게 진저리가 나.

영어로 '어떤 사람이나 상황에 질리다'라는 표현을 할 때 have had it with라는 표현을 씁니다. 단어 만으로는 짐작하기 어려운 구문이지요. 잘 익혀둡시다.

PATTERN 065 How often do you see your mom?

얼마나 자주 어머니를 뵙나요?

> **Point Tip** / **how often …?** : 얼마나 자주 ~을 하나요?
>
> 어떤 일을 얼마나 자주 하는지 그 빈도수를 묻는 질문으로, how often 다음에
> 는 일반적으로 do동사가 따라온다.

BASIC EXERCISE

- **How often do you have dinner with your girlfriend?**
  얼마나 자주 여자친구와 저녁을 먹나요?

- **How often does she call you?**
  얼마나 자주 그녀가 당신에게 전화하나요?

- **How often do you go to the movies?**
  당신은 얼마나 자주 극장에 가나요?

- **How often does your company hire people?**
  당신 회사는 얼마나 자주 직원을 채용하나요?

QUIZ

얼마나 자주 벽을 칠하나요?

⇨ _____

Hint paint 페인트 칠하다 | wall 벽

Tip

* have dinner 저녁을 먹다
* company 회사
* go to the movies 극장에 가다
* hire 채용하다

ANSWER How often do you paint your wall?

🐱 LIVE TALKS – 뉘앙스 따라잡기 🎧

1

A 얼마나 자주 낚시하러 가세요?

B Well. I guess once a month.

> ⋯ **A** How often do you go fishing? **B** 글쎄요. 한 달에 한 번인 거 같아요.
> :: go fishing 낚시하러 가다 | I guess ~인 것 같다

2

A 당신은 얼마나 자주 강아지를 공원에 데리고 가나요?

B Not often.

> ⋯ **A** How often do you take your dog to the park? **B** 자주는 아니에요.
> :: take to ~로 데리고 가다 | often 자주

3

A 당신은 얼마나 자주 이 알약들을 복용해야 하나요?

B Everyday.

> ⋯ **A** How often do you have to take these pills? **B** 매일이요.
> :: pill 알약 | everyday 매일

I'm worth it.
나는 소중하니까.

모 화장품 광고에 등장하는 멘트 '나는 소중하니까요!', 이 말 기억나지요? 영어로는 '~할 가치가 있는'이란 뜻의 worth를 써서, 'I'm worth it!'라고 한답니다.

151

How long does it take?

얼마나 오래 걸리나요?

> **𝓟oint 𝓣ip** / **how long …?** : 얼마나 오랫동안 ~하나요?
>
> 어떤 일이나 사건이 얼마나 오랫동안 진행되었는지 그 기간을 묻는 표현이다.
> 공항 입국심사 때 얼마나 머물 건지 물을 때도 자주 쓰는 구문이다.

BASIC EXERCISE

- **How long does this surgery take?**
  이 수술이 얼마나 오래 걸려요?

- **How long did you ride your bike today?**
  오늘 얼마나 오랫동안 자전거를 탔니?

- **How long are you going to stay at Jean's house?**
  얼마나 오래 진의 집에 머무를 거니?

- **How long have you been waiting for me?**
  얼마나 오래 나를 기다리고 있었어?

QUIZ

오늘 얼마나 오랫동안 운전했어요?

⇨ _____

Hint drive 운전하다 | today 오늘

Tip

* surgery 수술
* stay 머무르다
* ride a bike 자전거를 타다
* wait for ~를 기다리다

ANSWER How long did you drive today?

LIVE TALKS – 뉘앙스 따라잡기 🎧

1

A 얼마나 오랫동안 그가 시험을 쳤어?

B I don't know exactly.

⋯→ **A** How long did it take him to take the test? **B** 정확히 모르겠어.
:: take (시간이) 걸리다 | take a test 시험을 치다

2

A I just put the cake into the oven. 다 되려면 얼마나 걸려요?

B I guess around 50 minutes.

⋯→ **A** 막 케이크를 오븐에 넣었는데. How long until it's done? **B** 50분 정도 걸리는 거 같아.
:: put into ~에 넣다 | be done 다 되다 | guess 짐작하다

3

A 이 프로그램은 얼마 동안 지속되나요?

B It lasts at least one year.

⋯→ **A** How long does this program last? **B** 적어도 일 년은 지속됩니다.
:: last 지속되다 | at least 적어도 | year 년

Here or to go?
여기서 드실 건가요 아니면 가지고 가실 건가요?

읽기에는 쉽지만, 듣기에는 어려운 표현 중 하나가. 바로 Here or to go?랍니다. Here는 포장할 필요가 없다라는 의미고 to go는 take out, 즉 포장해 달라는 의미죠.

153

PATTERN 067

How far is it to the store?

그 가게까지 얼마나 먼가요?

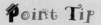 **how far …? : 거리가 ~나 먼가요?**

어떤 장소까지 거리가 얼마나 먼지 그 거리를 질문할 때 사용할 수 있는 표현이다.
길을 찾거나 위치를 확인할 때 유용하게 쓸 수 있는 표현이다.

 BASIC EXERCISE

- **How far can you jump?**
  너는 얼마나 멀리 뛸 수 있지?

- **How far is it to your mom's house?**
  당신 엄마 집이 얼마나 먼가요?

- **How far can we go with this car?**
  이 차로 우리가 얼마나 멀리 갈 수 있지?

- **How far can this plane fly?**
  이 비행기가 얼마나 멀리 날 수 있나요?

 QUIZ

공항까지 얼마나 먼가요?

⇨ _____

Hint airport 공항

 Tip

- jump 뛰다
- go with ~로 가다
- plane 비행기
- fly 날다

ANSWER How far is it to the airport?

LIVE TALKS - 뉘앙스 따라잡기 🎧

1

A 여기에서 기차 역까지 얼마나 먼가요?

B It is a five-minute walk.

> ┈▶ **A** How far is the train station from here? **B** 걸어서 5분 거리에요.
>
> ∷ train station 기차 역 | five-minute walk 걸어서 5분 거리

2

A 그들이 얼마나 갔죠?

B They are probably almost home.

> ┈▶ **A** How far have they gone? **B** 그들은 아마도 거의 집에 도달했을 거예요.
>
> ∷ probably 아마도 | almost 거의

3

A 우리가 지난번에는 얼마나 멀리 갔지?

B We went about 10 miles.

> ┈▶ **A** How far did we go last time? **B** 약 10마일 정도 갔었어.
>
> ∷ last time 지난번 | about 약

She said she received many crank calls.
그녀한테 이상한 전화가 많이 걸려온대.

요즘은 발신자 확인 서비스가 있어서 장난 전화도 쉽게 하기 어렵죠?
이상한 전화 혹은 누가 거는지 확인할 수 없는 전화를 받는다는 뜻으
로 receive many crank calls라는 표현을 씁니다.

155

PATTERN 068 How many times do you smile in a day?

당신은 하루에 몇 번이나 웃나요?

Point Tip | **how many times …? : 몇 번이나 ~을 하나요?**

[How often]과 유사한 표현으로, 어떤 사람이 무슨 일을 하는 데 있어서 그 빈도수를 묻는 표현이다. 구체적인 질문이므로 횟수 등으로 답하게 된다.

BASIC EXERCISE

• How many times a week do you call your mom?
   너는 일주일에 몇 번이나 엄마한테 전화를 하니?

• How many times can you jump rope?
   너는 몇 번이나 줄넘기를 할 수 있니?

• How many times does she feed her baby each day?
   하루에 몇 번이나 그녀는 아기를 먹이나요?

• How many times did they fight with each other during their marriage?
   그들은 결혼생활 동안 몇 번이나 서로 싸웠죠?

QUIZ

그가 몇 번이나 당신에게 새로운 정책을 알렸나요?

⇨ _____

Hint announce 알리다 | policy 정책

Tip

* a week 일주일
* feed 먹이다
* marriage 결혼생활
* jump rope 줄넘기하다
* fight 싸우다

ANSWER How many times did he announce the new policy to you?

LIVE TALKS – 뉘앙스 따라잡기 🎧

1

A I forgot to lock the door again.

B Again? 지금까지 몇 번이나 그것을 잊어버렸니?

⋯→ **A** 또 문 잠그는 것을 잊어 버렸어. **B** 또? How many times did you forget that so far?
:: forget 잊어버리다 | so far 지금까지

2

A 제가 하루에 몇 번이나 이 약을 복용해야 하나요?

B You have to take two pills twice a day.

⋯→ **A** How many times do I take this medicine each day? **B** 하루에 두 번 두 알씩 복용하세요.
:: take 복용하다 | medicine 약 | twice a day 하루에 두 번

3

A 너는 하루에 몇 번이나 샤워하니?

B Everyday morning, once a day.

⋯→ **A** How many times do you take a shower each day? **B** 매일 하루에 한 번씩.
:: take a shower 샤워하다 | once a day 하루에 한 번

He·was cooped up in the house all day long. •
그는 하루 종일 집에 틀어박혀 있었어.

하루 종일 답답하게 집에 틀어박혀 있는 그 모습을 영어에서는 닭장 속에 있는 것으로 비유해서 He was cooped up in the house all day long.라고 표현한답니다.

PATTERN 069

What's your name?

당신 이름이 무엇인가요?

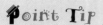

Point Tip / **what's …?** : 무엇이 ~인가요?

Wh-로 시작하는 의문사 중, 구체적으로 그것이 무엇인지를 질문할 때 사용할
수 있는 구문으로 I, you, we, 혹은 they 와는 사용할 수 없다.

BASIC EXERCISE

- **What's in your wallet?**
  당신 지갑 안에는 무엇이 있나요?

- **What's the Veterans' Day?**
  베테랑의 날이 무엇입니까?

- **What's this spicy thing?**
  이 매운 것은 무엇이에요?

- **What's the right temperature for baking cakes?**
  케이크를 굽는 데 알맞은 온도가 무엇이에요?

QUIZ

이 탁자는 무엇을 위한 거예요?

⇨ _____

Hint table 탁자 | for ~을 위한

Tip

- wallet 지갑
- spicy 매운
- bake 굽다

- Veterans' Day 1차 세계대전의 휴전 기념일
- temperature 온도

ANSWER What's this table for?

LIVE TALKS – 뉘앙스 따라잡기

1

A 이 접시는 뭘 위한 거예요?

B Oh, that's for dessert.

> ⋯→ **A** What's this plate for? **B** 오, 디저트를 위한 거예요.
> ∷ plate 접시 | dessert 디저트

2

A 그의 직업이 뭐예요?

B He is a travel assistant.

> ⋯→ **A** What's his occupation? **B** 그는 여행사 직원이에요.
> ∷ occupation 직업 | travel assistant 여행사 직원

3

A 이 밝게 빛나는 작은 거 뭐예요?

B Oh, that's your ring.

> ⋯→ **A** What's this shiny little thing? **B** 오, 그거 당신 반지예요.
> ∷ shiny 밝게 빛나는 | ring 반지

She is such a wet blanket!
그녀는 정말 밥맛이야!

어디를 가나 분위기를 확 깨버리는 친구들이 있지요. 우리는 그런 친구들을 '밥맛'이라고 하는데, 영어에서는 '축축한 담요'라고 표현하는군요. 축축한 담요, 생각만 해도 기분이 썩 좋지는 않죠?

What kind of cars do you have?

당신은 어떤 종류의 차를 가지고 있어요?

P̂oint T̂ip **what kind of …?** : 어떤 종류의 ~을 …하나요?

어떤 사물의 종류를 묻는 질문으로 [what kind of] 다음에는 알고 싶은 종류인 사물의 이름을 복수형으로 넣는다.

- **What kind of shoes did you put on?**
  당신은 어떤 종류의 신발을 신었나요?

- **What kind of fish do they eat normally?**
  그들은 보통 어떤 종류의 물고기를 먹어요?

- **What kind of methods did she use for her research?**
  그녀는 그녀의 연구를 위해서 어떤 종류의 방법을 사용했어요?

- **What kind of vegetables did they grow?**
  그들은 어떤 종류의 채소를 길렀나요?

그는 어떤 종류의 노래를 작곡했나요?

⇨ _____

Hint song 노래 | compose 작곡하다

- put on 신다
- method 방법
- vegetable 채소
- normally 보통
- research 연구
- grow 기르다

ANSWER What kind of songs did he compose?

LIVE TALKS – 뉘앙스 따라잡기

1

A 당신은 어떤 종류의 핸드폰을 사용하세요?

B I don't have a cell phone yet.

⋯➔ **A** What kind of cell phone do you have? **B** 아직 저는 핸드폰이 없어요.
:: cell phone 핸드폰 | yet 아직

2

A 당신은 가족을 위해서 어떤 종류의 의료보험을 가지고 계세요?

B We have medical insurance through my husband's job.

⋯➔ **A** What kind of medical insurance do you have for your family?
B 우리는 저의 남편 직장을 통해서 의료보험을 가지고 있어요.
:: medical insurance 의료보험 | husband 남편 | through ~를 통해서

3

A I changed my Internet plan.

B 전에는 어떤 종류의 요금제를 사용했었어?

⋯➔ **A** 나 인터넷 요금제 바꿨어. **B** What kind of Internet plan did you use before?
:: change 바꾸다 | Internet plan 인터넷 요금제

Consider your surroundings!
분위기 파악 좀 하시오!

한국이나 미국이나 어디든 분위기 썰렁하게 만드는 사람들 꼭 있지요?
그런 사람들에게 쓸 수 있는 영어 표현이 여기 있군요. Consider your surroundings!(분위기 파악 좀 하시오!)

PATTERN 071 What time do you go to school tomorrow?

내일 몇 시에 학교에 가니?

Point Tip | **what time …?** : 몇 시에 ~하니?

구체적인 시간을 물을 때 쓰는 일반적인 질문이다. 간단한 질문 같지만 막상 말하려고 하면 [What time] 다음에 배열되는 어순을 자연스럽게 떠올리기 힘들 수 있으므로 비슷비슷한 표현을 반복적으로 연습해본다.

BASIC EXERCISE

• **What time does the movie start?**
  영화가 몇 시에 시작해?

• **What time does he arrive?**
  몇 시에 그가 도착하지?

• **What time does your flight leave?**
  몇 시에 너의 비행기가 출발하니?

• **What time do you usually get up?**
  대개 너는 몇 시에 일어나니?

QUIZ

너는 대개 몇 시에 잠자리에 드니?

⇨ _____

(Hint) usually 대개 | go to bed 잠자리에 들다

Tip

* start 시작하다   * arrive 도착하다
* leave 출발하다   * usually 대개
* get up 일어나다

(ANSWER) What time do you usually go to bed?

Section 3

1

A 딘, 내가 몇 시에 전화해주면 좋겠어?

B Around 9 PM.

⋯→ **A** What time do you want me to call you, Dean? **B** 저녁 9시쯤.
:: call 전화하다 | around 대략, 쯤

2

A 오늘 기말고사가 몇 시야?

B I don't know. Let's ask Sam.

⋯→ **A** What time do we take the final test today? **B** 나도 몰라, 샘에게 물어보자.
:: take a final test 기말고사를 치다 | let's ~하자

3

A 어젯밤에 빅토리아가 몇 시에 들어왔지?

B I don't remember but she was not late.

⋯→ **A** What time did Victoria come home last night? **B** 기억이 안 나지만 늦지 않았어.
:: remember 기억하다

It is up in the air.
그것은 아직 미정이야.

어떠한 것을 결정을 내리지 못하고 있음을 나타내는 표현입니다. 미국인들은 '모든 것이 자리를 잡지 못하고 아직 하늘에 떠있다'라고 표현하는군요.

163

PATTERN 072

What makes you happy?

뭐가 그렇게 행복해?

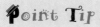 **what makes you …?** : 너는 뭐가 그렇게 ~하니?

상대방이 하는 행동의 원인을 물어볼 때 쓸 수 있는 유용한 표현이다. 직역하면, '무엇이 너를 ~하도록 만드니?'로써, 원인을 묻는 why의 뉘앙스를 가진 표현이다. [What makes you] 다음에는 동사의 원형이나 형용사를 사용한다.

 BASIC EXERCISE

- **What makes you sad?**
  뭐가 그렇게 슬픈 거니?

- **What makes you laugh?**
  뭐가 그렇게 우스워?

- **What makes you continue doing this job?**
  왜 이 일을 계속하니?

- **What makes you want to go to Canada?**
  뭐 때문에 캐나다에 가고 싶어?

 QUIZ

왜 이 자리를 원하나요?

⇨ _____

Hint want 원하다 | position 직장, 자리

 TIP

* laugh 웃다   * continue ~을 계속하다
* choose 선택하다

ANSWER What makes you want this position?

1

A I don't like this show. It is so gloomy.

B 왜 그렇게 생각해요?

···→ **A** 나는 이 쇼를 별로 좋아하지 않아요. 그건 너무 우울해요. **B** What makes you think so?
:: show 쇼 프로그램 | gloomy 우울한

2

A 뭐 때문에 그렇게 열심히 공부하니?

B I have to gain a scholarship next semester.

···→ **A** What makes you study that hard? **B** 다음 학기에 장학금을 받아야 해.
:: gain a scholarship 장학금을 받다 | next semester 다음 학기

3

A I heard you are moving out of that apartment. 뭐 때문에 그러길 원해?

B It is too noisy. I can't concentrate on my work.

···→ **A** 그 아파트에서 이사 나온다고 들었어. **What makes you want to do that?**
B 너무 시끄러워. 일에 집중을 할 수가 없어.
:: out of ~로부터 | noisy 시끄러운 | concentrate on 집중하다

I have butterflies in my stomach.
마음이 조마조마해요.

마음이 조마조마하고 두근두근 하다는 표현을 영어로는 어떻게 할까
요? I have butterflies in my stomach. 마음속에 나비가 날갯짓을 해
서, 마음을 콩닥콩닥하게 만든다는 말인가 봅니다.

What do you think about this idea?

이 의견에 대해서 어떻게 생각하세요?

> **Point Tip** what do you think …? : ~에 대해서 어떻게 생각하나요?
>
> 상대방의 의견을 물을 때 가장 일반적으로 사용할 수 있는 표현으로 [What do you think + 절]을 쓰거나, [What do you think about + 명사]의 형태를 취한다. '어떻게'라는 의미가 있다고 하여 how를 사용하지 않도록 한다.

BASIC EXERCISE

- **What do you think about the president?**
  대통령에 대해서 어떻게 생각하세요?

- **What do you think that person is going to do?**
  저 사람이 뭘 할 거 같아요?

- **What do you think that singer will perform tonight?**
  저 가수가 오늘 밤에 어떻게 노래할 거 같아요?

- **What do you think that the teacher should do?**
  선생님은 어떻게 해야 한다고 생각해요?

QUIZ

이 보고서에 대해서 어떻게 생각하세요?

⇨ _____

Hint report 보고서

Tip

- president 대통령
- perform 노래하다
- person 사람
- should ~해야만 한다

ANSWER What do you think about this report?

1

A Are you quitting your job?

B Yes. 그것에 대해서 어떻게 생각해?

> ⋯› **A** 회사 그만둘 거니? **B** 응. What do you think about that?
>
> ∷ quit 그만두다 | job 직업, 일

2

A Did you know what happened to Jenny yesterday?

B Yes, I know. 그녀를 위해서 우리가 뭘 해야 할 거라고 생각하니?

> ⋯› **A** 어제 제니에게 어떤 일이 일어난지 아니?
>
> **B** 응, 알아. What do you think we should do for her?
>
> ∷ happen 일어나다 | should do ~해야 하다

3

A 이 영화에 대해서 어떻게 생각해?

B This is the best movie that I have ever seen.

> ⋯› **A** What do you think about this movie? **B** 이 영화는 내가 본 영화 중에 가장 좋은 영화야.
>
> ∷ the best movie 최고로 좋은 영화

You put me on the spot.
네가 나를 난처하게 하는구나.

누군가가 나를 난처한 처지 혹은 곤란한 환경인 그 지점(on the spot)
에 몰아 넣는다는 표현을 할 때, You put me on the spot를 쓴답니다.

PATTERN 074

Why don't you read it again?

이것을 다시 한번 읽어보는 것이 어떠니?

𝓟oint 𝓣ip / why don't you ···? : ~을 하는 것이 어떤가요?

상대에게 어떤 일을 제안할 때 유용하게 사용할 수 있는 구문이다. 손윗사람이 나 나이가 많은 사람에게 쓰는 표현이라기보다는 친한 친구 사이에서 가볍게 사 용할 수 있는 말이다.

BASIC EXERCISE

• Why don't you practice for the speech?
  연설을 위해서 연습하는 게 어때?

• Why don't you cross out this question?
  이 문제는 빼는 것이 어떠니?

• Why don't you go jogging every morning?
  매일 아침마다 달리는 거 어때?

• Why don't you download it from the Internet?
  이것을 인터넷에서 다운로드 받는 것이 어떠니?

QUIZ

우리와 함께 사냥하러 가는 거 어때?
⇨ _____
Hint go hunting 사냥하다 | with ~와 함께

Tip

* practice for ~을 연습하다   * cross out ~을 빼다
* go jogging 조깅을 하다   * download 다운로드 하다
ANSWER Why don't you go hunting with us?

1

A I don't think I can finish this work within two hours.

B 샘한테 도움을 좀 요청해보는 게 어떠니?

⋯▸ **A** 두 시간 안에 이 일을 끝낼 수 있을 거 같지 않아. **B** Why don't you ask Sam for some help?

∷ within ~안에 | hour 시간

2

A 네 아들의 의상을 만드는 것이 어때?

B I want to but I don't have enough materials.

⋯▸ **A** Why don't you make your son's costume? **B** 그러고 싶지만 재료가 충분치 않아.

∷ costume 의상 | enough 충분한 | material 재료

3

A 바위타기에 도전해보는 것이 어때?

B I don't want to. I am not interested.

⋯▸ **A** Why don't you try rock climbing? **B** 싫어. 관심 없어.

∷ rock climbing 바위타기 | be interested in ~에 관심이 있다

He chewed me out for nothing.
그는 아무것도 아닌 일로 나를 꾸짖었어.

우리는 누구를 '씹다'라고 표현하면, 누구를 '험담하다'라는 의미로 이해합니다. 미국인들은 누구를 호되게 나무랄 때 '씹다' 는 표현의 동사, chew를 사용한답니다.

169

Why don't we go on a picnic?

소풍 가는 거 어때요?

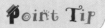 **why don't we …?** : ~하는 거 어떨까요?

어떤 일을 제안할 때 사용하는 표현 [why don't we] 다음에는 동사의 원형을 사용한다. 이외에도 [Let's + 동사 원형]이나 [How about …?]의 형태가 제안의 표현으로 자주 사용되고 있다.

- **Why don't we tour Vancouver?**
  밴쿠버 관광하는 거 어때요?

- **Why don't we buy a ring instead of earrings?**
  귀걸이 대신에 반지를 사는 게 어때요?

- **Why don't we save some money?**
  돈을 좀 저축하는 게 어때?

- **Why don't we collect some ideas from the members?**
  회원들로부터 의견을 좀 모으는 게 어떨까?

우리 이것을 복사해 두는 것이 어떨까요?

⇨ _____

Hint make a copy 복사하다

* tour 관광하다   * instead of 대신에
* save 저축하다   * collect 수집하다, 모으다
ANSWER Why don't we making a copy of it?

LIVE TALKS – 뉘앙스 따라잡기 🎧

1

A It is a very nice day.

B 산책하는 거 어때요?

⋯⟶ **A** 오늘 날씨 정말 좋아. **B** Why don't we go for a walk?
∷ go for a walk 산책하다

2

A 우리 존을 지지해주는 게 어때요?

B Yes, it's a great idea.

⋯⟶ **A** Why don't we support John? **B** 네, 멋진 생각이에요.
∷ support 지지하다

3

A I am very confused. I don't know what I have to do.

B Me, neither. 인터넷에서 찾아볼까?

⋯⟶ **A** 헷갈려. 뭘 해야 할지 모르겠어. **B** 나도 그래. Why don't we search the Internet?
∷ be confused 혼란스럽다 | neither 역시(부정문) | search 찾다

Don't give me the third degree. •
불 난 데 부채질 하지 마!

열 받는데 부채질하지 말란 표현 아시죠? 영어로는 the third degree 를 주지 말라고 표현합니다. 동양이나 서양이나 화가 날 때 열 받는다 는 표현은 같은 것 같지요?

171

Why do you think he did it like that?

너는 왜 그가 그렇게 했을 거라고 생각해?

Point Tip   **why do you think (that) …? : 너는 왜 ~하다고 생각해?**

어떤 사건이나 사실에 대해 상대가 왜 그렇게 생각하는지를 묻는 표현이다.
[Why do you think + 절]을 쓰거나, [Why do you think of + 명사]의 형태,
혹은 [Why do you think so?] 단독으로도 자주 쓴다.

 BASIC EXERCISE

- **Why do you think they argue all the time?**
  너는 왜 그들이 항상 다투는 거 같아?

- **Why do you think this movie is popular?**
  이 영화가 왜 인기가 있다고 생각해?

- **Why do you think teenagers love the singer 'B'?**
  너는 왜 10대들이 가수 비를 좋아한다고 생각해?

- **Why do you think he published his books?**
  너는 왜 그가 그의 책들을 출판했다고 생각하니?

 QUIZ

너는 왜 그녀가 그녀의 모든 돈을 기부했다고 생각해?

⇨ _____

Hint donate 기부하다

 Tip

- argue 다투다
- popular 인기 있는
- publish 출판하다
- all the time 항상
- teenager 10대

ANSWER Why do you think she donated all her money?

LIVE TALKS – 뉘앙스 따라잡기

1

A 너는 왜 그가 GRE 시험을 봤다고 생각해?

B I think he wants to apply for graduate school.

⋯▸ **A** Why do you think he took the GRE test? **B** 대학원에 응시하고 싶어하는 거 같아.
∷ apply for 응시하다 | graduate school 대학원

2

A I heard Madonna adopted a child from Africa.

B Yes, I did, too. 너는 왜 그녀가 그렇게 했다고 생각해?

⋯▸ **A** 마돈나가 아프리카에서 아이를 입양했다고 들었어.
B 맞아, 나도 들었어. Why do you think she did that?
∷ adopt 입양하다 | Africa 아프리카

3

A 너는 왜 짐이 그렇게 빨리 일을 그만두었다고 생각하니?

B Well, I guess he has been stressed out.

⋯▸ **A** Why do you think Jim quit his job so soon?
B 글쎄, 그가 스트레스 받아 왔을 거라고 짐작되는데.
∷ quit 그만두다 | be stressed out 스트레스 받다

I have to start this from scratch.
처음부터 다시 이것을 시작해야 해.

'밑바닥에서부터'라는 표현을 영어에서는 from scratch라고 하는군요.
그래서 처음부터 다시 이것을 시작해야 한다는 표현을 I have to start
this from scratch.라고 씁니다.

PATTERN 077

Why did she try to go there?

왜 그녀가 그곳에 가려고 했나요?

P⊚int Tip / **why did …?** : 왜 ~을 했나요?

과거에 주어가 한 일에 대한 이유를 물을 때 사용할 수 있는 표현이다. 현재 동사로 질문하는 경우보다 이미 일어난 일에 대해 묻는 경우가 더 빈번하므로 과거 동작, 행위, 사건에 대한 질문 패턴으로 잘 알아두자.

BASIC EXERCISE

- **Why did you choose this school?**
  너는 왜 이 학교를 선택했어?

- **Why did he sell his car?**
  그가 왜 그의 차를 팔았죠?

- **Why did he print it out?**
  그는 왜 그것을 프린트했죠?

- **Why did she refuse his proposal?**
  그녀는 왜 그의 청혼을 거절했어요?

QUIZ

왜 그녀가 당신 아기를 돌봤어요?

⇨ _____

Hint take care of 돌보다

Tip

- choose 선택하다
- print out 프린트하다
- proposal 청혼
- sell 팔다
- refuse 거절하다

ANSWER Why did she take care of your baby?

LIVE TALKS – 뉘앙스 따라잡기

1

A You know who I saw today. I saw James.

B At your school? 그가 왜 거기에 갔지?

> ⋯› **A** 오늘 내가 누구를 봤는지 알아? 제임스를 봤어. **B** 학교에서? Why did he go there?
> :: see 보다

2

A 너는 왜 배랫 박사님을 존경해?

B Because she is a great professor.

> ⋯› **A** Why did you respect Dr. Barratt? **B** 왜냐하면 그녀는 훌륭한 교수님이니까.
> :: respect 존경하다 | professor 교수님

3

A 왜 그가 나에게 거짓말을 했을까?

B Who knows? He is not a good person.

> ⋯› **A** Why did he tell me a lie? **B** 누가 알겠어. 그는 좋은 사람이 아니야.
> :: tell a lie 거짓말을 하다

Why are you bringing it up again?
왜 그것을 다시 끄집어내니?

어떤 화제를 대화에 끌어 들이려고 할 때 우리는 얘기를 '끄집어내다' 라고 하고, 영어에서는 bring up이라는 표현을 써요. 친구가 다시 꺼 내고 싶지 않은 화제거리를 말한다면, Why are you bringing it up again?라고 하면 되지요.

175

Where did you stay when you were in New York?

당신이 뉴욕에 있을 때 어디에 머무셨나요?

BASIC EXERCISE

- Where did you go last night?
  어젯밤에 너 어디 갔었니?

- Where did she take her son after school?
  학교 마치고 그녀는 그녀의 아들을 어디로 데리고 갔어요?

- Where did you send your application?
  지원서를 어디로 보내셨죠?

- Where did you get this pretty doll?
  이 예쁜 인형을 어디에서 얻었니?

QUIZ

수잔이 어디에서 연설을 했나요?

⇨ _____

Hint make a speech 연설하다

Tip

* take 데리고 가다
* application 지원서
* after school 방과 후
* doll 인형

ANSWER Where did Susan make a speech?

1

A 그는 어디에서 이것을 연구했나요?

B I think in Texas.

⋯→ **A** Where did he research this?　**B** 텍사스 인 거 같아요.
:: research 연구하다, 탐구하다

2

A 이 CD 어디서 샀어?

B At the mall.

⋯→ **A** Where did you buy this CD?　**B** 상가에서.
:: buy 사다 | mall 상가

3

A 토드가 지난번에는 어디로 날아간 거야?

B I don't know. Probably Japan.

⋯→ **A** Where did Todd fly to last time?　**B** 모르겠어. 아마도 일본이겠지.
:: fly to 비행기로 ~로 가다 | probably 아마도

Let's call it a day!
오늘은 그만 끝냅시다!

자신의 상사가 가장 멋지게 보일 때가 언제인가요? 혹시 '오늘은 이만
합시다' 이 말을 외칠 때 아닐까요? 영어로는 Let's call it a day! (오늘
은 그만 끝냅시다!)랍니다.

177

PATTERN 079   What did he major in at the university?

그는 대학에서 무엇을 전공했나요?

Point Tip   what did …? : 무엇을 ~했나요?

과거에 상대가 한 일에 대해서 물을 때 사용할 수 있는 표현이다. 이 표현 역시 입사 면접 때, 혹은 사람들과의 일상 대화에서 자주 쓰게 되고, 또 질문 받게 되는 표현이다. 익숙해지도록 연습한다.

BASIC EXERCISE

- **What did you do at the park?**
  너는 공원에서 무엇을 했니?

- **What did they discuss?**
  그들은 무엇을 토론했나요?

- **What did she bring to the party?**
  그녀는 파티에 무엇을 가지고 왔어요?

- **What did he ask you about?**
  그가 너에게 뭘 물어봤어?

QUIZ

오늘 점심은 뭘 먹었니?

⇨ _____

(Hint) have 먹다 | lunch 점심

Tip

- major 전공하다
- discuss 토론하다
- ask about ~에 관해서 질문하다

- park 공원
- bring to ~에 가지고 오다

ANSWER What did you have for lunch today?

LIVE TALKS – 뉘앙스 따라잡기 🎧

1

A I am starving. 저녁으로 뭘 만들었어?

B Ok. Ok. Dinner is ready.

⋯→ **A** 배고파 죽겠어. What did you cook for dinner? **B** 알았어. 알았어. 저녁 준비 됐어요.
ᔋ starve 몹시 배고프다 | cook 요리하다 | ready 준비된

2

A 뭘 잃어버렸니?

B My glasses.

⋯→ **A** What did you lose? **B** 내 안경이요.
ᔋ lose 잃어버리다 | glasses 안경

3

A 벼룩시장에서 그들이 뭘 팔았어요?

B They sold their old books.

⋯→ **A** What did they sell at the flee market? **B** 오래된 책들을 팔았어요.
ᔋ sell 팔다 | flee market 벼룩시장 | old 오래된

Talk Talk 튀는 English

I'm through with him. ●
그 사람과는 끝장이야.

연인들 사이에서 '이제 끝이야'라는 표현을 종종 듣죠? 미국인들은 끝
이라는 표현으로 It's over 혹은 I'm through with him.으로 표현한답
니다.

179

Do you know how to do this?

이것을 어떻게 하는지 아세요?

Point Tip / **do you know how …? : ~을 어떻게 하는지 아세요?**

how를 문장 중간에 삽입하여, 간접적으로 상대에게 어떤 일의 방법 등을 물을 때 사용하는 표현이다. 물건의 사용법을 물을 때나 어떤 결과를 초래한 방법을 물을 때 유용하게 쓸 수 있는 표현이다.

 BASIC EXERCISE

• **Do you know how he entered this building?**
그가 이 건물 안으로 어떻게 들어왔는지 아세요?

• **Do you know how she dyed her hair by herself?**
그녀가 어떻게 그녀의 머리를 혼자서 염색을 했는지 아세요?

• **Do you know how they came up with this machine?**
그들이 이 기계를 어떻게 고안했는지 아세요?

• **Do you know how much milk he drinks a day?**
그가 하루에 얼마나 많은 우유를 마시는지 아세요?

 QUIZ

그녀가 어떻게 이 나무를 기어올라 갔는지 알아요?

⇨ _____

Hint climb up 기어오르다 ǀ tree 나무

 Tip

* enter 안으로 들어가다
* by oneself 혼자서
* machine 기계
* dye 염색하다
* come up with 고안하다

ANSWER Do you know how she climbed up this tree?

Section 3

1

A 그녀가 얼마나 많은 형제자매가 있는지 아세요?

B I think she has one older sister and one younger brother.

⋯▸ **A** Do you know how many siblings she has? **B** 언니 한 명과 남동생이 하나 있던 걸로 아는데요.
∷ sibling 형제자매 | older 더 나이가 많은 | younger 더 나이가 어린

2

A 여기에서 버스 정류장까지 얼마나 먼지 아세요?

B I guess it is 10 minutes away from here.

⋯▸ **A** Do you know how far the bus station is from here?
B 제 짐작에는 여기서 10분 정도 떨어져 있는 거 같아요.
∷ far 먼 | bus station 버스 정류장 | guess 짐작하다

3

A 어떻게 그가 강아지 조련사가 되었는지 아세요?

B I heard he took a course for that.

⋯▸ **A** Do you know how he became a dog trainer? **B** 그것을 위해서 수업을 들었다고 들었어요.
∷ trainer 조련사 | take a course 강습을 받다

You take up much room.
네가 공간을 너무 많이 차지하잖아.

room이라는 단어가 방이라는 뜻뿐만 아니라 '공간'이라는 의미가 있다는 것 알고 있지요? '공간을 너무 많이 차지하다'라는 의미를 쓸 때, take up much space, 혹은 take up much room이라는 표현을 쓴답니다.

181

Do you know when the movie starts?

그 영화가 언제 시작하는지 아니?

P○int Tip / **do you know when …?** : ~이 언제 인지 아세요?

문장 중간에 의문사 when을 넣어, 어떤 일이나 사건이 언제 일어났는지를 묻는 표현이다. 이렇게 중간에 의문사를 넣어 문장을 만들 때의 어순에 유의하면서 익숙해지도록 연습하자.

BASIC
EXERCISE

• Do you know when he started high school?

그가 고등학교를 언제 시작했는지 아세요?

• Do you know when they got divorced?

그들이 언제 이혼했는지 아세요?

• Do you know when World War II broke out?

제2차 세계대전이 언제 발발했는지 아세요?

• Do you know when Election Day is?

선거일이 언제인지 아니?

QUIZ

너 짐이 내 차를 언제 고칠 건지 아니?

⇨ _____

Hint be going to ~하려고 하다 | fix 고치다

Tip

* high school 고등학교
* break out 발발하다
* divorce 이혼하다
* Election Day 선거일

ANSWER Do you know when Jim is going to fix my car?

LIVE TALKS – 뉘앙스 따라잡기 🎧

1

A 데이빗이 언제 도착하는지 알아?

B He is not coming this time.

⋯ **A** Do you know when David is arriving? **B** 그는 이번에는 안 올 거야.

:: arrive 도착하다 | this time 이번에

2

A 너 새라 할아버지 장례식이 언제인지 아니?

B I think it is October 10th.

⋯ **A** Do you know when Sarah's grandfather's funeral is? **B** 10월 10일 인 것 같아.

:: funeral 장례식 | October 10월

3

A 너 이번 학기 마지막 날이 언제인지 알아?

B I think it is December 9th.

⋯ **A** Do you know when the last day of this semester is? **B** 12월 9일 인 거 같아.

:: semester 학기 | December 12월

Let's sleep on it!
곰곰이 생각해보자.

어떤 제안이나 화제 혹은 문제를 좀더 시간을 가지고 곰곰이 진지하게
생각하자는 표현입니다. 당장 결정하기 힘든 문제를 뒤로 미룰 때 사
용할 수 있는 말이랍니다.

PATTERN 082 Do you know where the rest room is?

화장실이 어디 있는지 아니?

Point Tip / **do you know where …? : ~이 어디 인지 아세요?**

문장 중간에 의문사 where를 넣어, 어떤 일이나 사건이 일어난 장소가 어디인 지를 묻는 표현이다. where 다음에 [주어 + 술어]의 어순으로 문장이 진행되는 것을 인지하고 자연스럽게 말할 수 있도록 연습하자.

BASIC EXERCISE

· **Do you know where they live now?**
  그들이 지금 어디에 사는지 아니?

· **Do you know where she hid her jewelry?**
  그녀가 그녀의 보석을 어디에 감추었는지 아세요?

· **Do you know where my mom is going?**
  엄마가 어디 가는지 알아?

· **Do you know where we are now?**
  우리가 지금 어디 있는지 아니?

QUIZ

너 잡지들이 어디에 있는지 아니?

⇨ _____

Hint magazine 잡지

Tip

· rest room 화장실　　　　　· live 살다
· hide 감추다　　　　　　　· jewelry 보석
ANSWER Do you know where the magazines are?

LIVE TALKS – 뉘앙스 따라잡기 🎧

1

A 당신은 분실물 센터가 어디 있는지 아세요?

B It is on the corner.

⋯▸ **A** Do you know where the lost and found is?　**B** 코너에 있어요.
∷ lost and found 분실물 센터 | corner 코너

2

A 당신은 제가 어디서 버스를 탈 수 있는지 아세요?

B I am sorry, but I am a stranger here, too.

⋯▸ **A** Do you know where I can get a bus?　**B** 죄송합니다만 저도 여기는 처음입니다.
∷ stranger 이방인 | too 역시

3

A 너 그가 선글라스를 어디다 두었는지 아니?

B I saw them in the kitchen.

⋯▸ **A** Do you know where he put his sun glasses?　**B** 부엌에서 봤는데.
∷ put 두다 | kitchen 부엌

You can take a pick.
네가 골라잡을 수 있어.

남대문 하면 생각나는 것, '골라, 골라, 골라잡아.'라고 외치는 상인들의 목소리 아닐까요? 영어로 한다면, Take a pick! 정도 될 것 같지요?

185

Where can I seat?

제가 어디에 앉을 수 있을까요?

Point Tip / where can I …? : 제가 어디에서 ~할 수 있을까요?

자신이 어떤 장소에서 무엇인가를 할 수 있는지를 정중하게 묻는 표현이다. [can I …?]는 상대에게 허락이나 요청을 구할 때 하는 의문문인데, 여기에 장소까지 결부시킨 것으로 보면 된다.

BASIC EXERCISE

• **Where can I take you?**
제가 당신을 어디로 데려다 줘야 하나요?

• **Where can I pay for it?**
제가 어디에 지불해야 하나요?

• **Where can I put this trash?**
제가 이 쓰레기를 어디다 두어야 하나요?

• **Where can I call to get an answer to my question?**
이 질문에 대한 답을 얻으려면 어디로 전화를 해야 하나요?

QUIZ

제가 어디로 이 음식을 날라야 하나요?

⇨ _____

Hint serve food 음식을 나르다

Tip

* take 데려다 주다
* trash 쓰레기
* pay for 지불하다
* call to ~로 전화하다

ANSWER Where can I serve this food?

186 Section 3 의문사 100% 활용하기

1

A 어디에 제 가방을 놓으면 되나요?

B You can put it on my desk.

⋯▶ **A** Where can I put my bag? **B** 내 책상 위에다 두셔도 돼요.
∷ put 두다 | desk 책상

2

A 어디에 내 가게를 열 수 있을까?

B How about near my house?

⋯▶ **A** Where can I open my shop? **B** 우리 집 근처가 어떠니?
∷ shop 가게 | near 근처에

3

A 어디에서 졸업 신청서를 얻을 수 있지?

B You'd better go to your department office. They may have it.

⋯▶ **A** Where can I get the application for graduation?
B 학과 사무실로 가보는 게 좋겠다. 아마 그들이 가지고 있을 수도 있어.
∷ had better ~하는 게 더 낫다 | department office 학과 사무실

Talk Talk 튀는 English

That's a shame!
이런 안 돼!

친구들과 어떤 일을 계획하면서 신나게 기다려본 적 있으시죠? 그런데 어이없게도 한 친구가 못 할 때, 나머지 친구들은 That's a shame!로 그 실망을 표할 수 있답니다.

PATTERN
084

What can I do for you?

당신을 위해서 제가 무엇을 할 수 있을까요?

Point Tip / **what can I …?** : 제가 무엇을 ~할 수 있나요?

자신이 무엇을 할 수 있을지에 대해 상대방이나 자기 자신에게 그 대답을 구하는 질문 표현이다. 일상생활에서 자주 접하는 패턴이므로 질문과 답을 모두 자연스럽게 말할 수 있도록 연습한다.

BASIC EXERCISE

- **What can I tell you about this?**
  이것에 대해 당신에게 제가 무슨 말을 할 수 있을까요?

- **What can I buy with this money?**
  이 돈으로 제가 무엇을 살 수 있을까요?

- **What can I do for his birthday party?**
  그의 생일 파티를 위해서 제가 무엇을 할 수 있을까요?

- **What can I build in this area?**
  이 지역에 제가 무엇을 지을 수 있을까요?

QUIZ

당신을 위해서 제가 무엇을 요리할 수 있을까요?

⇨ _____

Hint cook 요리하다

Tip

* buy 사다
* build 짓다
* birthday party 생일 파티
* area 지역

ANSWER What can I cook for you?

---

188 Section 3 의문사 100% 활용하기

LIVE TALKS – 뉘앙스 따라잡기

1

A How could you do this to me?

B I am sorry. 내가 무슨 말을 할 수 있겠어?

⋯→ **A** 어떻게 네가 나한테 이럴 수가 있어? **B** 미안해. **What can I say?**
:: do 하다 | say 말하다

2

A 이 삽으로 제가 무엇을 할 수 있을까요?

B You can dig a hole with it.

⋯→ **A** What can I do with this shovel? **B** 그것으로 땅을 팔 수 있지.
:: shovel 삽 | dig 파다 | hole 구멍

3

A 이 어마어마한 양의 치즈로 제가 무엇을 할 수 있을까요?

B Well, you can make a huge cheese pie for all of us.

⋯→ **A** What can I do with this huge amount of cheese?
B 글쎄, 우리 모두를 위해서 거대한 치즈케이크를 만들 수 있을 거야.
:: huge 거대한 | amount 양 | pie 파이

I mean it!
진짜라니까!

상대방이 내 말을 믿지 않는 듯한 분위기일 때, 진짜라는 것을 확인시켜 줘야겠지요? 그때 사용하는 표현입니다. I mean it!

189

How can I help you?

어떻게 도와 드릴까요?

P oint Tip / how can I …? : 제가 어떻게 ~을 할 수 있나요?

자신이 어떤 방법으로 무엇인가를 할 수 있을지, 그 방법을 질문할 때 사용하는 표현이다. 일상대화에서 질문으로도, 답을 주는 입장으로도 자주 사용하게 되는 표현이니 잘 익혀둔다.

BASIC EXERCISE

- **How can I open this box?**
  제가 이 상자를 어떻게 열죠?

- **How can I keep it safe?**
  내가 어떻게 이것을 안전하게 지킬 수 있을까?

- **How can I learn sign language?**
  제가 어떻게 수화를 배울 수 있을까요?

- **How can I get the certificate?**
  제가 어떻게 이 자격증을 딸 수 있나요?

QUIZ

제가 이 다리를 어떻게 건널 수 있나요?

⇨ _____

Hint cross 건너다 | bridge 다리

Tip

- open 열다
- learn 배우다
- certificate 자격증
- keep safe 안전하게 지키다
- sign language 수화

ANSWER How can I cross this bridge?

1

A I am in a trouble, Jerry. 내가 어떻게 빠져나올 수 있을까?

B Take it easy.

> ⋯➔ **A** 나 어려움에 처해 있어, 제리. How can I get out of it? **B** 진정해.
> :: be in a trouble 곤경에 처하다 | get out of ~에서 나오다

2

A 어떻게 내가 이걸 혼자서 다 먹을 수 있을까요?

B No way. It is a huge meal.

> ⋯➔ **A** How can I eat it all alone? **B** 말도 안 돼. 이거 엄청난 음식인데.
> :: alone 혼자서 | huge 거대한 | meal 음식

3

A 어떻게 제가 이 큰 아파트를 매일 청소할 수 있을까요?

B Well, you can use a vacuum cleaner.

> ⋯➔ **A** How can I clean this big apartment everyday? **B** 글쎄, 진공청소기를 사용할 수 있겠지.
> :: clean 청소하다 | vacuum cleaner 진공청소기

That's icing on the cake.
금상첨화군요!

어떤 좋은 일에 또 다른 좋은 일이 겹칠 때 우리가 사용하는 고사성어
입니다. 영어에서는 케이크를 더 예쁘게 꾸밀 수 있는 달콤한 icing에
비유를 해서 표현한답니다.

PATTERN 086

How can you go home?

너는 집에 어떻게 가니?

𝓟oint 𝓣ip **how can you …?** : 당신은 어떻게 ~을 할 수 있나요?

상대방에게 어떻게 일을 진행하는지 그 방법에 대해 묻는 표현이다. 이 의문 표현은 쉬워 보여도 막상 하려고 하면 말이 잘 나오지 않는 표현 중에 하나이다. 이번 기회에 잘 익혀두자.

BASIC EXERCISE

- **How can you get there?**
  당신은 거기에 어떻게 가죠?

- **How can you put this big ship in a little bottle?**
  당신은 이 큰 배를 어떻게 이 작은 병에 넣을 수가 있죠?

- **How can you make a bouquet?**
  너는 부케를 어떻게 만드니?

- **How can you protect yourself?**
  당신 자신을 어떻게 보호하나요?

QUIZ

당신은 어떻게 이 탁자를 장식할 수 있어요?

⇨ _____

Hint decorate 장식하다 | table 탁자

Tip

* get 도달하다
* bottle 병
* protect 보호하다
* ship 배
* bouquet 부케

ANSWER How can you decorate this table?

LIVE TALKS – 뉘앙스 따라잡기

1

A 당신은 매일 어떻게 출근하세요?

B I take my car.

> ⋯→ **A** How do you go to work everyday? **B** 제 차로 통근해요.
> ∷ *cf.* [how can ~?] 구문을 쓰면 약간 부정적인 의미로 "어떻게 일하러 매일 가니?"가 되어
> '일하는 게 지루하거나 힘들지도 않니?'라는 뉘앙스가 된다.
> 따라서 일반적인 질문은 [How do~?]구문을 쓰는 것이 자연스럽다.

2

A 당신은 아내의 생일 때까지 어떻게 아내를 위한 선물을 숨기나요?

B I am going to hide it in the garage.

> ⋯→ **A** How can you hide your wife's gift until her birthday? **B** 차고에 숨길 겁니다.
> ∷ hide 숨기다 | until ~까지 | garage 차고

3

A 당신은 어떻게 당신 아기의 사진을 찍나요?

B I usually take a photo of her when she falls asleep.

> ⋯→ **A** How can you take a photo of your baby? **B** 저는 아기가 잠들었을 때 주로 사진을 찍어요.
> ∷ take a photo 사진을 찍다 | fall asleep 잠들다

He has a hot temper.
그는 다혈질이야.

다혈질인 사람을 만나면 곤란하거나 불편한 일을 겪게 됩니다. 특히
직장 상사의 기질이 그렇다면 무척 곤혹스러울 때가 많지요. 다혈질은
hot temper라는 말로 표현할 수 있습니다.

PATTERN
087

Which one do you like?
어떤 것이 좋아요?

which one …? : 어떤 것이 ~하나요?

what로 시작하는 의문문과는 달리 which는 둘이나 그 이상의 정해진 대상 중에서 하나를 선택할 때 사용하는 표현이다. 따라서 선호도를 묻거나 선택을 요할 때 사용하기 좋은 표현이다.

BASIC
EXERCISE

- **Which one are you talking about?**
  어떤 것에 대해서 이야기하고 있는 거예요?

- **Which one do you prefer?**
  어떤 것이 더 좋으세요?

- **Which one do you want to take?**
  어떤 것을 가지길 원해요?

- **Which one did he choose?**
  그는 어떤 것을 골랐어요?

QUIZ

그녀가 어떤 것을 들어올렸어요?

⇨ _____

Hint pick up 들어올리다

Tip

* talk about ~에 대해서 이야기하다   * prefer 더 좋아하다
* take 가지다   * choose 선택하다
ANSWER Which one did she pick up?

1

A 어떤 것을 살 거니?

B The red one.

⋯› **A** Which one are you going to buy? **B** 빨간 것.
∷ red 빨강

2

A 어떤 것이 내 것이야?

B I don't know. Why don't you ask Kelly?

⋯› **A** Which one is mine? **B** 모르겠는데. 켈리에게 물어보는 게 어때?
∷ mine 내 것 | why don't you ~하는 게 어때?

3

A 누가 당신 아들이에요?

B The one with blue shoes over there.

⋯› **A** Which one is your son? **B** 저기 파랑 신발 신고 있는 사람이요.
∷ son 아들 | over there 저기 멀리

Can you submit my paper too while you're at it?
하는 김에, 내 페이퍼도 좀 내 줄래?

상대방에게 자신의 일을 함께 부탁할 때 '~하는 김에'라는 표현을 자주
사용하지요? 영어에서도 부탁할 때 자주 쓰는 표현, while you are at
it가 있습니다.

PATTERN 088 When do you think you can finish your work?

언제 너의 일을 마칠 수 있을 거 같니?

Point Tip ▶ **when do you think …?** : 언제 ~을 할 것 같아요?

상대에게 어떤 일이나 사건이 언제 마무리 될 것으로 생각하는지, 그 때를 물을 때 쓸 수 있는 표현이다. 이 표현 역시 어렵지 않지만 쉽게 말문을 열기 힘든 표현이므로 반복해서 익숙해지도록 한다.

BASIC EXERCISE

• When do you think the war will completely end?
당신은 언제 전쟁이 완전히 끝날 거라고 생각해요?

• When do you think your baby will start speaking?
당신은 언제 당신 아기가 말하기 시작할 거라고 생각해요?

• When do you think they will immigrate to this country?
당신은 언제 그들이 이 나라로 이민을 올 거라고 생각해요?

• When do you think the boss will fire Mark?
너는 사장님이 언제 마크를 해고할 거라고 생각해?

QUIZ

네 생각에는 언제 그가 내 사무실에 들를 거 같아?

⇨ _____

Hint stop by 들르다 | office 사무실

Tip

* completely 완전히
* immigrate 이민 오다
* fire 해고하다
* speak 말하다
* boss 사장

ANSWER When do you think he will stop by my office?

1

A 너는 언제 우리가 우리 차를 돌려 받을 수 있을 거라 생각해?

B Probably next week.

⟶ **A** When do you think we can get back our car? **B** 아마도 다음주쯤.
:: **get back** 다시 받다 | **probably** 아마도

2

A 너는 언제 그들이 다시 서로 볼 수 있을 거라고 생각하니?

B Well, nobody knows.

⟶ **A** When do you think they can see each other again? **B** 글쎄, 아무도 모르지.
:: **each other** 서로 | **nobody** 어느 누구도 아니다

3

A Is Sue still on the phone?

B Yes. 너는 언제 그녀가 전화를 끊을 거 같아?

⟶ **A** 수는 아직도 통화 중이야? **B** 응. When do you think she will hang up the phone?
:: **on the phone** 통화 중인 | **hang up** 전화를 끊다

I will do that, sink or swim.
죽이 되든 밥이 되든 그것을 할 거야.

어떤 일에 적극적으로 도전할 때, 혹은 무모한 도전에 사용할 수 있는 표현이지요. 표현에서 알 수 있듯이 sink '빠지면' 죽게 되고 swim '수영하면' 살게 되는, 즉 '죽든 살든 그만큼 적극적으로 어떠한 일에 임한다'라는 의미입니다.

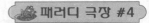

Cinderella

Finally, it's Cinderella's turn…….

The glass slipper fit her,
but she couldn't become the bride of the prince.

You'd better shave
your leg first.

ㅋㅋㅋ

What the
heck!

… 해석과 해설은 438페이지에

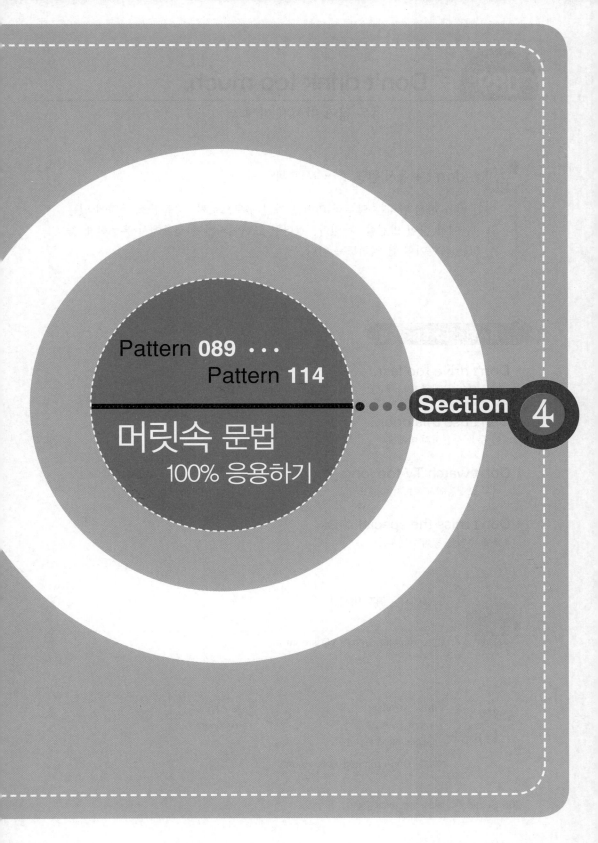

머릿속 문법
100% 응용하기

Section 4

PATTERN 089

Don't drink too much.

너무 많이 마시지 마세요.

don't + 동사 원형 : ~하지 마세요

어떤 일을 하지 말라는 당부의 의미를 가진 구문으로써, 공공장소 등지에 있는 표지판에서 많이 발견할 수 있다. 간단한 표현이지만 실생활에서 유용하게 쓸 수 있는 표현이니 잘 익히도록 한다.

BASIC EXERCISE

- **Don't drive too fast.**
  너무 빨리 운전하지 마세요.

- **Don't use this door.**
  이 문을 사용하지 마세요.

- **Don't watch TV too long.**
  너무 오랫동안 TV 보지 마세요.

- **Don't miss the special class.**
  특별 수업을 놓치지 마세요.

교실에서는 뛰지 마세요.

⇨ _____

Hint run 뛰다, 달리다 | classroom 교실

- drive 운전하다
- watch TV TV를 보다
- special class 특별 수업
- use 사용하다
- miss 놓치다

ANSWER Don't run in the classroom.

Section 4

1

A Boys, 수업 중에는 먹지 마세요.

B Oh, no.

⋯➤ **A** 여러분, don't eat during class. **B** 오, 안 돼요.
∷ during 동안에

2

A 시간표에 관해서 불평하지 마세요.

B It's not fair.

⋯➤ **A** Don't complain about your schedule. **B** 이건 불공평해요.
∷ complain 불평하다 | schedule 시간표 | fair 공정한

3

A 만약 내일 눈이 오면 학교 오지 마세요.

B Awesome!

⋯➤ **A** Don't come to school, if it snows tomorrow. **B** 멋져!
∷ snow 눈이 오다 | awesome 아주 멋진

My work is going well on schedule.
내 일은 계획대로 잘 진행되고 있어.

어떤 일이 미리 계획했던 대로 별 탈 없이 잘 진행되고 있음을 표현할 때,
going well on schedule를 사용하는군요.

201

PATTERN 090

I was listening to music.

저는 음악을 듣고 있었어요.

 Point Tip **I was -ing** : 나는 ~을 하고 있었다

상대방과 이야기하고 있는 과거의 그 시점에 자신이 하고 있었던 일을 구체적으로 표현하는 구문이다. 과거 진행 문장은 지난 이야기를 현장감 있게 표현할 때 유용한 표현이다.

 BASIC EXERCISE

- I was going to my aunt's house.
  나는 숙모님 댁으로 가고 있었어요.

- I was traveling to Europe.
  나는 유럽 여행 중이었어요.

- I was trying to explain this to you.
  나는 당신에게 이것을 설명하려고 했어요.

- I was studying for the midterm test.
  중간고사 공부를 하고 있었어요.

QUIZ

그때 나는 목욕을 하고 있었어요.

⇨ _____

Hint take a bath 목욕하다 | at that time 그때

 Tip

- aunt 숙모
- try 노력하다
- travel 여행하다
- explain 설명하다

ANSWER I was taking a bath at that time.

Section 4

1

A What were you doing when I called you yesterday?

B 진공청소기로 거실을 청소하고 있었어요. That's why I couldn't hear the phone ringing.

> ⋯▶ **A** 어제 내가 전화했을 때 뭐 하고 있었어?
> **B** I was vacuuming my living room. 그래서 전화가 울리는 것을 못 들었어요.
> :: vacuum 진공청소기, 진공청소기로 청소하다

2

A 그를 만났을 때 나는 운동 중이었어.

B So? Did you talk to him?

> ⋯▶ **A** I was working out when I met him. **B** 그래서? 그에게 말을 했어?
> :: work out 운동을 하다 | so 그래서

3

A 선생님이 내 이름을 부르셨을 때 나는 인터넷 서핑 중이었어.

B And then, what happened?

> ⋯▶ **A** I was surfing the Internet when my teacher called my name.
> **B** 그 다음에 무슨 일이 일어난 거야?
> :: surf the Internet 인터넷 서핑을 하다 | then 그 다음에

Let's toast your promotion!
당신의 승진을 위해 건배합시다.

승진하고 나면 회사 동료들과 술 한잔씩 하지요? 그럴 때 다른 동료가 당신의 승진을 축하하기 위해 건배하자는 표현이 바로 Let's toast!랍니다.

I have to go home now.

저는 지금 집에 가야 해요.

 have to : ~을 해야만 한다

어떤 일을 꼭 해야 한다는 의사를 전달할 때 쓸 수 있는 표현이다. should와 유사하지만, 이보다 더 강한 메시지를 담고 있다. [have to]보다 더 강한 의사를 전달하고자 할 때는 일반적으로 must를 사용한다.

 BASIC EXERCISE

· You have to quit smoking as soon as possible.
  너는 가능한 한 빨리 담배를 끊어야 한다.

· I have to finish my homework.
  숙제를 마쳐야만 해요.

· She has to tell her teacher about her grade.
  그녀는 그녀의 점수에 대해서 선생님에게 말해야 합니다.

· I had to leave this building when you called me.
  네가 나에게 전화했을 때 나는 그 건물을 떠나야만 했어.

이 지역 주변을 걸어 다닐 때는 너는 조심해야만 한다.

⇨ _____

Hint be careful 조심하다 | walk around 주위를 걸어 다니다

* quit 그만두다
* finish 끝내다
* leave 떠나다
* as soon as possible 가능한 빨리
* grade 점수

ANSWER You have to be careful when you walk around this area.

Section 4

1

A 이것을 자를 때는 눈 보호기를 착용해야 합니다.

B OK. But I didn't bring mine today.

⋯▸ **A** You have to wear this eye protector when you cut this.
B 알겠습니다. 하지만 오늘은 제 것을 가지고 오지 않았어요.
∷ wear 입다, 착용하다 | eye protector 눈 보호기 | cut 자르다

2

A Where are you going?

B I am late. 회의에 가야만 해요.

⋯▸ **A** 어디 가? **B** 늦었어요. I have to go to the meeting.
∷ where 어디로 | meeting 회의

3

A Sarah said she couldn't get into our website.

B 그녀는 먼저 부서로부터 ID를 받아야 해요.

⋯▸ **A** 새라가 우리 웹사이트에 들어 갈 수 없다고 하네요.
B She has to get her ID from the department first.
∷ get into ~에 들어가다 | department 부서 | first 먼저

I am hard pressed for money.
나는 돈에 쪼들리고 있어.

누군가가 돈이 없을 때 혹은 돈 때문에 어려움을 겪을 때 우리는 '쪼들리다'라는 표현을 씁니다. 영어로도 '누르다'라는 의미의 단어 press를 사용하여 표현한답니다.

PATTERN 092

You should do this now.

너는 이것을 지금 하는 것이 좋겠다.

 you should + 동사 원형 : 너는 ~을 하는 것이 좋겠다

어떤 행동을 해야 한다는 것을 알려줄 때 사용하는 표현이다. have to나 must 보다는 강제성이 적은 표현으로, 주로 권유의 뉘앙스로 많이 사용된다.

BASIC EXERCISE

- **You should apologize to her.**
  네가 그녀에게 사과해야겠다.

- **You should take a shower now.**
  지금 샤워하는 게 좋겠다.

- **You should bring your textbooks to school.**
  학교에 너의 교과서를 가지고 와야 한다.

- **You shouldn't be late for the meeting.**
  회의에 지각하면 안 돼요.

너는 너의 지도 교수에게 이야기하는 게 좋을 거 같아.

⇨ _____

Hint talk to ~에게 이야기하다 | advisor 지도 교수

- apologize 사과하다
- bring 가지고 오다
- meeting 회의
- take a shower 샤워하다
- textbook 교과서

ANSWER You should talk to your advisor.

1

A I have a headache.

B I am sorry. 병원에 가봐야겠다.

···▸ **A** 머리가 아파요.　**B** 안됐구나. You should go to a doctor.
∷ headache 두통 ｜ go to a doctor 병원에 가다

2

A I flunked Dr. Kim's class last semester.

B Oh, no. 너 이번 학기에는 더 열심히 공부하는 게 좋겠다.

···▸ **A** 지난 학기에 김 교수님 과목을 낙제했어.
B 오, 이런. You should study harder this semester.
∷ flunk 낙제하다 ｜ semester 학기 ｜ harder 더 열심히

3

A 봉투의 이쪽 면을 먼저 사용해.

B Oh, thanks. I didn't know that.

···▸ **A** You should use this side of the envelope first.　**B** 오, 고마워. 몰랐어.
∷ side 면 ｜ envelope 봉투 ｜ first 먼저

The coffee machine is on the blink.
커피 기계가 고장 났어.

기계의 on 램프가 깜빡 거리면 그 기계가 정상적으로 작동하지 않음을
알리는 표시입니다. 바로 꼭 같은 표현입니다. '램프가 깜빡여요' 즉 '고
장 났어요'란 의미예요. 기발하지요?

207

Maybe you should go now.

어쩌면 너는 지금 가야 할지도 몰라.

maybe you should : 아마도 당신은 ~을 해야 할지도 모릅니다

상대에게 어떤 일에 대한 조언이나 충고를 할 때 사용할 수 있는 표현이다. 미국에서는 남에게 직접적으로 조언하는 것을 꺼리므로, 문장 속에 maybe라는 표현을 넣어 간접적인 의사표현 뉘앙스를 연출한다.

BASIC EXERCISE

- **Maybe you should shave your mustache.**
  아마도 너는 콧수염을 깎는 것이 좋을 거야.

- **Maybe you should buy a car.**
  아마도 차를 사는 것이 좋을 거야.

- **Maybe you should get certified.**
  아마도 네가 인정 받는 것이 좋을 거야.

- **Maybe you should do more research.**
  아마도 네가 더 많은 연구를 하는 것이 좋을 거야.

아마도 너는 아들에게 더 나은 예절을 가르쳐야 할지도 몰라.

⇨ _____

Hint teach 가르치다 | better 더 나은 | etiquette 에티켓, 예절

- shave 면도하다   • mustache 콧수염
- get certified 보증을 받다, 인정을 받다
- do research 연구를 하다

ANSWER Maybe you should teach your son better etiquette.

Section 4

1

A She still won't talk to me.

B 아마도 네가 그녀에게 사과하는 것이 나을 거야.

┈▸ **A** 그녀는 여전히 나한테 말 안 할 거야. **B** Maybe you should apologize to her.
:: still 여전히 | apologize 사과하다

2

A I gained a lot of weight.

B 아마도 네가 더 많이 운동하는 것이 좋겠다.

┈▸ **A** 몸무게가 많이 늘었어. **B** Maybe you should exercise more.
:: gain 얻다 | weight 몸무게 | exercise 운동하다

3

A I think I failed the last exam.

B 아마도 네가 더 열심히 하는 것이 좋을 거 같아.

┈▸ **A** 지난 시험을 망친 거 같아. **B** Maybe you should study harder.
:: fail 실패하다 | exam 시험 | harder 더 열심히

You'd better get the ball rolling.
지금 시작하는 게 나을 거야.

영어에서 공을 굴린다는 표현은 어떤 것을 시작하다, 혹은 착수하다라
는 표현이랍니다. 아직 페이퍼를 쓰지 못하고 있는 친구에게 이 정도
충고 해볼 만하죠? You'd better get the ball rolling.

You shouldn't cry.

너는 울지 않는 것이 좋겠다.

Point Tip

you shouldn't + 동사 원형 : ~을 하면 안 되다

상대에게 어떤 일을 하는 것이 바람직하지 않다는 충고 혹은 권유의 의미로 사용하는 표현이다. should를 쓰면 뭔가를 해보라는 권유의 의미를 담게 되고, 여기에 not를 함께 쓰면 하지 말 것을 권유하는 뉘앙스가 된다.

BASIC EXERCISE

- **You shouldn't yell at people.**
  사람들에게 소리치지 않는 것이 좋아요.

- **You shouldn't use your cell phone during a meeting.**
  회의 중에는 핸드폰을 사용하지 않는 것이 좋아요.

- **You shouldn't drink too much coke.**
  콜라를 너무 많이 마시지 않는 것이 좋아요.

- **You shouldn't have too much instant food.**
  인스턴트 음식을 너무 많이 먹지 않는 것이 좋아요.

QUIZ

너는 컴퓨터 게임을 너무 많이 하지 않는 것이 좋겠다.

⇨ _____

Hint play a computer game 컴퓨터 게임을 하다 | too much 너무 많이

Tip

- yell 소리 치다
- during ~동안
- instant food 인스턴트 음식
- cell phone 핸드폰
- coke 콜라

ANSWER You shouldn't play a computer game too much.

Section 4

1

A 너무 늦은 밤까지 깨어 있으면 안 된다.

B I can't fall asleep, mom.

⋯▶ **A** You shouldn't be awake too late. **B** 엄마, 잠이 들지 않아요.
:: awake 깨어 있는 | fall asleep 잠이 들다

2

A 너 돈을 너무 많이 쓰지 않는 게 좋겠어.

B I know but I have to buy some gifts for my parents.

⋯▶ **A** You shouldn't spend too much money. **B** 알지만 부모님 선물을 사야만 해.
:: spend 쓰다 | have to ~해야만 하다 | gift 선물

3

A 긴급한 상황이 아니면 911에 전화하면 안 된다.

B OK. I got it.

⋯▶ **A** You shouldn't call 911 unless it is an emergency. **B** 네. 알았어요.
:: unless ~하지 않는 한 | emergency 긴급한 상황

He hung up on me again.
그가 내 전화를 또 끊었어.

걸려온 전화를 받을 때는 무언가를 집어들다는 의미로 pick up를 쓰고,
이와 반대로 전화를 끊을 때는 도로 걸어놓는다는 의미로 hang up를
씁니다.

211

It must be Jim.

짐임에 틀림 없어.

it must be : ~임에 틀림없다

어떤 일, 사람, 상태 등을 확신할 때 사용할 수 있는 표현이다. [It must be] 다음에는 명사나 형용사를 쓰면 된다. 일상 대화에서 자신의 추측을 상대에게 얘기할 때 유용하게 쓸 수 있는 표현이다.

BASIC EXERCISE

- **It must be my turn.**
  내 차례가 분명해.

- **It must be their fault.**
  그들의 잘못임에 틀림없어요.

- **It must be wrong.**
  뭔가 잘못된 것이 틀림없습니다.

- **It must be a fake diamond.**
  이것은 분명히 가짜 다이아몬드일 거예요.

이것은 분명히 나의 회사 제품이다.

⇨ _____

Hint company 회사 | product 생산품

* turn 차례   * fault 잘못
* wrong 잘못된   * fake 가짜의
* diamond 다이아몬드

ANSWER It must be one of my company's products.

1

A I am not sure when the final test is.

B 다음 주가 틀림없어.

⋯▸ **A** 언제 기말고사인지 잘 모르겠어. **B** It must be next week.
:: sure 확실한 | next week 다음 주

2

A I can't believe that Sam hid my shoes.

B He didn't do that. 그의 어린 동생이 그런 것이 틀림없어.

⋯▸ **A** 샘이 내 신발을 감추다니 믿을 수가 없어.
B 그가 그런 것이 아니야. It must be his little brother.
:: hide 감추다 | shoes 신발 | little 어린

3

A Do you know what the largest ship ever built was?

B Yes. 타이타닉이 분명해.

⋯▸ **A** 너는 지어진 가장 큰 배가 뭔지 알아? **B** 응. It must be the Titanic.
:: largest 가장 큰 | ship 배 | build 짓다

Let's stay in touch!
계속 연락하자!

친구가 멀리 전학을 가거나 이사를 갈 때 사용 할 수 있는 표현입니다.
일반적으로 많이 알고 있는 Let's keep in touch!와 같은 표현이랍니다.

213

It might be hard.
어려울 것 같아.

Point Tip **might be + 형용사 :** 아마도 ~할 것 같다, ~일지도 모르겠다

어떤 사건이나 상황에 대한 불확실한 추측을 할 때 사용할 수 있는 표현이다.
[must be]보다 확신이 적은 추측을 상대에게 얘기할 때 쓸 수 있는 표현이다.
대화에서 이런 어감의 차이를 알고 말하는 것이 중요하다.

BASIC EXERCISE

· **I might be wrong.**
제가 틀릴지도 모릅니다.

· **It might be expensive.**
비쌀지도 몰라요.

· **He might be afraid of becoming a soldier.**
그가 군인이 되는 것을 두려워하는 건지도 모릅니다.

· **They might still be arguing over their financial problem.**
그들은 여전히 경제적 문제로 다투고 있을지도 모르죠.

QUIZ

그것이 청중에게 흥미로울지도 몰라요.

⇨ _____

Hint interesting 흥미로운 | audience 청중

Tip

* expensive 비싼   * be afraid of ~을 두려워하다
* argue over ~에 대해서 다투다
* financial 경제적인

ANSWER It might be interesting to the audience.

Section 4

1

A What do you think about my new topic?

B 그것을 해결하는 데 어려울지도 몰라.

⋯→ **A** 나의 새로운 주제에 대해서 어떻게 생각해? **B** It might be difficult to figure out.
:: topic 주제 | difficult 어려운 | figure out 해결하다

2

A Did you hear that John got an offer from his boss?

B Yes. 그가 그 자리에 딱 맞는 사람일지도 몰라.

⋯→ **A** 존이 그의 사장으로부터 제안을 받았다는 이야기 들었어?
B 응. He might be the right person for that position.
:: offer 제안 | right 바른, 딱 맞는 | position 자리

3

A 내가 너무 직선적인지도 몰라 but I have to tell you about your habit.

B Go ahead!

⋯→ **A** I might be too straight 하지만 너의 습관에 대해서 말을 해야겠어. **B** 어서 해.
:: too 너무 | straight 직선적인 | habit 습관

 It is a drop in the bucket.
이것은 아주 소량입니다.

아주 적은 양을 나타낼 때의 영어 표현은 a drop in the bucket 이라고
합니다. 큰 바스켓에 한 방울의 물을 생각하시면 이 표현이 얼마나 적
절한지 알 수 있겠죠.

PATTERN 097

It would be great.

그거 멋질 거야.

it would be : ~할 거다

어떤 조건이 충족되거나 무슨 일이 일어난다면 어떨 것이라는, 혹은 어떻게 될 것이라는 추측의 의견을 나타내는 표현이다. 이런 표현은 앞에 가정법 표현이 전제 되어 있을 때 쓰게 되는 말이다.

BASIC EXERCISE

- **It would be a big help.**
  그것은 큰 도움이 될 겁니다.

- **It would be a disaster.**
  그것은 큰 재앙이 될 거예요.

- **It would be nice to have a November wedding.**
  11월의 결혼식은 멋질 거야.

- **It would be a shame to miss this opportunity.**
  이 기회를 놓치는 것은 유감스런 일일 겁니다.

그것은 도움이 되는 활동일 거예요.

⇨ _____

Hint helpful 도움이 되는 | activity 활동

- big help 큰 도움
- November 11월
- opportunity 기회
- disaster 재앙
- shame 치욕, 유감스러운 일
- wedding 결혼식

ANSWER It would be a helpful activity.

1

A Let's introduce them to each other.

B 좋은 결혼 상대가 될 거야.

⋯▸ **A** 그들을 서로에게 소개시켜 주자.　**B** It would be a good match.
:: introduce 소개하다 | each other 서로

2

A 네가 나에게 저녁을 사면 정말 좋을 거야.

B No way!

⋯▸ **A** It would be nice if you took me out for dinner.　**B** 말도 안 돼.
:: take out 데리고 나가다

3

A 기차를 잡는 건 어려울 거 같아.

B You mean we are late already?

⋯▸ **A** It would be difficult to catch the train.　**B** 우리가 이미 늦었다는 뜻이니?
:: difficult 어려운 | catch 잡다

My ex-boyfriend broke into my house last night.
어젯밤에 전 남자친구가 내 집에 침입했어.

'집에 도둑이 들다'라는 표현으로 break into라는 표현을 씁니다. 열려 있지 않은 곳을 뚫고 들어와야 하니깐 '깨고 들어온다'라고 연상하여 익혀두세요.

He must have missed the train.

그는 기차를 놓쳤음이 틀림없다.

must have + 과거분사 : ~을 했음에 틀림없다

[조동사 + have + 과거분사] 용법 중 가장 많이 쓰는 표현으로, 과거 사실에 대한 강한 확신을 나타내는 표현이다. 현재 사실에 대한 강한 확신을 이야기할 때에는 [must be + 과거분사]를 쓰는 것과 함께 기억해두자.

BASIC EXERCISE

- She must have cheated on the test.
  그녀는 시험에 부정을 했던 것이 틀림없다.

- They must have gotten lost in the forest.
  그들은 숲에서 길을 잃었던 것이 틀림없다.

- He must have forgotten his promise.
  그는 약속을 잊어버렸던 것이 틀림없다.

- He must have been rich when he was young.
  분명 그가 젊었을 때는 부자였을 것이다.

그가 그렇게 말했을 때는 정신이 나갔었던 게 틀림없다.

⇨ _____

Hint be absent minded 정신이 없는

* cheat 속이다   * get lost 길을 잃다
* forest 숲   * forget 잊다
ANSWER He must have been absent minded when he said that.

Section 4

1

A I burned the cake.

B 오븐을 너무 뜨겁게 가열했던 것이 틀림없구나.

···→ **A** 케이크를 태웠어요. **B** You must have heated the oven too high.
∷ burn 태우다 | heat 가열하다 | too high 너무 높은

2

A He didn't pick up the phone when I called him last night.

B 잠들었던 것이 분명해.

···→ **A** 어젯밤에 내가 전화했을 때 그가 전화를 받지 않았어. **B** He must have fallen asleep.
∷ pick up the phone 전화를 받다 | fall asleep 잠들다

3

A She never replied to my letters.

B 이사를 간 것이 틀림없어.

···→ **A** 그녀는 한 번도 내 편지에 답을 하지 않았어. **B** She must have moved.
∷ reply 대답하다 | letter 편지

He has bad breath.
그는 입 냄새가 나.

입 냄새가 나는 사람을 표현할 때 미국인들은 breath라는 단어를 사용
한답니다. 입 냄새라고 해서 mouth smell 이라고 생각하기 쉽지만 정
확한 표현을 익혀두세요.

You should have studied harder.

너는 공부를 더 열심히 했었어야 했는데.

Point Tip   **should have + 과거분사 : ~을 했었어야 했는데…**

과거에 무엇을 해야 했는데, 하지 못했다는 사실에 대해 현재 후회하고 있음을 나타내는 표현이다. '~했음에 틀림이 없다'라는 [must have + 과거분사]와 함께 매우 자주 사용되는 표현이므로 잘 알아두자.

 BASIC EXERCISE

- I should have let you know the new schedule earlier.
  너한테 새 스케줄을 좀더 일찍 알려줬어야 했는데.

- He should have called 911 right away.
  그는 911에 즉시 전화했었어야 했어.

- They should have fired him last year.
  그들은 작년에 그를 해고했어야 했어.

- You should have replied to her letter more politely.
  너는 그녀의 편지에 좀더 공손하게 답장했어야 했어.

QUIZ   너는 그 우아한 드레스를 샀어야 했어.

⇨ _____

Hint buy 사다 | elegant 우아한

Tip
* earlier 좀더 일찍
* fire 해고하다
* politely 공손하게
* right away 즉시
* reply 답하다

ANSWER You should have bought that elegant dress.

Section 4

1

A I lost 10 points on the paper because of the late submission.

B 너는 한 주 전에 제출했었어야 했어.

···▸ **A** 나 페이퍼를 늦게 제출해서 10점을 잃었어.
B You should have submitted that one week ago.
∷ lose 잃다 | submission 제출 | submit 제출하다

2

A How was the performance?

B It was touching. 네가 그것을 봤어야 했는데.

···▸ **A** 공연은 어땠어? **B** 감동적이었어. You should have watched it.
∷ performance 공연 | touching 감동적인

3

A Did Jenny leave already?

B Yes. 일찍 왔었어야지. Why don't you call her?

···▸ **A** 제니가 벌써 떠났어요? **B** 응. You should have come early. 그녀에게 전화해보렴.
∷ leave 떠나다 | already 벌써

You got me.
모르겠어.

'모른다'라는 의미의 표현으로 I don't know. 혹은 It beats me. 외에 같은 의미의 구문 You got me.를 하나 더 알아 두세요. 반대로 '알았어' 라는 표현인 I got you.도 익혀둡시다.

PATTERN
100 You shouldn't have done this for me.

넌 나를 위해 이걸 해주지 않아도 됐는데.

Point Tip **shouldn't have + 과거분사 : ~하지 않아도 됐는데…**

과거 하지 말았어야 할 일을 해버린 것에 대한 후회를 나타낼 때 쓰는 표현이다.
과거에 할 것을 하지 못해 아쉬워하는 표현인 [should have + 과거분사]와 함
께 기억하자.

BASIC EXERCISE

- You shouldn't have waited for me.
  나를 기다리지 말았어야지.

- I shouldn't have deposited that money.
  나는 그 돈을 입금시키지 말아야 했어.

- You shouldn't have eaten too much ice cream.
  넌 너무 많은 아이스크림을 먹지 말았어야 했어.

- They shouldn't have moved into this old house.
  그들은 이 오래된 집으로 이사를 오지 말았어야 했어.

QUIZ 너는 그것을 다 먹어 치우면 안 됐어.

⇨ _____

Hint eat up 다 먹다 | all 모두

Tip
- wait for 기다리다
- too much 너무 많이
- move into ~로 이사오다
- deposit 입금하다

ANSWER You shouldn't have eaten it all up.

Section 4

1

A I got a headache.

B Oh no. 너무 오래 밖에 서있지 말았어야지.

⋯→ **A** 머리가 아파요. **B** 오 이런. You shouldn't have stood outside too long.
:: headache 두통 | outside 밖 | too long 너무 오래

2

A I am broke this month.

B I told you. 돈을 너무 많이 쓰지 말았어야지.

⋯→ **A** 이번 달에 나 파산이야. **B** 내가 그랬지. You shouldn't have spent too much money.
:: broke 파산한 | month 달 | spend 쓰다

3

A Sam ruined my dinner party.

B 너는 그를 초대하지 말았어야 했어.

⋯→ **A** 샘이 저녁 파티를 망쳤어. **B** You shouldn't have invited him.
:: ruin 망치다 | invite 초대하다

She thinks nothing of working over time.
그녀는 시간외 근무를 대수롭지 않게 생각해.

'어떤 일이나 사건을 대수롭지 않게 생각하다'라는 표현을 영어로는
think nothing of라고 한답니다. 말 그대로 아무것도 아니라고 생각한
다는 것이죠.

Let me ask you something.

뭐 좀 물어볼게요.

 let me + 동사 원형 : 내가 ~하도록 해주세요

영어 그대로의 의미는 '나를 ~하도록 해주세요'로 상대방에 대한 존중의 의미를 담고 있는 표현이다. 정중한 부탁을 할 때 사용할 수 있는 [Would you …?] [Could you …?]보다 가볍지만 일상적으로 많이 사용되는 부드러운 표현이다.

 **BASIC EXERCISE**

- Let me tell you something.
  내가 말할게.

- Dad, let me go for a walk tonight.
  아빠, 오늘 저녁에 산책할게요.

- She didn't let me drive her car.
  그녀는 내가 그녀의 차를 운전하도록 하지 않았어.

- I like those pants. Let me try them on.
  그 바지 마음에 들어. 내가 입어볼게.

QUIZ

내일 나에게 시험 점수를 알려주세요.

⇨ _____

Hint know 알다 | the test score 시험 점수

Tip
* ask 묻다
* go for a walk 산책하다
* tell 말하다
* try on 입어보다
ANSWER Let me know the test score tomorrow.

1

A Delicious! That was a great choice for a meal tonight.

B I am glad to hear that. Well, 오늘 저녁은 내가 살게.

⋯⟶ **A** 맛있어! 오늘 저녁 음식은 정말 좋은 선택이었어.
B 좋았다니 기분 좋은데. 자, let me treat you tonight.
∷ a great choice 좋은 선택 | be glad to ~해서 기쁘다 | treat 한턱 내다

2

A Excuse me, sir. I need to catch an airplane. Please, 제가 이 택시를 타도록 해주세요.

B Oh, I am sorry, but no. I am in a hurry, too.

⋯⟶ **A** 죄송합니다 선생님. 제가 비행기를 타야 해서요. 제발, let me take your cab.
B 오, 미안합니다만 안 돼요. 저도 급하답니다.
∷ need to ~해야 한다 | be in a hurry 서두르다

3

A I can help you wash your car. But before that, 내 차 먼저 세차하자.

B Oh, thanks. That is very nice of you.

⋯⟶ **A** 너의 차 세차하는 거 도와줄게. 그런데 그 전에, let me finish washing mine first.
B 오, 고마워. 친절하구나.
∷ finish 마치다 | wash 씻다

Are you pulling my leg?
너 나 놀리는 거니?

'너 내 다리를 잡아당기는 거야?'라고 해석하셨나요? pulling one's leg 는 '누군가를 놀리다'라는 관용표현으로, Are you kidding me?(나한 테 농담하는 거야?)와 같은 의미랍니다.

225

PATTERN 102 Please let me know when you arrive here.

여기에 언제 도착하는지 알려주세요.

Point Tip   please let me know : ~을 알려 주세요

[Let + 목적어 + 동사 원형]은 '목적어가 동사의 행위를 하도록 해주세요'라는 의미로 [Let me know]는 '제가 알게 해주세요'라는 표현이다. 문장 제일 앞이나 제일 끝에 please를 덧붙여 공손하게 말하도록 한다.

BASIC EXERCISE

- Please let me know where to hand in the report.
  이 보고서를 어디로 제출해야 할지 알려주세요.

- Please let me know the right answers to the test that we took yesterday.
  우리가 어제 친 시험의 답을 알려주세요.

- Please let me know what to do.
  내가 무엇을 해야 할지 알려주세요.

- Please let me know where the conference is being held next week.
  다음 주에 회의가 열리는 장소를 알려주세요.

QUIZ   회의에서 왜 그들이 다툰 건지 알려줘요.

⇨ _____

Hint argue 다투다 | meeting 회의

Tip
- hand in 제출하다
- what to do 해야 할 것
- hold (회의가) 열리다
- right answer 정답
- conference 회의

ANSWER Please let me know why they argued at the meeting.

Section 4

1

A Hurry! You are going to be late for the graduation ceremony.

B OK. 장소를 가르쳐줘요.

····▸ **A** 서둘러라. 졸업식에 늦겠다. **B** 네. Please let me know where it is.
:: be going to ~할 것이다 | graduation ceremony 졸업식

2

A I don't get along with my coworker. 어떻게 극복을 해야 할지 좀 알려줘.

B Why don't you give her a small present?

····▸ **A** 내 동료와 사이가 좋지 않아. Please let me know how to get over it.
B 조그만 선물을 해보는 게 어때?
:: get along with ~와 사이 좋게 지내다 | coworker 동료 | get over 극복하다

3

A 오늘 얼마나 추운지 알려주세요.

B It is very cold. You should wear a winter coat.

····▸ **A** Please let me know how cold it is today. **B** 매우 추워요. 겨울 코트를 입어야 해요.
:: should ~을 해야만 한다 | wear 입다 | winter coat 겨울 코트

This is no joking matter.
이거 농담할 일이 아니야.

가볍게 생각했던 일이 생각보다 간단하지 않을 때 우리는 '이거 장난 아니네', 이렇게 말하지요? 영어로는 This is no joking matter.라고 말할 수 있답니다.

PATTERN 103 There are lots of people over there.

저기 사람들이 많이 있어요.

 Point Tip

there is / are + 명사 : ~ (들)이 있다

'무언가가 있다'라고 표현할 때 사용하는 것이 there 구문이다. '무언가'라는 주어 역할을 하는 명사는 [There is/are] 뒤에 위치하며, 이 명사가 단수일 경우 [There is]를, 복수일 경우는 [There are]를 사용한다.

 **BASIC EXERCISE**

- Oh, no! There is an ant in my soup.
  어머, 내 수프에 개미가 있어요.

- There are two articles that we have to read.
  우리가 읽어야 할 기사가 두 개 있어.

- Be quiet! There is somebody in this room.
  조용히 해! 이 방에 누군가 있어.

- There are a lot of birds and trees in this park.
  이 공원에는 나무와 새가 아주 많이 있어요.

 QUIZ

이 조그만 상자 안에 사진이 몇 장 있어요.

⇨ _____

Hint tiny 아주 작은

Tip
- have to ~해야만 하다
- be quiet 조용히 해!
- a lot of 많은

ANSWER There are some pictures in this tiny box.

Section 4

1

A This machine is not working again. 이 기계에 문제가 좀 있어.

B I am sorry to hear that. Are you going to buy a new one?

⋯→ **A** 이 기계가 또 작동을 하지 않아. **There are some problems with this.**
B 안됐다. 새 것으로 살 거니?
:: work 작동하다 | be going to ~을 할 것이다

2

A Open your eyes to the new world. 그곳에는 많은 기회가 있습니다.

B Well, could you give us more details?

⋯→ **A** 새로운 세계에 눈을 뜨세요. **There are many opportunities out there.**
B 저, 좀더 상세히 말씀해 주시겠어요?
:: could you ~? ~해 주시겠습니까? | detail 상세한 설명

3

A I am quite upset now because I cannot solve these questions.

B OK. Now look at page 48. 그 문제들을 위한 힌트들이 있어.

⋯→ **A** 저는 도저히 이 문제들을 풀 수가 없어서 지금 화가 나요.
B 좋아, 48 페이지를 봐. **There are some hints for you on this page.**
:: quite 꽤 | upset 화가 난 | solve (문제를) 풀다

Don't play innocent!
내숭떨지 마!

자신의 의사 표현이 확실한, 소위 말하는 '쿨'한 여성 스타일을 선호하는 남자들은 얌전한 여자들에게 Don't play innocent!, 이런 말을 많이 건넵니다.

229

Not always.

꼭 그런 건 아니에요.

 not always : 반드시 ~한 것은 아니다

문장 내에 [not always]가 들어가면 '항상 ~하지 않는다'는 의미가 아니라, '항상 ~한 것은 아니다'라는 부분 부정의 의미를 갖는다. 한국인이 영어 뉘앙스를 잘못 파악하기 쉬운 표현이므로 잘 익혀둔다.

 BASIC EXERCISE

- He is not always late for school.
  그는 항상 지각하는 것은 아니다.

- She was not always a good daughter.
  그녀가 항상 착한 딸이었던 것은 아니다.

- Adults don't always do the right thing.
  어른들이라도 항상 옳은 일만 하는 것은 아니다.

- Bad things do not always happen.
  나쁜 일들이 항상 일어나는 것은 아니다.

부자들이 항상 행복한 것은 아니다.

⇨ _____

Hint the rich 부자들

* be late for ~에 늦다, 지각하다   * right thing 옳은 일
* happen 발생하다
ANSWER The rich are not always happy.

Section 4

1

A I am upset. He went out for a drink last night and he was very late.

B I know, but 그가 항상 술 마시러 나가는 건 아니잖아.

⋯▸ **A** 화가 나. 어젯밤에 그는 술 한잔하러 나가서 매우 늦게 들어왔어.
B 알아, 하지만 he doesn't always go out drinking.
:: upset 화가 난 | go out for a drink 술 마시러 나가다

2

A I've never seen Lauren smiling like that.

B Right. 그녀가 항상 그렇게 행복한 건 아니지.

⋯▸ **A** 로렌이 그렇게 웃는 것은 처음 봤어. **B** 맞아. She is not always that happy.
:: smile 웃다

3

A 공포영화가 항상 무서운 건 아니야.

B Right, but I still don't want to watch them.

⋯▸ **A** Horror movies are not always scary. **B** 맞아, 하지만 난 여전히 보고 싶지 않아.
:: horror movies 공포영화 | scary 무서운 | still 여전히

You are too choosy. ⋯⋯⋯⋯⋯⋯⋯⋯⋯⋯⋯⋯⋯⋯⋯⋯⋯⋯
너는 너무 까다로워.

어떤 사람을 까다로운 사람이라고 할까요? 이것저것 꽤나 골라대는 사
람을 이야기하는 것 아닐까요? 그래서 그 까다로운 성격을 표현할 때,
You are too choosy.라고 이야기한답니다.

231

I miss you more than ever.

나는 네가 정말 보고 싶어.

 more than ever : 정말, 너무나도

직역하자면 '지금까지의 어떤 때보다 더욱 많이'라는 표현으로 매우 어떠하다는 점을 강조할 때 쓰는 구문이다. 간절한 소망을 나타내고 싶을 때 유용하게 쓸 수 있는 표현이다.

 BASIC EXERCISE

· I want to see the game more than ever.
　나는 그 경기를 너무나도 보고 싶어요.

· I miss my wife more than ever.
　나는 내 아내가 너무나도 보고 싶습니다.

· You need to study now more than ever.
　너는 지금 더욱더 공부할 필요가 있다.

· You need to practice more than ever.
　너희는 더 많이 연습해야 할 필요가 있다.

우리는 더욱더 많은 돈을 절약해야 할 필요가 있다.

⇨ _____

Hint save 절약하다 | money 돈

* game 경기　　　　　　　* wife 아내
* need to ~할 필요가 있다　* practice 연습하다
ANSWER We need to save money more than ever.

1

A 나는 너무나도 새 직업이 필요해.

B Do you want to quit your current job?

⋯▶ **A** I need a new job more than ever. **B** 현재 직업을 그만두고 싶어?
∷ need 필요하다 | quit 그만두다 | current 현재의

2

A 나는 스시가 너무도 먹고 싶어.

B You mean you want to have Japanese food?

⋯▶ **A** I want Sushi more than ever. **B** 일본 음식을 먹고 싶다는 뜻이야?
∷ Japanese 일본의

3

A 나는 '마담 버터플라이' 공연을 너무도 보고 싶어요.

B It is a good opera. You should see it in New York.

⋯▶ **A** I want to see a performance of 'Madame Butterfly' more than ever.
B 좋은 오페라지. 뉴욕에서 그것을 보는 것이 좋아.
∷ performance 공연 | opera 오페라

Don't look at me. ⋯⋯⋯⋯⋯⋯⋯⋯⋯⋯⋯⋯⋯⋯⋯⋯⋯⋯
모르겠어.

대화 중 대답하기 곤란한 답변을 해야 할 때 뭐라고 이야기하나요?
Don't look at me.가 그럴 때 쓸 수 있는 표현이랍니다. 모르는 것이
니 그렇게 빤히 쳐다보며 내게 답을 구하지 말란 뜻인가 봅니다.

233

PATTERN 106 · Have you ever been to New York?

뉴욕에 가본 적 있어?

Point Tip **have you ever been …? :** ~에 가본 적 있나요?, ~을 해본 적 있나요?

어디에 가본 적이 있는지, 혹은 무엇을 경험해본 적이 있는지를 물을 때 쓸 수 있는 [have + 과거분사]의 '완료구문'을 이용한 표현이다. '가본 적이 있느냐'고 해석한다 하여, Have you ever gone?이라고 표현하지 않도록 주의한다.

BASIC EXERCISE

· **Have you ever been in jail?**
감옥에 간 적이 있나요?

· **Have you ever been to one of his concerts?**
그의 공연에 가본 적 있나요?

· **Have you ever been satisfied with your job?**
당신의 일에 만족한 적이 있나요?

· **Have you ever been as sick as I am?**
저처럼 아파 본 적 있나요?

QUIZ 북극에 가본 적이 있나요?

⇨ _____

Hint the Arctic 북극

Tip
· in jail 수감 되다
· be satisfied with ~에 만족하다
· as A as B B만큼 A한
· one of + 복수명사 복수명사 중에 하나
· sick 아픈

ANSWER Have you ever been to the Arctic?

1

A Did you see the teacher yesterday? He was so mad.

B Yes, it was awful. 너 그렇게 화내본 적 있어?

⋯→ **A** 어제 선생님 봤어? 엄청 화가 나셨어.　**B** 응, 정말 무서웠어. **Have you ever been that mad?**
∷ mad 화가 난 | awful 무서운, 지독한

2

A It's been a long time since I have seen you. 어디 있었어?

B I have been in Canada on business.

⋯→ **A** 오랜만이네. **Where have you been?**　**B** 업무로 캐나다에 있었어.
∷ since ~이래로 | a long time 오랜 시간 | on business 업무 상

3

A 지금까지 어떻게 지냈어?

B I have been doing well. How about you?

⋯→ **A** How have you been so far?　**B** 잘 지냈어. 너는 어때?
∷ so far 지금까지 | be doing well 잘 지내다

 ## We must have crossed paths.
우리 서로 길이 엇갈려나 봐.

통신문화가 발달한 요즘 같은 때에도 길이 엇갈리는 일이 자주 있을까
요? 서로 길이 엇갈렸다고 할 때, 영어에서는 We must have crossed
paths.라고 쓴답니다.

PATTERN 107 He wants to have letters written for him.

그를 위해서 편지들이 써지기를 원해요.

Point Tip have / has + 목적어 + 동사 원형 / 과거분사 : ~가 …하도록 / …되도록

목적어가 직접 행동을 할 수 있을 경우는 목적어 다음에 동사의 원형이 오고,
목적어가 어떤 행동을 당할 경우에는 과거분사의 형태가 온다.
'~(목적어)가 …하도록(동사 원형)/…되도록(과거분사)'의 의미를 표현한다.

 BASIC EXERCISE

· I had her go out.
    그녀에게 나가라고 했어.

· He had his hat blown off.
    그의 모자가 날아갔어요.

· I had my house cleaned for the party.
    나는 파티를 위해서 집 청소를 했어요.

· You must have your homework done by tomorrow.
    내일까지 너는 숙제를 다 해야 한다.

 나는 인터뷰를 위해서 신발을 빛나게 닦았어.

⇨ _____

Hint shine 빛나다 | interview 인터뷰

· blow off 바람에 날아가다
· clean 청소하다
· homework 숙제

ANSWER I had my shoes shined for the interview.

Section 4

1

A What's wrong with Ben?

B 그는 파일을 날렸어.

⋯⟶ **A** 벤에게 무슨 일이 있니? **B** He had his file removed.
:: wrong 잘못된 | file 파일 | remove 없애다

2

A What's the matter with you?

B 어제 도서관에서 책가방을 도둑 맞았어.

⋯⟶ **A** 뭐가 문제니? **B** I had my book bag stolen from the library yesterday.
:: matter 문제 | book bag 책가방 | steal 훔치다

3

A Did Nick call you this morning for a ride?

B Yes. 그가 차의 오일 교환을 한대.

⋯⟶ **A** 오늘 아침에 닉이 태워달라고 너한테 전화했었어?
B 응. He's going to have the oil changed in his car.
:: ride 태워줌 | oil change 오일 교환

Can you stay out of it?
빠져 줄래요?

사람들이 다투고 있을 때나 싸우고 있을 때 말리는 사람이 있기 마련이지요? 말리려 들다가 들을 수 있는 말은 Can you stay out of it? 이랍니다.

108

It makes my mouth water.

군침 도는군요.

it makes + 목적어 : (목적어)를 ~하게 만든다

일반적으로 목적어의 자리에 오는 명사의 상태가 어떠한지를 설명하고자 할 때
사용할 수 있는 표현이다. 목적어 뒤에는 형용사의 형태가 주로 위치한다. 일
상 대화에 자주 쓸 수 있는 표현이니 잘 알아두자.

BASIC EXERCISE

- **It makes me mad.**
  나를 미치게 만든다.

- **It makes you hungry.**
  너를 배고프게 만드는구나.

- **It makes you happy.**
  너를 행복하게 하는구나.

- **It makes your skin dry.**
  너의 피부를 건조하게 하는군.

QUIZ

내 강아지를 뚱뚱하게 해.

⇨ _____

Hint dog 강아지 | fat 뚱뚱한

---

* mad 미친   * hungry 배고픈
* skin 피부   * dry 건조한
ANSWER It makes my dog fat.

Section 4

1

A He has a great body.

B Right. 그것이 그를 더 인기 있게 만들잖아.

⋯▸ **A** 그는 정말 멋진 몸매를 가졌어. **B** 맞아. It makes him more popular.
∷ body 몸 | popular 인기 있는

2

A It's too loud. 미치게 만드는군.

B Take it easy.

⋯▸ **A** 너무 시끄러워. It makes me crazy. **B** 진정해.
∷ loud 시끄러운 | crazy 미친

3

A You didn't keep your promise. 나를 실망시키는구나.

B I am very sorry, Sean.

⋯▸ **A** 네가 약속을 지키지 않았어. It makes me disappointed. **B** 미안해, 션.
∷ keep one's promise 약속을 지키다 | disappointed 실망한

I don't like flat beer.
나는 김빠진 맥주 싫어.

공기가 들어가 팽팽해야 할 타이어가 바람이 빠졌을 경우 flat tire라고
하는 것처럼, 탄산이 듬뿍 들어있어야 할 탄산음료나 맥주에 탄산이
다 빠져버렸을 때도 flat를 사용합니다.

239

It gets dark.

어두워진다.

get + 형용사 : ~이 되다

주로 날씨나 주변 상황이 점차적으로 어떻게 변해간다는 것을 표현할 때 사용한다. 점점 어두워진다, 점점 추워진다, 점점 더워진다 등 일상에서 쓰는 무수한 표현을 이 구문을 이용해 말할 수 있다.

BASIC EXERCISE

- It is getting hot in here. Open the window.
  여기 안이 점점 더워지고 있어. 창문을 열어라.

- This area gets humid in summer.
  여름에 이 지역은 습해져요.

- It gets cold at night. You'd better put on a coat.
  밤이 점점 추워져요. 코트를 입는 것이 좋겠어요.

- It gets warmer when the sun rises.
  태양이 떠오르면 따뜻해져요.

그는 수술 후에 더 좋아지고 있어요.

⇨ _____

Hint better 더 좋은 | after ~후에 | surgery 수술

* hot 더운
* had better ~하는 것이 낫다
* warmer 더 따뜻해지는

* humid 습한
* put on 입다

ANSWER He is getting better after surgery.

Section 4

1

A How is your mother?

B 집에 돌아온 후로는 점점 더 좋아지고 있어요.

⋯▸ **A** 어머니는 어떠시니? **B** She is getting better after she came back home.
∷ after ~후에 | come back 돌아오다

2

A Let's go outside. 점점 시원해지고 있어.

B Good idea.

⋯▸ **A** 밖으로 나가자. It is getting cooler. **B** 좋은 생각이야.
∷ outside 밖 | cooler 더 시원한

3

A 그의 노래가 점점 더 인기가 있어져.

B I know. I love that song, too.

⋯▸ **A** His song is getting popular. **B** 알아. 나 역시 그 노래 좋아해.
∷ popular 인기 있는 | too 역시

I am in hot water.
나는 어려운 처지에 있어요.

곤경에 빠져 있다는 표현을 할 때 미국인들은 뜨거운 물에 있다, 즉 be in hot water라고 표현합니다. 뜨거운 물에서 어쩔 줄 몰라 하는 것이 어려운 상황에 빠진 것과 같다고 생각했나 봅니다.

241

PATTERN 110 I am so excited to go to the party.

저는 파티에 가는 것이 정말 신나요.

 be + 감정 동사의 과거분사 : ~한 감정을 느끼다

excite, interest, impress 등과 같이 사람의 감정을 나타내는 동사들은 '무엇이 사람에게 어떤 감정을 느끼게 만든다'는 의미이므로 '사람이 어떤 감정을 느낀다'로 표현하려면 동사는 [be + 과거분사]의 형태로 써야 한다.

 BASIC EXERCISE

- He was surprised by the news.
  그는 그 소식에 놀랐어요.

- I was bored with my old outfit.
  나는 나의 오래된 옷에 싫증났어.

- We are interested in his plan.
  우리는 그의 계획에 관심 있어요.

- She was shocked by what she heard.
  그녀는 그녀가 들은 것에 놀랐어요.

 나는 아기의 재잘거림에 행복해요.

⇨ _____

Hint be pleased with ~에 즐거워하다 | babbling 재잘거림

- surprised 놀란
- outfit 외장, 옷
- shocked 놀란
- bored 지루한
- interested 관심 있는

ANSWER I am pleased with my baby's babbling.

Section 4

1

A Did you tell Jim about his grandmother?

B Yes. 한동안 그 소식에 어리둥절해 했어.

⋯▸ **A** 짐에게 그의 할머니에 대해서 이야기했어?
B 응. He was stunned by the news of her for a while.
∷ stunned 어리둥절한 | for a while 한동안

2

A What's wrong with you?

B Nothing. 그냥 내 여자친구의 행동에 혼란스러워.

⋯▸ **A** 무슨 일이야? **B** 아무것도 아니야. I am just confused by my girlfriend's behavior.
∷ be confused by ~에 혼란스러운 | behavior 행동

3

A 나의 부모님은 항상 나 때문에 즐겁다고 말씀하셔.

B No doubt, because you are a good daughter.

⋯▸ **A** My parents always tell me they are pleased with me. **B** 당연하지, 네가 착한 딸이니까.
∷ be pleased by ~에 의해서 즐겁다 | doubt 의심

He has a sweet tooth.
그는 단 것을 좋아해요.

단 음식을 좋아하는 사람을 표현할 때, 영어로는 '달콤한 이를 가졌다'
즉 have a sweet tooth라고 표현한답니다. '짠 음식을 좋아하다'는 슬
랭에 가까운 표현으로 salty food fiend가 있습니다.

PATTERN 111

Tell me how to make it.

이것을 어떻게 만드는지 말해줘요.

Point Tip

how to + 동사 원형 : ~하는 법, 어떻게 ~을 하는지

의문사 how가 to와 함께 문장 처음이 아니라 중간에 위치할 경우, '~의 방법'
이라는 표현이 된다. 문장 중간에 삽입하는 표현이므로 자연스럽게 말을 이어
넣을 수 있도록 연습한다.

BASIC EXERCISE

- I don't know how to say that.
  어떻게 그것을 말해야 할지 모르겠어요.

- My baby knows how to open this door.
  제 아기는 이 문을 여는 법을 알아요.

- The children want to know how to assemble this toy.
  아이들은 이 장난감 조립법을 알고 싶어해요.

- Sophie explained how to use the coffee machine to them.
  소피는 그들에게 이 커피 기계 사용법을 설명했어.

QUIZ

그는 그의 아들에게 자전거 타는 법을 가르쳤다.

⇨ _____

Hint son 아들 | ride a bike 자전거를 타다

Tip

* open 열다   * assemble 조립하다
* explain 설명하다   * use 사용하다

ANSWER He taught his son how to ride a bike.

1

A 이 문제 어떻게 푸는지 알아?

B Yes. This is a very difficult question.

⋯▸ **A** Do you know how to solve this question? **B** 응. 매우 어려운 문제야.
∷ solve 풀다 | difficult 어려운

2

A 이 안내문은 이 양식을 어떻게 기재하는지 알려줍니다.

B It sounds good.

⋯▸ **A** This instruction tells you how to fill in this form. **B** 그거 좋네요.
∷ instruction 설명서 | fill in 기입하다 | form 양식

3

A 비키가 나한테 그림 그리는 법을 가르쳐주고 있어.

B Good. It is fun, isn't it?

⋯▸ **A** Vicky is teaching me how to paint. **B** 그렇구나. 재미있지, 그렇지 않니?
∷ teach 가르치다 | paint 그림을 그리다

It beats dating him.
그와 데이트하는 것보다 나아.

'무슨 일이 다른 어떤 일보다 더 낫다'라는 표현을 할 때, 구어체에서는 '이기다'는 의미의 beat로 표현합니다. 그런데 이 문장에서 당사자 '그'는 좀 비참하겠군요.

245

Ask him what to do.

해야 할 것을 그에게 물어보세요.

what to + 동사 원형 : ~할 것

what이 '무엇'이라는 질문의 의미가 아니라, to를 동반하여 '~할 것'이라는 의미로 쓸 때, 말하는 시점보다 조금 더 미래의 의미를 가진다. 반대의 뜻으로 '~하지 말아야 할 것'이라 표현할 때는 [what not to]를 사용한다.

 BASIC EXERCISE

- **I forgot what to say to him.**
  그에게 말해야 할 것을 잊어버렸다.

- **Tell me what to do now.**
  지금 내가 뭘 해야 하는지 말해줘.

- **Find out what to add next.**
  다음에 여기에 더해야 할 것을 찾아봐.

- **My father told me what not to do that all the time.**
  우리 아버지는 나에게 하지 말아야 할 것을 항상 말씀하셨어.

우리는 아직 그녀의 생일을 위해 사야 할 것을 정하지 않았어요.

⇨ _____

Hint decide 결정하다 | buy 사다 | birthday 생일

* say 말하다   * find out 찾다
* add 더하다   * all the time 항상
ANSWER We didn't decide what to buy for her birthday yet.

Section 4

1

A 우리에게 내일 저녁 파티에 가지고 와야 할 것을 말해줘.

B Anything you want will be fine.

⋯⋯ **A** Tell us what to bring to the party tomorrow night.
B 너희들이 원하는 건 무엇이든 괜찮아.
∷ bring 가지고 오다 | anything 무엇이든 | fine 좋은

2

A 이 서류는 회의를 위해서 준비해야 할 것을 말해줘요.

B May I take a look at that?

⋯⋯ **A** This file says what to prepare for the meeting. **B** 저도 좀 볼 수 있을까요?
∷ prepare for ~을 위해서 준비하다 | take a look at ~을 보다

3

A 만들어야 될 것을 나한테 말해줘.

B Well, I don't have the list now. I will tell you later.

⋯⋯ **A** Tell me what to make. **B** 글쎄. 지금 리스트가 없어. 나중에 말해줄게.
∷ make 만들다 | list 리스트 | later 나중에

He was hijacked! ⋯⋯⋯⋯⋯⋯⋯
그가 납치 당했어.

할리우드 영화에서, 가끔은 미국 뉴스에서 들을 수 있는 표현입니다.
비행기를 고속버스처럼 이용하는 미국인들을 떨게 하는 표현이지요.

He didn't know where to go.

그는 어디로 가야 할지를 몰랐다.

 Point Tip **where to + 동사 원형 : ~할 곳**

의문사 where가 to와 함께 문장 중간에 위치하여 '~할 곳', 혹은 '어디로 ~해야 할지'라는 의미가 되었다. 이 구문 역시 문장 중간에 삽입하는 표현이므로 자연스럽게 이어 말할 수 있게 연습한다.

 ## BASIC EXERCISE

- **Tell me where to go.**
  나에게 어디로 가야 할지 말해주세요.

- **I told Jim where to go to dress.**
  나는 짐에게 옷 입을 곳을 말했어요.

- **She asked me where to go shopping.**
  그녀는 나에게 쇼핑하는 곳을 물었어요.

- **We didn't know where to find the dog.**
  우리는 그 강아지를 찾아야 할 곳을 몰랐어요.

QUIZ

그는 그의 첫 가게를 열 곳에 대해서 생각했다.

⇨ _____

Hint think 생각하다 | about ~에 대해서 | open 열다

 Tip

* know 알다
* go shopping 쇼핑하다
* find 찾다

* dress 옷을 입다

ANSWER He thought about where to open his first shop.

Section 4

1

A 나는 차 주차할 곳을 모르겠어.

B Park it here.

⋯→ **A** I don't know where to park my car. **B** 여기에 해.
∷ park 주차하다

2

A Did you get the answer from your manager?

B Not yet. 여전히 일할 곳을 몰라.

⋯→ **A** 매니저로부터 답을 얻었어? **B** 아니, 아직. I still don't know where to work.
∷ get 받다 | answer 답 | yet 아직도 | still 여전히

3

A 그들은 그들의 집 지을 곳을 정했어?

B I don't think they did.

⋯→ **A** Did they decide where to build their house? **B** 안 정한 거 같아.
∷ decide 정하다 | build 짓다

I want to have leftover for lunch.
점심으로 남은 거 먹고 싶어.

주부들은 요리한 것이 남는 것을 싫어하죠? 미국의 한 인기 있는 요리
사는 leftover를 좋아한다고 하더군요. 왜냐하면 다음날 요리를 하지
않아도 되니까요.

If I were you, I wouldn't go there.

내가 당신이라면, 그곳에 가지 않을 거예요.

if I were you : 만약 제가 당신이라면

자신이 상대방의 입장임을 가정하고, 자신이 어떻게 처신했을 것이라는 뜻을 표현하는 구문이다. [If I were you] 다음에는 어떻게 할 것이라는 내용의 절이 오게 되는데, 이때 동사는 [조동사의 과거형 + 동사 원형] 형태로 쓴다.

BASIC EXERCISE

- If I were you, I wouldn't say it like that.
  내가 너라면, 나는 그렇게 말하지 않을 거야.

- If I were you, I would ask my manager first.
  내가 너라면, 나의 매니저에게 먼저 물어봤을 거야.

- If I were you, I would take a taxi rather than drive my car.
  내가 너라면, 내 차 대신 택시를 탔을 거야.

- If I were you, I wouldn't stop studying.
  내가 너라면, 공부하는 것을 멈추지 않았을 거야.

내가 너라면, 그 코트 입지 않을 거야.

⇨ _____

Hint wear 입다 | coat 코트

- like ~처럼
- rather than ~보다 오히려
- manager 매니저
- stop 멈추다

ANSWER If I were you, I wouldn't wear that coat.

Section 4

1

A I think I chose the wrong school. I should have listened to my dad.

B 내가 너라면 처음부터 다시 시작하겠어.

⟶ **A** 아무래도 학교를 잘못 선택한 거 같아. 아빠 말을 들었어야 하는 건데.
B If I were you, I would start over.
:: should have listened 들었어야만 했는데 | start over 처음부터 다시 시작하다

2

A 내가 너라면 부모님과 함께 살지는 않을 거야.

B I know but I don't have a place to stay right now.

⟶ **A** If I were you, I wouldn't live with my parents. **B** 알지만 지금 당장 머물 곳이 없어.
:: live 살다 | stay 머물다 | right now 지금 당장

3

A He is very depressed lately.

B 내가 너라면, 한동안 그를 혼자 두겠어.

⟶ **A** 그는 최근에 매우 우울해요. **B** If I were you, I would leave him alone for a while.
:: depressed 우울한 | leave 두다 | alone 혼자

Let bygones be bygones.
지나간 일은 지난 일로 덮어둡시다.

'현재를 즐기라'는 Carpe Diem이라는 단어를 좋아하는 사람들이 은근
히 많더군요. Let bygones be bygones. 이 표현도 함께 기억하는 게
좋지 않을까요?

251

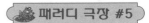

The steadfast tin soldier

There was a steadfast tin soldier, who had only one leg because he was made from the left-over material after making 24 tin soldiers.

He was carrying a torch for a ballerina lady, who lived in the same store.

How can I become intimate with her?

The soldier went to her in order to confess his love.

Ma'am, I need to talk to you. Please open the door.

I know you are there. I will open.

덜컥

I think she went to kidnap Dongbangsingi, SS501, and Super Junior……

Where is she going?

He didn't need such a long time to forget her, whose hobby was collecting handsome guys.

⋯→ 해석과 해설은 440페이지에

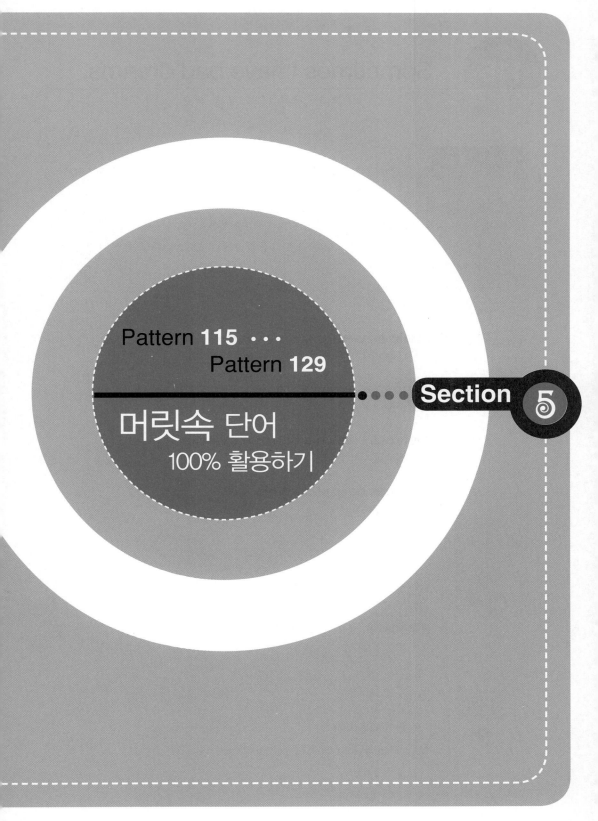

Pattern **115** · · ·
     Pattern **129**

머릿속 단어
   100% 활용하기

Section **5**

Sometimes I have bad dreams.

저는 가끔 나쁜 꿈을 꿔요.

Point Tip

sometimes : 때때로

'때로는', 혹은 '이따금'이라는 의미로 사용할 수 있는 단어다. 종종 일어나는 일을 표현할 때 사용할 수 있다. 아주 쉽고 유용한 표현이므로 능숙하게 영어 문장에 쓸 수 있게 연습한다.

BASIC EXERCISE

- Sometimes we argue very seriously.
  우리는 종종 매우 심각하게 말다툼을 해요.

- They go to the movies together sometimes.
  그들은 가끔 함께 영화관에 갑니다.

- Sometimes I watch a horror movie alone.
  저는 때때로 혼자서 공포영화를 봐요.

- Sometimes he is absentminded.
  때때로 그는 멍해요.

QUIZ

나는 때때로 할아버지를 생각합니다.

⇨ _____

Hint think of ~을 생각하다 | grandfather 할아버지

Tip

* argue 말다툼을 하다   * horror movie 공포영화
* alone 혼자서
* absentminded 멍한

ANSWER Sometimes I think of my grandfather.

Section 5

1

A How did you learn to cook?

B 때때로 엄마가 요리하는 걸 봐요. But usually I read a cook book.

⋯› **A** 어떻게 요리를 배웠나요?
B Sometimes I watch my mom cook. 하지만 대개는 요리책을 읽습니다.
∷ learn 배우다 | usually 대개는

2

A 저는 가끔 매우 우울해요.

B Have you gone to see a doctor?

⋯› **A** Sometimes I am very depressed. **B** 진찰 받은 적 있어?
∷ depressed 우울한 | go to see a doctor 진찰하러 가다

3

A 가끔 난 내가 바보 같아요.

B Don't take it seriously. Everybody feels the same way sometimes.

⋯› **A** Sometimes I feel like I am stupid.
B 너무 심각하게 받아 들이지 마. 때때로 모두가 같은 느낌을 가져.
∷ feel like ~인 것 같다 | stupid 바보 같은 | seriously 심각하게

Talk Talk 튀는 English

Couldn't be better.
더할 나위 없이 좋군요.

How are you?라는 질문에 아직도 Fine thank you, and you?에서 벗
어나지 못한 사람 많지요? 이런 대답은 어떨까요? Couldn't be better.

Once you take the Ace, you win the game.

일단 에이스만 가지면 너는 게임에서 이겨.

Point Tip

once + 절 : 일단 ~하기만 하면

once는 일반적으로 '한 번'이라는 의미로 횟수를 표현하기도 하지만, once 뒤에 주어와 동사가 올 때는 '일단 ~라면'이라는 전혀 다른 의미로 사용할 수 있다. 이 점에 유의하여 문장을 만들어본다.

BASIC EXERCISE

- Once you get this key, you can open every door.
  일단 네가 이 열쇠를 가지면, 너는 모든 문을 열 수가 있단다.

- Once you mix yellow and blue, they become green.
  일단 노랑과 파랑을 섞으면, 초록이 되죠.

- Once you pass the entrance exam, you can have lots of time to hang out.
  일단 입학시험만 통과하면, 너는 놀 수 있는 많은 시간이 생겨.

- Once they come to a party, rooms become messy.
  일단 그들이 파티에 오기만 하면, 방은 어지러워져요.

QUIZ

일단 비자만 받으면, 당신은 어느 때라도 이 나라에 들어올 수 있습니다.

⇨ _____

Hint visa 비자 | come into 들어오다 | any time 어느 때라도

Tip

- mix 섞다
- hang out 놀다
- messy 지저분한
- the entrance exam 입학시험
- become ~이 되다

ANSWER Once you get the visa, you can come into this country any time.

LIVE TALKS – 뉘앙스 따라잡기

1

A How can I find Mr. Lee?

B Don't worry. 일단 그 사람을 보면, 알아볼 수 있어.

⋯→ **A** 어떻게 제가 이 씨를 찾죠? **B** 걱정 마, Once you see him, you can recognize him.
:: find 찾다 | worry 걱정하다 | recognize 알아채다

2

A 일단 경기에서 이기기만 하면, 너는 유명해져.

B It sounds good.

⋯→ **A** Once you win the race, you become famous. **B** 듣기 좋은데요.
:: race 경기 | famous 유명한 | sound ~로 들리다

3

A When do I put in the noodles?

B 일단 물이 끓기 시작하면, 면을 넣으세요.

⋯→ **A** 언제 면을 넣죠? **B** Once the water starts boiling, put the noodles in.
:: noodle 면 | start 시작하다 | boil 끓다

 That's a steal!
거저나 마찬가지구나.

미국은 Thanksgiving Day(추수감사절)이나 Christmas(크리스마스) 시즌에 엄청난 빅 세일을 합니다. 이때 정말 싼 물건을 하나 구입했을 때, 미국 친구들은 이렇게 표현할 겁니다. That's a steal!

PATTERN 117

It is usually very cold here.

여기는 평소에 굉장히 추워요.

Point Tip

usually : 대개는

'평소에', '대개는', 혹은 '보통은'이라는 의미로 사용할 수 있는 단어로, 반복적으로 일어나는 일을 표현할 때 사용할 수 있다. 따라서 습관이나 습성, 일상적인 일에 대해 이야기할 때 유용하게 쓸 수 있다.

BASIC EXERCISE

• She usually comes home early.
  그녀는 평소에 집에 일찍 와요.

• They don't usually get along with each other.
  그들은 평소에 서로 사이 좋게 지내지 않아요.

• This building is usually crowded at this time.
  이 건물은 이 시간에는 보통 매우 복잡하답니다.

• My dog doesn't usually bark at people.
  저의 강아지는 대개는 사람들에게 짖지 않습니다.

QUIZ

나는 보통 추수감사절에 엄마를 보러 와요.

⇨ _____

Hint Thanksgiving 추수감사절

Tip

* early 일찍
* get along with ~와 사이 좋게 지내다
* crowded 복잡한
* bark 짖다

ANSWER I usually come to see my mom on Thanksgiving.

Section 5

A What do you usually do on weekends?

B Well, 대개는 친구들과 놀아요.

> ⋯→ **A** 주말에 보통 뭐 하세요? **B** 글쎄요, I usually hang out with my friends.
> :: weekend 주말 | hang out 놀다

A 우리 아빠는 평소에 우리를 위해서 저녁을 하셔.

B Really? My dad doesn't.

> ⋯→ **A** My dad usually cooks dinner for us. **B** 정말? 우리 아빠는 안 해.
> :: cook 요리하다 | dinner 저녁

A 언니랑 나는 보통 함께 수영하러 가요.

B So do we.

> ⋯→ **A** My sister and I usually go swimming together. **B** 우리도 그래요.
> :: go swimming 수영하러 가다 | together 함께

Two sections to go!
두 섹션 남았어!

'해야 할 것이 얼마 남았다'라는 표현을 할 때 우리는 '얼마가 남았다'라고 표현을 하는데, 미국인들을 '가다'라는 의미의 동사 go를 사용해서 표현한답니다.

Actually, I don't like it.

사실 나는 그것을 좋아하지 않아.

Point Tip

actually : 사실은

대화나 문장을 처음 시작할 때 쓰는 표현 중에 하나로, '상대가 믿지 못할 수도 있지만'이라는 속뜻을 내포하고 있다. 일반적으로 우리나라 회화책에 많이 언급되지 않은 표현이지만 외국 생활에서 실제적으로 많이 듣게 되는 말이다.

BASIC
EXERCISE

- **Actually, he didn't tell her the truth.**
  사실 그는 그녀에게 진실을 말하지 않았어요.

- **Actually, we didn't go to Paris last winter.**
  사실 지난 겨울에 우리는 파리에 가지 않았어요.

- **Actually, he was not in a good mood.**
  사실 그가 오늘 기분이 별로 좋지 않아요.

- **Actually, they are not my neighbors.**
  사실 그들은 내 이웃들이 아닙니다.

QUIZ

사실 그 서류는 이미 삭제됐어요.

➡ _____

(Hint) file 서류 | delete 삭제하다 | already 이미

Tip

- tell the truth 진실을 말하다
- be in a good mood 기분이 좋은
- neighbor 이웃
- last winter 지난 겨울

(ANSWER) Actually, this file was deleted already.

1

A How was your exam?

B 사실 나 시험 안 쳤어. I was absent.

⋯▸ **A** 시험은 어땠어? **B** Actually, I didn't take that exam. 결석했어.
∷ exam 시험 | be absent 결석하다

2

A Who did you talk with over there?

B She is my boss. 사실 그녀와 이야기하고 싶지 않았어.

⋯▸ **A** 너 저기서 누구랑 이야기한 거니? **B** 사장님이야. Actually, I didn't want to talk to her.
∷ talk with ~와 이야기하다 | over there 저기 | boss 사장

3

A Did you make an appointment with your uncle?

B No. 사실은 우리 삼촌은 우리 프로젝트에는 적합하지 않아.

⋯▸ **A** 너의 삼촌과는 약속 정했니? **B** 아니. Actually, he is not appropriate for our project.
∷ make an appointment 약속을 정하다 | appropriate 적합한

We have a fifty-fifty chance.
우리에게는 가능성이 반반이에요.

어떤 일에 있어서 가능성이 50퍼센트 정도 있다라고 표현할 때 사용할
수 있는 구문입니다. 우리가 '가능성이 오십 대 오십이다'라고 표현하
는 것과 마찬가지고 영어로도 fifty-fifty라고 합니다.

It will never happen again.

그것은 다시는 일어나지 않을 겁니다.

Point Tip

never : 절대 ~아니다

어떤 일에 대한 매우 강한 부정을 나타낼 때 사용할 수 있는 단어이다. 일반적으로 쓰는 부정의 단어인 not보다 훨씬 강하며, 어떤 질문에 대한 강한 부정의 답변으로 단독으로 사용되기도 한다.

BASIC EXERCISE

• I will never ask you again.
   다시는 너에게 물어보지 않겠어.

• I have never heard of it.
   전혀 들어본 적이 없어요.

• You will never do this again.
   너는 다시는 이 일을 못 할 거다.

• He will never eavesdrop again.
   그가 도청하는 일은 다시는 없을 겁니다.

QUIZ

그들은 서로 싸워본 적이 전혀 없다.

⇨ _____

Hint fight 싸우다 | each other 서로

Tip

* happen 일어나다   * ask 묻다, 요청하다
* hear 듣다
* eavesdrop 도청하다
ANSWER They have never fought each other.

1

A How dare you forget my birthday again?

B I am sorry. 절대로 다시는 잊지 않을 게.

⋯▸ **A** 어떻게 내 생일을 또 잊어버릴 수가 있어? **B** 미안해. **I will never forget it again.**
∷ how dare 감히 무엇을 하다 | forget 잊다

2

A I am sorry I dropped your camera.

B Oh my! 지금부터는 너한테 어떤 것도 빌려주지 않을 거야.

⋯▸ **A** 미안해 내가 너의 카메라를 떨어뜨렸어. **B** 이런. **I will never lend you anything again.**
∷ drop down 떨어뜨리다 | lend 빌려주다 | anything 어떤 것도

3

A Do you keep in touch with Sarah? Did she say when she was coming?

B Yes. 그녀는 다시는 이 마을로 돌아오지 않는다고 했어.

⋯▸ **A** 새라와 연락하니? 그녀가 언제 돌아온다고 말했어?
B 응. **She said she's never coming back to this town.**
∷ keep in touch with ~와 연락하다 | town 마을

He ripped you off with a lemon.
그 사람이 너한테 고물차로 바가지 씌웠구나.

미국은 차가 없으면 생활 자체가 안 되는 곳이 많기 때문에 차에 대한
표현도 다양하답니다. 완전 고물차를 lemon이라고 합니다. 그런 차
를 사는 데 바가지 썼다는 뜻으로 rip off라는 표현을 쓰는군요.

263

I can hardly see it.

나는 그것을 거의 볼 수 없어요.

Point Tip

hardly : 거의 ~않는

단어 자체에 '거의 ~을 하지 않는다'는 부정의 의미를 갖고 있다. 따라서 부정의 문장을 만들 때 not나 혹은 no와 함께 써서 부정의 의미가 번복되는 이중 부정 문이 되지 않도록 신경 쓴다. 한국인이 자주 헷갈려 하는 표현이다.

BASIC
EXERCISE

- We hardly talk to each other.
  우리는 서로 거의 말을 하지 않습니다.

- She could hardly cook at all.
  그녀는 전혀 요리를 하지 못해요.

- I can hardly understand what she says.
  나는 그녀가 말하는 것을 거의 알아들을 수 없어요.

- My guide could hardly even speak my language.
  나의 가이드는 심지어 우리말을 거의 하지 못했어요.

QUIZ

이 음식은 우리 모두를 위해서 전혀 충분치 않아요.

⇨ _____

Hint food 음식 | enough 충분한

Tip

- each other 서로
- understand 이해하다
- language 언어

* at all 전혀

ANSWER This food is hardly enough for all of us.

1

A Have you seen Sam recently? He doesn't look good.

B 요즘 그는 스스로를 거의 돌보지 않아.

······▸ **A** 근래에 샘 본 적 있니? 그가 좋아 보이지 않더라.
B He hardly takes care of himself these days.
∷ recently 최근 | take care of 돌보다 | these days 요즘

2

A 나는 내 강아지를 거의 훈련시킬 수가 없어.

B You'd better ask James. He is used to training dogs.

······▸ **A** I can hardly train my dog. **B** 제임스한테 물어보는 게 좋겠어. 그는 강아지를 훈련시키는 데 익숙해.
∷ train 훈련시키다 | had better ~하는 것이 좋다

3

A 나는 매운 음식은 거의 먹지를 못해요. How about you?

B Oh, really? I love spicy food.

······▸ **A** I can hardly eat spicy food. 당신은 어때요? B 오, 그래요? 나는 매운 음식을 아주 좋아해요.
∷ eat 먹다 | spicy 매운

Hang in there!
버텨봐!

곤란한 일을 겪고 있는 친구에게 우리는 '잘 견뎌봐'라고 말해줍니다.
영어로는 '매달려봐!' 라는 의미로 hang in there!라고 표현한답니다.
뉘앙스는 통하지만 문장만 봐서는 뜻을 알기 힘들겠죠?

265

You look very happy.

너 아주 행복해 보여.

Point Tip

look + 형용사 : ~처럼 보이다

'~을 보다'라는 표현은 많이 알고 있으나 '~처럼 보이다'라는 표현은 쉽게 나오지 않는다. look은 '~처럼 보이다'라는 의미로 사용되며, 그 뒤에는 어떤 상태로 보이는지를 표현하는 형용사가 위치한다.

BASIC EXERCISE

- He doesn't look good today.
  그는 오늘 기분이 좋아 보이지 않아요.

- This meal looks very delicious.
  이 음식 아주 맛있어 보여요.

- They look very pale.
  그들은 매우 창백해 보여요.

- This picture looks very gloomy.
  이 그림은 매우 음울해 보여.

QUIZ

너 오늘 멋져 보여.

⇨ _____

Hint gorgeous 멋진 | today 오늘

Tip
- meal 음식
- pale 창백한
- gloomy 음울한

ANSWER You look gorgeous today.

- delicious 맛있는

A 너 매우 화나 보인다. What happened to you?

B Jeff hit me.

⋯→ **A** You look very upset. 무슨 일이야? **B** 제프가 절 때렸어요.
∷ upset 화난 | happen 일어나다 | hit 치다, 때리다

A I am making Chicken salad. Do you want some?

B Of course. 맛있어 보여.

⋯→ **A** 나 치킨 샐러드 만드는 중이야. 좀 먹을래? **B** 물론이지. It looks yummy.
∷ want 원하다 | yummy 맛 있는

A Did you see the table that my dad made?

B Yes, I did. 매우 멋져 보이던걸.

⋯→ **A** 너 우리 아빠가 만드신 탁자 봤어? **B** 응, 봤어. It looks nice.
∷ nice 매우 멋진

Play for a movie!
영화 내기해!

저녁내기, 술내기, 돈내기 등등 내기하는 거 좋아하나요? 미국인들은
내기하자고 할 때 play라는 단어를 이용해서 Play for a movie!와 같이
표현합니다.

It sounds great.

정말 좋은 거 같아.

Point Tip

it sounds : ~처럼 들리다, 느껴지다, 생각되다

상대방이 말한 것에 대한 나의 의견을 이야기할 때 쓰는 표현이다. 기본적으로
'들리다'라는 의미를 갖지만, '느껴지다', 혹은 '생각되다'라는 뜻으로 해석할 수
있다. [It sounds + 형용사], [It sounds like + 명사] 임을 알아두자.

BASIC
EXERCISE

- It sounds stupid.
  바보같이 들려요.

- It sounds perfect for him.
  그에게는 완벽한 거 같아요.

- It doesn't sound right.
  맞는 거 같지 않은데요.

- It sounds like a bear.
  곰 소리 같아요.

QUIZ

끔찍한 거 같아.

⇨ _____

Hint terrible 끔찍한

Tip

* great 굉장한, 훌륭한
* perfect 완벽한
* bear 곰
* stupid 어리석은
* right 맞은

ANSWER It sounds terrible.

LIVE TALKS – 뉘앙스 따라잡기

1

A I made up my mind to change schools.

B 그거 좋은 생각이야.

> ···→ A 나 학교를 바꾸기로 결심했어. B It sounds good.
> :: make up one's mind 결심하다 | change 바꾸다

2

A I want to go home right now.

B 네가 매우 피곤한가 보구나.

> ···→ A 나 지금 당장 집에 가고 싶어. B It sounds like you are very tired.
> :: right now 지금 당장 | tired 피곤한

3

A Sue spilled her milk on her skirt today.

B I heard that. 재미있는 거 같아.

> ···→ A 수가 오늘 우유를 그녀의 치마 위에 엎질렀어. B 들었어. It sounds funny.
> :: spilled 엎질렀다 | funny 웃긴

 ## He looks familiar!
그를 어디서 본 거 같아.

누군가 혹은 무엇인가가 어디선가 한 번 만난 적이 있는 것처럼 기억
이 가물거릴 때 할 수 있는 표현이랍니다. 속칭 작업남, 작업녀가 이
성에게 접근할 때 잘 쓰는 말이기도 하지요?

It costs 100 dollars.

100달러 입니다.

Point Tip

it costs : 비용이 ~이다

어떤 물건의 가격이나 비용이 얼마가 든다는 말을 해야 할 때 사용할 수 있는 표현이다. 일반적으로 cost 뒤에 비용이 든 당사자가 오거나, 액수가 위치하게 된다. 자주 사용하는 표현이니 익숙해지도록 연습한다.

BASIC EXERCISE

- **It costs me lots of time.**
  많은 시간이 들어요.

- **It will cost you an arm and a leg.**
  돈이 엄청 많이 들 거야.

- **It costs 50 dollars to fix my car.**
  내 차를 고치는 데 50불이 들었어.

- **How much does it cost?**
  비용이 얼마죠?

QUIZ

이 다이아몬드 반지가 100불이에요.

⇨ _____

Hint diamond ring 다이아몬드 반지

Tip

- cost (비용, 대가 등이 얼마) 들다
- an arm and a leg 많은 돈
- fix 고치다

ANSWER It costs 100 dollars for this diamond ring.

1

A I need to repair this guitar, but I can't afford it now.

B 대략 50불은 들 텐데.

> ⋯▸ **A** 이 기타를 고쳐야 하는데, 지금은 여유가 없어. **B** It costs around 50 dollars.
> :: repair 수리하다 | afford ~할 여유가 있다

2

A 이 센터를 설립하는 데 5,000달러가 들었어요.

B Wow. It's amazing.

> ⋯▸ **A** It cost five grand for establishing this center. **B** 와우. 대단한데요.
> :: grand 천 | establish 설립하다 | amazing 대단한

3

A I rebuilt my house last summer. 지난 여름에 집을 다시 지었어.

B 비용이 얼마나 들었어?

> ⋯▸ **A** 지난 여름에 집을 다시 지었어. **B** How much did it cost?
> :: rebuild 다시 짓다 | last summer 지난 여름

 ## He pulled that again.
그가 또 꾀를 부렸어.

누군가가 잔꾀를 부려 상황을 빠져나가려 할 때 우리는 '잔머리를 굴린
다'라고 합니다. 영어에서는 뭔가를 끌어낸다는 슬랭을 쓰는군요.

271

It tastes like strawberry.

딸기 같은 맛이 나요.

Point Tip

it tastes : 맛이 ~하다

어떤 맛이 나는지 그 맛에 대해 표현하는 것이다. 직접적으로 '어떤 맛이 난다'라고 할 경우 [It tastes + 형용사]를 사용하고, '어떤 음식과 같은 맛이 난다'라고 할 경우는 [It tastes like + 명사] 형태를 쓴다.

BASIC
EXERCISE

• **It tastes bitter.**
맛이 써요.

• **It tastes creamy.**
크림 같은 맛이에요.

• **It tastes muddy.**
맛이 질퍽해요.

• **How does it taste?**
맛이 어떤가요?

QUIZ

닭 같은 맛이 나요.

⇨ _____

Hint like ~같은 | chicken 닭

Tip

* taste (음식을) 맛보다, ~한 맛이 나다   * bitter 쓴
* creamy 크림 같은
* muddy 질퍽한, 진흙 같은

ANSWER It tastes like chicken.

1

A Do you like my pie?

B Yes. 맛있어요.

⋯→ **A** 내 파이 좋아요? **B** 네. It tastes delicious.
⠶ pie 파이 | delicious 맛 있는

2

A How do you like your sushi?

B 너무 짜요.

⋯→ **A** 스시 어때요? **B** It tastes too salty.
⠶ sushi 스시 | too 너무 | salty 짠

3

A I love this chocolate cake.

B I love it, too. 꼭 천국 같은 맛이야.

⋯→ **A** 나는 이 초콜릿 케이크가 아주 좋아요. **B** 나도 그래. It tastes like heaven.
⠶ chocolate cake 초콜릿 케이크 | heaven 하늘, 천국

I feel as if my heart would break.
가슴이 터질 것 같아.

예상치 못한 일을 당하거나 볼 때 '심장이 멎는 듯하다' 혹은 '심장이 터질 것 같다' 라고 표현하지요. 영어도 우리말처럼, my heart would break라고 표현한답니다.

It smells like fish.

비린내가 나요.

Point Tip

it smells : ~한 냄새가 나다

어떤 냄새가 나는지 그 냄새에 대해 표현하는 것이다. 직접적으로 어떤 냄새인지를 표현할 경우 [It + 형용사]를 사용하고, '무엇과 같은 냄새가 난다'라고 할 경우에는 [It smells like + 명사] 형태를 쓴다.

BASIC
EXERCISE

- **It smells like a new car.**
  새 차 같은 냄새가 나요.

- **Something smells delicious.**
  뭔가 맛있는 냄새가 나요.

- **It smells like Indian food.**
  인디언 요리 냄새가 나요.

- **It smells funny in here. What is that?**
  여기 웃긴 냄새가 나는데. 뭐죠?

QUIZ

여기 안에서 담배 냄새가 나요.

⇨ _____

Hint like ~같은 | smoke 담배

Tip

* smell 냄새 맡다, 냄새가 나다
* delicious 맛 있는
* funny 웃긴

* something 무언가

ANSWER It smells like smoke in here.

Section 5

A Dinner is almost ready.

B 냄새가 정말 좋군요.

> ⋯ **A** 저녁이 거의 다 됐어요. **B** It smells very good.
> ∷ almost 거의 | ready 준비된

A 뭔가 의심스러운 냄새가 나는데.

B I agree. Something's not quite right.

> ⋯ **A** Something smells fishy. **B** 맞아. 뭔가 꽤 옳지 않은 거 같은데.
> ∷ fishy 의심스러운 | agree 동의하다 | quite 꽤

A The flowers are so pretty.

B And 냄새도 너무 좋아요.

> ⋯ **A** 꽃들이 너무 예뻐요. **B** 그리고 they smell nice, too.
> ∷ flower 꽃 | so 매우 | pretty 예쁜

What price range do you have in mind?
어떤 가격대를 생각하고 계신가요?

Thanksgiving 등의 쇼핑 시즌에는 전자제품처럼 큼직한 물건에 대해
미국도 한국처럼 흥정의 기회가 있답니다. 그럴 때 들을 수 있는 표현
이지요.

275

Please watch your head.

머리 조심하세요.

please watch : ~을 조심하세요

상대방에게 주의를 기울일 것을 알리거나 부탁할 때 사용할 수 있는 표현이다.
please와 함께 사용하면 좀더 완곡한 표현이 된다. 지하철 안내 방송이나 계단
등에 발을 조심하라는 문구로 자주 사용된다.

BASIC
EXERCISE

- Please watch your hands. This is very dangerous.
  손 조심하세요. 이것은 매우 위험해요.

- Please watch your mouth.
  말조심해요.

- Please watch your baby's toys.
  당신 아기의 장난감을 조심하세요.

- Watch out!
  조심해!

QUIZ

뒤를 조심하세요.

⇨ _____

Hint back 등, 뒤

Tip

- watch 지켜보다, 주의하다
- mouth 입, 말
- toy 장난감

ANSWER Please watch your back.

- dangerous 위험한

A It is very dark inside.

B Yes. 발 조심해.

··· **A** 안이 너무 어두워. **B** 그래. Please watch your step.
:: dark 어둡다 | inside 안 | step 발걸음

A 이 도로에 차들 조심해요.

B They drive too fast.

··· **A** Please watch the cars on this road. **B** 차들이 너무 빨리 달려요.
:: road 도로 | drive 운전하다 | fast 빨리

A 눈 조심하세요. It is too bright.

B We need sunglasses.

··· **A** Please watch your eyes. 너무 밝아요. **B** 우리는 선글라스가 필요해요.
:: bright 밝은 | sunglasses 선글라스

Don't take it seriously.
그거 너무 심각하게 받아 들이지 마.

농담으로 던진 말인데 너무 진지하게 받아들이고 나름대로 상처 받는
사람들이 좀 있지요? 이런 사람들에게 하게 되는 영어 표현,
Don't take it seriously.

277

Be a good daughter.

착한 딸이 되어라.

Point Tip

be : ～이 되라 / ～해라

상대에게 무엇이 되어라, 또는 어떤 정신적, 혹은 물리적 상태가 되라고 표현할 때 쓰는 구문이다. be 동사 다음에는 명사나 형용사를 사용할 수 있다. 명령조로 들리지 않게 하려면 문장의 앞이나 뒤에 please를 넣으면 된다.

BASIC EXERCISE

- **Please be patient.**
  제발 인내심을 가져요.

- **Be a good cop, son.**
  아들아, 좋은 경찰이 되어라.

- **You must be smart with your money.**
  너는 돈을 쓰는 데에 현명해야 한다.

- **Be awake when I call tonight.**
  오늘 밤에 내가 전화할 때 깨어 있어라.

QUIZ

자신의 일에 행복해하세요.

⇨ _____

Hint happy 행복한 | work 일

Tip

- patient 인내심이 있는
- smart 똑똑한
- awake 깨어 있는
- cop 경찰

ANSWER Be happy in your work.

 1

A 변함없이 너의 공부에 충실해라.

B Yes, teacher.

⋯▸ **A** Be steadfast in your studies. **B** 네, 선생님.
∷ steadfast 확고한, 변함없는

2

A 조심해. The enemy is coming.

B Where do you think they will attack?

⋯▸ **A** Be on your toes. 적들이 올 거야. **B** 어디를 그들이 공격할 거라고 생각하십니까?
∷ enemy 적 | attack 공격하다

3

A 조신하게 굴어라.

B OK, mom.

⋯▸ **A** Be on your best behavior. **B** 알았어요, 엄마.
∷ best 가장 좋은 | behavior 행동

 It might be sour grapes.
그것은 오기일 거야.

어떤 오기나 괜한 고집을 부리는 사람들이 있지요? 흔히 '똥고집'이라고
하기도 하는데, 영어로는 그것을 sour grapes라고 표현한답니다.

This skirt is too short.

이 치마는 너무 짧아요.

Point Tip

too + 형용사 : 너무 ~하다

어떤 상태가 다소 지나치다는 점을 강조할 때 쓰는 표현이다. 이렇게 too를 넣어 지나침을 강조하면 부정적인 뉘앙스를 갖는다. 비슷한 의미이지만 긍정적인 뉘앙스를 갖는 표현으로는 [so + 형용사]를 사용할 수 있다.

BASIC EXERCISE

- **This movie is too violent.**
  이 영화는 너무 폭력적이야.

- **This tea is too hot. Don't drink it yet.**
  차가 너무 뜨겁습니다. 아직 마시지 마세요.

- **That's too bad.**
  그거 너무 안됐습니다.

- **This song is too long.**
  이 노래는 너무 길어.

QUIZ

이 파이는 너무 달아요.

⇨ _____

Hint pie 파이 | sweet 단

Tip

* violent 폭력적인
* bad 나쁜

* hot 뜨거운
* long 긴

ANSWER This pie is too sweet.

1

A Can you carry my back pack?

B Sure. Anyway, what's in it? 너무 무거워.

···→ **A** 내 배낭 좀 들어줄래? **B** 물론이지. 그런데 안에 뭐가 들었어? It's too heavy.
:: **carry** 들고 가다 | **anyway** 그런데, 그나저나 | **heavy** 무거운

2

A How do you like my chili?

B 너무 매워.

···→ **A** 내 칠리 어떠니? **B** It is too spicy.
:: **chili** 칠리 | **spicy** 매운

3

A 너는 너무 빨리 달려.

B Am I?

···→ **A** You are running too fast. **B** 내가?
:: **run** 달리다 | **fast** 빨리

It's the least I can do.
천만에요.

Thanks.에 대한 대답으로 Don't mention it.이나 You're welcome.과
함께 하나 더 익혀두세요. 자신이 할 수 있는 가장 최소한의 일이라는
겸손의 표현인, It's the least I can do.

Guess what?

있지……(상대의 주의를 끌기 위한 말)

Point Tip

guess what : ~을 짐작하다, ~을 알아맞히다

주로 '~을 짐작하다'나 '~을 알아맞히다'의 의미로 사용되지만, 구어에서는 화제를 돌리거나 상대의 주의를 끌기 위해서 'Guess what?'이라고 단독으로도 자주 사용한다. 이런 표현도 함께 익혀두자.

BASIC EXERCISE

• Guess what he did to me.
그가 나한테 뭘 했는지 알아맞혀봐.

• Can you guess what is in his wallet?
너 그의 지갑 안에 뭐가 들었는지 짐작할 수 있겠어?

• I can't guess what he wants me to do.
난 그가 내가 뭘 하길 바라는지 알 수가 없어.

• Can you guess what the next quiz is about?
너 다음 퀴즈가 무엇에 관한 건지 짐작할 수 있겠어?

QUIZ

아빠가 나에게 뭘 주셨는지 알아맞혀봐.

⇨ _____

Hint give 주다

Tip

* guess 짐작하다, 추측하다
* quiz 퀴즈
* about ~에 대해
ANSWER Guess what my dad gave me.

* wallet 지갑

A Did you go out with Ben last night?

B 있잖아! Finally, he proposed to me.

⋯→ **A** 어젯밤에 벤이랑 데이트 했어? **B** Guess what! 드디어 그가 나한테 청혼했어.
∷ go out 데이트하다 | **finally** 드디어 | **propose** 청혼하다

A 우리가 콘서트에서 뭘 봤는지 짐작할 수 있겠어?

B The concert. No?

⋯→ **A** Can you guess what we saw at the concert? **B** 콘서트. 아니야?
∷ see 보다 | **concert** 콘서트

A Sam, 내가 지금 뭘 가지고 있는지 알아맞혀봐.

B It seems you have something very good. What do you have?

⋯→ **A** 샘, guess what I have now. **B** 뭔가 매우 좋은걸 가지고 있는 거 같은데. 뭘 가지고 있는 거야?
∷ it seems ~인 것 같다 | **have** 가지다

My friend passed out.
내 친구가 기절했어.

영화나 드라마에서처럼 이성 앞에서 기절하는걸 한번쯤 상상해본 적
없나요? 영어로 '실신하다', '기절하다'라고 표현할 때 pass out라는 구
문을 쓴답니다.

283

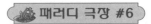

The Little Match-Seller

People just passed by the little girl.

The little girl, who was hungry and so tired, began chewing the gum.

But she couldn't put up with the hunger, and fell asleep.
And next day……

···▶ 해석과 해설은 442페이지에

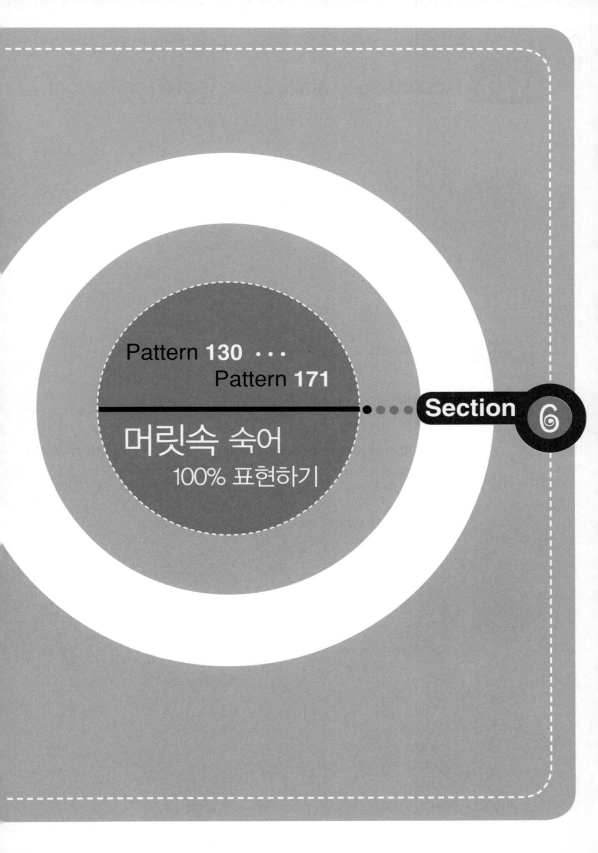

Pattern **130** ···
Pattern **171**

머릿속 숙어
100% 표현하기

Section 6

PATTERN 130　According to Julia, Sean is coming tonight.

줄리아에 따르면 션은 오늘 밤에 와요.

> **Point Tip** / **according to : ~에 따르면**
>
> 화자 본인의 의견이 아닌 남의 말이나 어떤 자료에서 온 정보를 상대에게 전달할 때 사용할 수 있는 구문으로 [according to] 다음에는 출처를 나타내는 명사의 형태가 따라온다.

BASIC EXERCISE

• According to a reliable source, we can get a raise.
  믿을 만한 소식에 의하면 월급 인상이 있을 거예요.

• According to a rumor, they already live together.
  소문에 의하면 그들은 이미 함께 살고 있대요.

• According to the instructions, this machine needs to two AAA batteries.
  설명서에 따르면 이 기계는 두 개의 AAA 배터리를 사용해야 해.

• According to what I heard, he quit his job again.
  내가 들은 바로는 그가 또 일을 관뒀대요.

이 서류에 따르면 그들은 한 번에 100명 이상을 죽였어요.

⇨ _____

Hint kill 죽이다 | over ~이상 | at a time 한 번에

Tip

• source 출처
• rumor 소문
• quit 그만두다
• a raise 월급 인상
• instructions 설명서

ANSWER According to this document, they killed over 100 people at a time.

Section 6

1

A Is it true that we don't need to attend the meeting tomorrow?

B Yes. 사장님이 말씀한 바에 따르면 그럴 필요 없어요.

⋯▸ **A** 내일 우리가 회의에 참석할 필요가 없다는 것이 사실인가요?
B 네. According to what the boss said, we don't need to.
∷ attend 참석하다 ǀ boss 사장

2

A 새로운 정책에 따르면, 어떤 때라도 유니폼을 입어야 해.

B Even at lunch time?

⋯▸ **A** According to the new policy, we have to wear uniforms at all times.
B 점심시간에도?
∷ policy 정책 ǀ at any time 어떤 때라도 ǀ even 심지어

3

A Plane tickets are too expensive.

B 여행사 직원에 의하면 성수기래.

⋯▸ **A** 비행기 표가 너무 비싸. **B** According to the travel agency, this is the high season.
∷ expensive 비싼 ǀ travel agency 여행사 직원 ǀ high season 성수기

She is the teacher's pet. ⋯⋯⋯⋯⋯⋯⋯⋯⋯⋯⋯⋯

그는 선생님의 귀염둥이지.

직역하면 '선생님의 애견'이라는 말이지만, 꼭 나쁜 뉘앙스만을 가진
것이 아니라 선생님으로부터 사랑을 받는 학생이라는 좋은 뜻도 가지
고 있답니다. 진짜 '골칫덩어리'는 teacher's pest라고 하지요.

PATTERN 131 I am willing to take care of your dog.

제가 기꺼이 당신의 강아지를 돌볼게요.

Point Tip / **be willing to** : 기꺼이 ~을 하다

어떤 어려운 상황 속에서도 '~을 주저하지 않고 거리낌없이 하다'라는 의미다.
일반적으로 상대방의 부탁에 대한 긍정적이고, 적극적인 답변으로 사용한다.
부탁을 들어줄 때 기왕이면 이렇게 적극적인 표현으로 응하는 것이 좋다.

 BASIC EXERCISE

- I am willing to go to the doctor with you.
  기꺼이 너랑 병원에 갈게.

- He was willing to lend me some money.
  그는 기꺼이 나에게 돈을 빌려주었다.

- It is very hard. Are you willing to do this?
  이거 매우 어려워. 기꺼이 할 수 있겠어?

- She is willing to delay applying to the university until next year.
  그녀는 기꺼이 대학 지원을 내년까지 미루었다.

 QUIZ

내일 밤 당신의 아기를 기꺼이 돌봐줄게요.

⇨ _____

Hint take care of ~돌보다 | tomorrow night 내일 밤

 Tip

- go to the doctor 진찰 받으러 가다
- delay 미루다
- until ~까지
- lend 빌려주다
- apply 응시하다

ANSWER I am willing to take care of your baby tomorrow night.

Section 6

1

A My car broke down again.

B Don't worry. 짐이 기꺼이 도와줄 거야.

> ⋯→ **A** 내 차가 또 고장 났어. **B** 걱정 마. Jim is willing to help you with your car.
> ∷ break down 고장이 나다 | worry 걱정하다

2

A Can you give me a ride tomorrow morning?

B I am sorry, I can't. Ask Dean for a ride. 그는 기꺼이 태워줄 거야.

> ⋯→ **A** 내일 아침에 나 좀 태워줄 수 있어?
> **B** 미안해, 난 안 돼. 딘에게 물어봐. He is willing to give you a ride.
> ∷ give a ride 태워주다

3

A Dr. Nelson, could you proofread my writing?

B Sure, 기꺼이 해주지.

> ⋯→ **A** 넬슨 박사님, 제 글을 교정해주실 수 있나요? **B** 물론이지. I am willing to do that.
> ∷ proofread 교정하다 | sure 물론

That's a shame!
유감스러워라!

'유감스럽다'하면 That's too bad! 정도 생각나지요? 'That's too bad!'
만큼 많이 쓰는 표현, That's a shame!도 기억해두세요. 이 문장은 수
치스럽다는 표현과는 전혀 상관없답니다.

289

I used to make pumpkin pie in October.

10월이면 호박파이를 만들곤 했죠.

ⓟoint Tip / **used to : ~을 하곤 했다**

어떤 일을 과거에 장기간, 또는 습관처럼 했었으나 현재는 더 이상 하고 있지 않음을 이야기할 때 쓰는 표현이다. 따라서 일반적인 과거 시제가 표현하는 의미와는 다르므로 이 점을 유의해야 한다.

BASIC EXERCISE

- He used to be the mayor of Chicago.
  그는 시카고의 시장이었었죠.

- She used to exercise after work.
  그녀는 일이 끝난 후에 운동을 했었어요.

- I used to take a walk with my husband in the morning.
  나는 남편과 아침에 산책하곤 했어요.

- My mom and dad used to travel by car.
  Now, they travel by train.
  엄마와 아빠는 자동차로 여행하곤 했죠. 지금은 기차로 여행하세요.

QUIZ

그녀는 뉴욕 양키스의 열성 팬이었지만 지금은 아니에요.

⇨ _____

Hint a big fan 열성 팬 | not any more 더 이상은 아닌

Tip

* mayor 시장   * after work 근무 후
* take a walk 산책하다
* travel 여행하다
ANSWER She used to be a big fan of the New York Yankees but not any more.

Section 6

1

A You look very healthy.

B Well, 난 하루 종일 TV만 보곤 했어. Now, I exercise daily instead of watching TV.

⋯▸ **A** 너 매우 건강해 보여.
B 음, I used to watch TV all day long. 지금은 TV 보는 거 대신에 매일 운동해.
∷ all day long 하루 종일 | exercise 운동하다 | instead of 대신에

2

A You seem to drink orange juice very often.

B Right. 난 맥주를 많이 마셨었어, but now I just drink orange juice.

⋯▸ **A** 너 오렌지주스 굉장히 자주 마시는 거 같아.
B 맞아. I used to drink a lot of beer 하지만 지금은 오렌지주스만 마셔.
∷ seem to ~인 것 같다 | often 자주 | a lot of 많이

3

A Would you like to have dinner at Olive Garden?

B No, I wouldn't. You see, 제가 거기서 일했었거든요.

⋯▸ **A** 올리브 가든에서 저녁 먹을까요? **B** 오, 아니요. 저, I used to work there.
∷ have dinner 저녁 먹다 | You see 저기요, 저

I kept dozing off.
나 계속 졸았어.

정말 지루한 회의 시간. 자신도 모르게 꾸벅꾸벅 졸아 민망한 적이 있지요? 그런 모습을 영어로 표현하면 I kept dozing off.랍니다.

PATTERN
133
It's time to go home.
집에 갈 시간이에요.

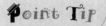 **it is time to** : ~할 시간이다, ~할 때이다

일상 대화에서 매우 자주 사용하지만 영어로 쉽게 나오지 않는 표현 중에 하나다.
'~을 할 시간이다'라는 때를 알려주는 표현으로 [It's time to] 다음에 동사 원형
을 넣어 '무엇을 해야 할 시간'인지 이야기할 수 있다.

 BASIC EXERCISE

- **It's time to tell you the secret.**
  너에게 비밀을 말해야 할 때구나.

- **It's time to make up my mind.**
  내 마음을 결정해야 할 시간이다.

- **It's time to renew my medical insurance.**
  의료보험을 갱신해야 할 시간이야.

- **It's finally time to ski.**
  드디어 스키를 탈 시간이다.

 QUIZ

서로 격려해야 할 때입니다.

⇨ _____

Hint cheer up 격려하다 | each other 서로

 Tip

- secret 비밀
- renew 갱신하다
- medical insurance 의료보험

- make up one's mind 결심하다

ANSWER It's time to cheer each other up.

Section 6

1

A Josh, 일어나야 할 시간이야.

B No, ten minutes more, mom.

⋯→ **A** 조쉬, it's time to get up. **B** 싫어요. 십 분만 더요, 엄마.
:: **get up** 일어나다 | **more** 더

2

A Housing prices are dropping rapidly these days.

B 집을 살 시기란 말씀인가요?

⋯→ **A** 집 값이 요즘 급속도로 떨어지고 있어. **B** Do you think it's time to buy a house?
:: **drop** 떨어지다 | **rapidly** 급속하게 | **these days** 요즘

3

A 버스를 타야 할 시간이다. Have a nice trip!

B Thank you, see you next month.

⋯→ **A** It's time to get on the bus. 여행 잘해! **B** 고마워요, 다음 달에 봐요.
:: **get on** (버스를) 타다 | **have a nice trip** 즐거운 여행 되세요

My mother hit the ceiling.
엄마가 노발대발하셨어.

화가 머리 끝까지 올라왔다는 표현 들어봤지요? 영어에서는 화가 천장을 칠 정도라는 의미인지 hit the ceiling이라는 표현을 사용하고 있답니다.

293

It takes one hour to get there.

거기에 도착하는 데 한 시간 걸려요.

> **Point Tip** / **it takes 시간 to** : ~하는 데 (시간)이 걸리다
>
> 어떤 일을 하는 데 소요 시간이 얼마만큼 걸린다는 것을 표현할 때 사용한다. 어떤 일을 하는지는 [to + 동사 원형]으로 나타낸다. 문장이 어려워 보이지만 이 패턴대로 시간과 행위만 잘 조합시키면 힘든 표현이 아니다.

 BASIC EXERCISE

· It takes two hours to finish the homework.
   숙제 마치는 데 2시간 걸려요.

· It took four months to get the visa.
   비자 받는 데 4개월 걸렸어요.

· It takes 2 hours to get to my home.
   우리 집까지 오는 데 2시간 걸려요.

· It takes 4 minutes to wrap it up.
   이것을 싸는 데 4분 걸려요.

 QUIZ

쿠키를 굽는 데 50초 걸려요.

⇨ _____

Hint seconds 초 | bake 굽다 | cookie 쿠키

 Tip

* finish 끝내다   * get 받다
* get to 도착하다
* wrap up 싸다
ANSWER It takes 50 seconds to bake cookies.

Section 6

1

A 공항까지 가는 데 3시간 걸려.

B Hurry. We are late.

⋯→ **A** It takes 3 hours to get to the airport. **B** 서둘러. 우리 늦었어.
:: get to ~에 도착하다 | hurry 서두르다 | late 늦은

2

A 이 집 전체를 청소하려면 얼마나 걸려요?

B At least 3 hours.

⋯→ **A** How long does it take to clean this whole house? **B** 적어도 3시간이요.
:: clean 청소하다 | whole 전체 | at least 적어도

3

A 이 학교의 입학 허가를 받는 데 약 1년 정도 걸려요.

B Wow, it is too long.

⋯→ **A** It takes around one year to get admitted to the school. **B** 와우, 너무 오래 걸려요.
:: around 대략 | get admitted 허락을 받다

I am a naturalized citizen.
저는 귀화한 시민이에요.

태어난 고국을 떠나 다른 나라로 이민을 가서 그 나라 시민으로 귀화
한 사람을 가리키는 표현입니다. 미국 시민권이 있는 한국 사람을 말
하지요.

It is difficult to walk on snow.

눈 위에서 걷는 것은 어려워요.

Point Tip / it is difficult to + 동사 원형 : ~을 하는 것은 어렵다

어떤 일이 어렵다는 것을 표현할 때 사용할 수 있는 구문으로 주로 물리적인 어려움을 나타낸다. 이 표현 역시 까다로워 보이지만 패턴에 익숙해지면 여러 상황을 대입하여 갖가지 어려움에 대해 이야기할 수 있다.

BASIC EXERCISE

• It is difficult to organize this big room alone.
　이 큰 방을 혼자서 정리하는 것은 어려워요.

• It is difficult to read this book to the end.
　이 책을 끝까지 읽는 것은 어렵습니다.

• It is difficult to handle this situation.
　이 상황을 다루기가 어려워요.

• It is difficult to find a person who can take over his work.
　그의 일을 인계 받을 수 있는 사람을 찾기가 어려워요.

QUIZ

쌍둥이들을 기르는 것은 어려워요.

➡ _____

Hint raise 기르다 | twins 쌍둥이

Tip

* organize 정리하다　　　　　　* alone 혼자서
* handle 다루다　　　　　　　* situation 상황
* take over 인계 받다

ANSWER It is difficult to raise twins.

1

A 이 요리법을 따라 하기가 어려워. It is confusing.

B Let me see.

> ···› **A** It is difficult to follow this recipe. 헷갈려. **B** 내가 좀 보자.
> **::** follow 따라가다 | recipe 요리법 | confusing 혼란 시키는

2

A 이 기계를 작동시키는 것이 어렵나요?

B No. It is very easy.

> ···› **A** Is it difficult to operate this machine? **B** 아니요. 매우 쉬워요.
> **::** operate 작동하다 | machine 기계

3

A 그녀와 이야기하는 것은 너무 어려워. Her English is not that good.

B I know. She just started learning English.

> ···› **A** It is difficult to talk to her. 그녀가 영어를 그렇게 잘하지 못해.
> **B** 알아. 그녀는 영어를 이제 막 배우기 시작했어.
> **::** start 시작하다 | learn 배우다

It is for the birds. ·······
이것은 너무 지루해.

어떤 일이나 사건 혹은 사물이 매우 지루하거나 시시하다고 할 때, 미
국인들은 그것이 새들을 위한 것이라고 빗대어 It's for the birds.라고
표현합니다.

It is not easy to read a book fast.

책을 빨리 읽기가 쉽지 않아요.

𝓟oint 𝓣ip | **it is not easy to** : ~하는 것이 쉽지 않다

어떤 일을 하는 것이 쉽지 않음을 이야기할 때 쓰는 표현으로 [It is difficult to]
와 같은 의미이다. [It is not easy to] 다음에는 어떤 일이 쉽지 않은지 그 일에
대한 내용을 동사의 원형으로 표현한다.

BASIC EXERCISE

· It is not easy to improve my English skills.
나의 영어 실력을 향상시키기가 쉽지 않아요.

· It is not easy to get up early in the morning.
아침 일찍 일어나는 것이 쉽지 않아요.

· It is not easy to negotiate with the manager for a raise.
월급 인상에 대해서 매니저와 협상하는 것은 쉽지 않아요.

· It is not easy to solve this question.
이 문제를 푸는 것은 쉽지 않아요.

QUIZ

이 기계를 조종하는 것은 쉽지 않아요.

⇨ _____

Hint operate 조종하다 | machine 기계

Tip

· improve 향상시키다   · skill 실력
· get up 일어나다   · negotiate 협상하다
· solve 풀다

ANSWER It's not easy to operate this machine.

Section 6

1

A Can you open this jar? 열기가 쉽지 않아.

B You'd better use an opener.

⋯→ **A** 이 유리병을 열 수 있어? It's not easy to open it. **B** 오프너를 사용하는 게 좋겠다.
:: jar 입구 넓은 유리병 | had better ~하는 게 더 낫다

2

A I failed the driving test again.

B I am sorry. 운전면허 따는 것이 쉽지 않지.

⋯→ **A** 운전 시험에 또 떨어졌어. **B** 안됐구나. It's not easy to get a driver's license.
:: fail 실패하다 | driver's license 운전 면허

3

A He is driving me crazy.

B I know. 그 사람이랑 잘 지내는 것이 쉽지는 않지.

⋯→ **A** 그 사람이 날 미치게 해. **B** 알아. It's not easy to get along with him.
:: drive somebody crazy ~를 미치게 하다 | get along with ~와 잘 지내다

I am all ears. Go ahead!
나 열심히 듣고 있어. 어서 말해!

'어떤 이야기에 대해 아주 열심히 듣고 있다'라고 할 때 all ears라는 표현을 씁니다. 우리말에도 '귀를 쫑긋 세우고 듣다'라는 표현이 있지요? 비슷한 어감이랍니다.

PATTERN 137

I am about to leave.

지금 막 떠나려던 참이었어요.

Ꮲₒᵢₙₜ Ṫᵢₚ / **be about to + 동사 원형** : 막 ~하려고 하다

현재 진행형이 가까운 미래를 나타내는 것처럼, [be about to + 동사 원형] 또한 바로 코앞에 닥친 매우 가까운 미래를 나타낸다. 이것 역시 쉽게 말하게 되지 않는 표현이므로 익숙해지도록 연습한다.

BASIC EXERCISE

- **The show is about to begin.**
  쇼가 지금 막 시작하려고 해.

- **They are about to take an oral exam.**
  그들은 곧 구두 시험을 칠 거야.

- **Sean is about to go shopping.**
  션은 막 쇼핑하러 가려던 참이야.

- **Jenny was about to make a decision about it.**
  제니가 그것에 대해 결정하려던 참이었지.

우리 막 우리의 결혼 기념일을 축하할 참이야.

⇨ _____

Hint celebrate 축하하다 | wedding anniversary 결혼 기념일

Tip

- begin 시작하다
- oral test 구두 시험
- go shopping 쇼핑하다
- make a decision 결정하다

ANSWER We are about to celebrate our wedding anniversary.

Section 6

1

A Do you have a minute, Jean?

B I am sorry. 지금 막 점심 먹으러 나가려던 참이야.

···▸ **A** 시간 좀 있니, 진? **B** 미안해. I am about to go out for lunch.
:: have a minute 시간이 있다 | go out for lunch 점심 먹으러 나가다

2

A Don't you need to take the pie out of the oven?

B Yes. It's time to take it out. 막 그러려던 참이야.

···▸ **A** 오븐에서 파이를 꺼내야 하지 않니? **B** 응. 꺼낼 시간이지. I am about to do it.
:: need to ~해야만 한다 | it's time to ~할 시간이다

3

A Did you find a house to stay in?

B Not yet. 엄마한테 한동안 엄마 집에서 머물게 해달라고 부탁하려던 참이었어.

···▸ **A** 네가 머물 집을 구했니?
B 아니, 아직. I am about to ask my mom to stay at her house for a while.
:: find a house 집을 구하다 | stay 머물다 | for a while 한동안

She gave me a cold shoulder. ··············
그녀가 나를 외면했어.

아는 사람이나 혹은 친구가 모른 척해서 속상하고 민망한 적 있었죠?
이럴 때 미국인들이 사용하는 말로 '차가운 어깨를 주다'라는 표현이
있군요.

301

PATTERN 138

Be sure to close the door.

꼭 창문 닫아라.

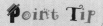 **be sure to + 동사 원형 : ~이 확실하다, 반드시 ~하다**

어떤 일에 대한 화자의 확신을 표현할 때 쓰는 구문이다. 주어 없이 [Be sure to + 동사 원형]을 써서 '꼭 무엇을 하라'는 당부의 의미가 될 경우 [Make sure]와 유사한 표현이다.

 BASIC EXERCISE

· I'll be sure to e-mail my answer to you.
  내가 답변을 너에게 전자우편으로 꼭 보낼게.

· Be sure to turn off the light before you go to sleep.
  자러 가기 전에 꼭 불을 꺼라.

· Be sure to be on time for your appointment.
  약속 시간을 꼭 지켜라.

· She is sure to accept his proposal.
  그녀는 그의 청혼을 반드시 받아들일 거야.

 QUIZ

반드시 이 경기를 이길 겁니다.

⇨ _____

Hint win a game 경기를 이기다

 Tip

· turn off 끄다　　　　　　　· go to sleep 잠을 자다
· on time 제 시간에　　　　　· appointment 약속
· accept 받아들이다

ANSWER I am sure to win this game.

Section 6

1

A Do you think this is the correct answer for this question?

B 잘 모르겠어.

⋯▸ **A** 이것이 이 문제의 정답인 거 같아? **B** I am not sure.
:: correct 올바른 | answer 답

2

A What if Sean is angry with me?

B Don't worry. 너한테 반드시 미소 지어 줄 거야.

⋯▸ **A** 션이 나한테 화내면 어쩌지? **B** 걱정 마. He is sure to smile at you.
:: what if~? 만약 ～하면 어쩌지? | worry 걱정하다

3

A Do you know how many jobs Sue has now? She works very hard.

B I know. 그녀는 꼭 성공할거야.

⋯▸ **A** 너 수가 지금 일이 몇 개인지 알아? 매우 열심히 일해. **B** 알아. She is sure to succeed.
:: how many 몇 개 | job 일 | hard 열심히

You took the words right out of my mouth.
내 말이 바로 그 말이야.

상대가 내가 뭘 말하는지 바로 알아차릴 때, 혹은 하고 싶은 말을 상대가 먼저 했을 때 '내 말이 그 말이야'라는 표현을 씁니다. 영어로는 You took the words right out of my mouth.라고 하는군요.

PATTERN 139

I am ready to go.

전 갈 준비가 됐어요.

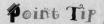 **be ready to / for : ~할 준비가 되다**

[be ready to + 동사 원형]이나, [be ready for + 명사]를 써서 '~를 할 준비가
되어 있다'라는 표현을 만들 수 있다. to와 for 뒤에 오는 말의 품사를 정확하게
숙지하여 헷갈리지 않도록 한다.

 BASIC EXERCISE

· My babies are ready to go to bed.
  내 아기들은 잘 준비가 됐어요.

· They are ready for the job interview.
  그들은 인터뷰 준비가 됐어요.

· She is ready for the Halloween party.
  그녀는 핼로윈 파티 준비가 됐어요.

· We are ready to move into the new house we bought.
  우리는 우리가 산 새 집으로 이사 갈 준비가 됐어요.

모든 회원들이 체리를 딸 준비가 됐어요.

⇨ _____

Hint members 회원들 | pick 따다

 Tip

· go to bed 자러 가다, 자다　　　　· interview 인터뷰
· Halloween party 핼로윈 파티
· move 이사하다

ANSWER All of the members are ready to pick the cherries.

304 Section 6 머릿속 숙어 100% 표현하기

1

A Hey, boys. 교회 갈 준비됐니?

B Yes, mom. We are ready.

> ⋯▸ **A** 얘들아, Are you ready to go to church? **B** 네, 엄마. 준비됐어요.
> ∷ go to church 교회에 가다

2

A Rachel, 너 노래 부르기 대회 준비됐어?

B No. I am very nervous.

> ⋯▸ **A** 레이첼, are you ready for the singing contest? **B** 아니. 나 너무 떨려.
> ∷ singing contest 노래 부르기 대회 | nervous 긴장한

3

A 그들이 가게를 열 준비가 됐어?

B I think so. I am very excited to see it.

> ⋯▸ **A** Are they ready to open their shop? **B** 그런 거 같아. 빨리 보고 싶어.
> ∷ open 열다 | shop 가게 | excited 흥분한

You wanna bet!
내기 할래!

친구들끼리 뭔가를 가지고 티격태격합니다. 한 친구가 '너 내기 할래? 누가 맞는지?'라고 말하는 거 많이 들었지요? 이때 하는 표현이 You wanna bet!랍니다.

I am going to tell you.

너에게 말해줄게.

P₀int Tip | **be going to + 동사 원형 : ~할 것이다, ~하려 하다**

가까운 미래에 일어날 일, 즉 일어날 것이 거의 확실시 되는 일에 대한 표현을 할 때 사용하는 구문이다. 가까운 미래를 나타내는 표현에는 여러 가지가 있지만 조금씩 뉘앙스가 다르고 쓰임이 다르므로 잘 익혀두자.

BASIC EXERCISE

- I am going to show my new house.
  내 새 집을 보여줄게.

- He is going to call you tonight.
  그가 오늘 저녁에 너한테 전화할 거야.

- They are going to graduate this month.
  이번 달에 그들이 졸업합니다.

- Are you going to pack your books?
  책을 쌀 거니?

QUIZ

나는 이 돈을 너와 나누려고 해.

⇨ _____

Hint share 나누다 | with ~와 함께

Tip
- show 보여주다
- this month 이번 달
- pack 포장하다, 싸다
- graduate 졸업하다

ANSWER I am going to share this money with you.

1

A June, 이번 주말에 뭐 할 거니?

B I don't have any plans yet.

⋯→ **A** 준, what are you going to do this weekend? **B** 아직 아무런 계획이 없어.

∷ weekend 주말 | plan 계획 | yet 아직

2

A 한 박스를 더 살 거야?

B Yes. Sue asked me to buy one for her.

⋯→ **A** Are you going to buy another box? **B** 응. 수가 한 박스 사달라고 부탁했어.

∷ another 또 하나

3

A 내일 하루 종일 TV만 볼 거야.

B I don't think your mom lets you do that.

⋯→ **A** I am going to watch TV all day tomorrow.
B 너의 엄마가 네가 그렇게 하도록 내버려두시지 않을 거 같은데.

∷ watch TV TV를 보다 | all day 하루 종일 | let ~하도록 두다

I am in a bad mood today. ⋯⋯⋯⋯
나 오늘 기분 별로야.

기분이 썩 좋지 않을 때, I am in a bad mood today.라고 표현한답니다. 우리가 로맨틱하게 사용하는 단어 mood가 단순히 기분이라는 의미로 사용한다는 것이 흥미롭죠?

PATTERN 141

He is interested in you.

그 사람이 당신한테 관심 있어요.

Point Tip | **be interested in** : ~에 관심이 있다

어떤 일이나 사물에 관심이나 흥미가 있음을 표현할 때 일상 회화에서 자주 사용하는 숙어 표현이다. [be interested in] 다음에는 명사나 동명사(동사 + -ing) 형태를 사용한다.

BASIC EXERCISE

• I am interested in science.
　저는 과학에 관심이 있어요.

• We are not interested in Halloween parties.
　우리는 핼로윈 파티에 흥미 없어요.

• We are interested in volunteer jobs.
　우리는 자원봉사 일에 관심 있어요.

• Are you interested in working for Mr. Nelson?
　너 넬슨 씨와 일하는 거 관심 있어?

QUIZ

그는 영화 만드는 것에 관심이 있어요.

⇨ _____

Hint　making movies 영화를 만들기

Tip
　• be interested in ~에 관심이 있다　　• science 과학
　• Halloween parties 핼로윈 파티
　• volunteer jobs 자원봉사 일
　ANSWER He is interested in making movies.

Section 6

1

A Sam, 너 아직 도서관에서 일하는 거 관심 있어?

B Sure. Are they hiring now?

⋯▸ **A** 샘, are you still interested in working at the library? **B** 물론이지. 지금 직원을 구하니?

∷ still 여전히 | library 도서관 | hire 직원을 채용하다

2

A 나는 요리하는 데 흥미가 있어. What about you?

B Actually, I am not. I am not good at it.

⋯▸ **A** I am interested in cooking. 너는 어때? **B** 사실 나는 아니야. 나는 요리에는 소질이 없어.

∷ cooking 요리하기 | actually 사실 | be good at ~을 잘하다

3

A Look at his pictures! They are great.

B Yes, 그는 그림 그리는 데 관심 있어 해.

⋯▸ **A** 그의 그림들을 좀 봐. 너무 멋져. **B** 맞아, he is interested in drawing pictures.

∷ picture 그림 | great 멋진 | drawing pictures 그림 그리기

I don't want to offend you.
너를 기분 상하게 하고 싶지 않아.

미국인들은 상대방의 기분을 상하게 하는 것 또한 상대방을 공격하는 일 중에 하나로 받아들이는 것 같습니다. 비슷한 의미로 I don't want to hurt your feeling.라는 표현도 자주 쓴답니다.

309

I am accustomed to this elevator.

나는 이 엘리베이터에 익숙해요.

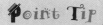 **be accustomed to + 명사 : ~에 익숙하다**

어떤 일이나 사물에 대한 익숙함을 표현할 때 사용할 수 있는 구문으로, [be familiar with]와 유사한 의미다. [be accustomed to] 뒤에 무엇에 익숙해지는 지를 가리키는 명사형을 넣는 것에 유의한다.

 BASIC EXERCISE

- I am accustomed to this environment.
  이 환경에 저는 익숙해요.

- He is not accustomed to his friend's behavior.
  그는 그의 친구의 행동에 익숙하지 않아요.

- I was not accustomed to that procedure.
  나는 그 절차에 대해 익숙하지 않았어요.

- We are accustomed to posing for photos.
  우리는 사진을 위한 포즈를 잡는 데 익숙해요.

 나는 어린 아이들과 함께 있는 데 익숙해요.

⇨ _____

Hint with ~와 함께 | children 아이들

 Tip

* environment 환경   * behavior 행동
* procedure 절차
* pose 포즈를 잡다

ANSWER I am accustomed to being with little children.

1

A How do you like your dinner?

B Well, 솔직히 나는 더 맛있는 스시에 익숙해.

····→ **A** 저녁 맛이 있어? **B** 글쎄, honestly I am accustomed to better sushi.
∷ honestly 솔직하게 | sushi 스시

2

A I am very nervous. Nobody smiles in this room.

B You will be fine soon. 나는 지금은 이 분위기에 익숙해.

····→ **A** 나 너무 긴장 돼. 이 방에서 아무도 웃지 않아.
B 너 곧 괜찮아질 거야. I am accustomed to this mood now.
∷ nervous 긴장한 | nobody 아무도 아니다 | mood 분위기

3

A 너는 이 일에 적응해야 해. Isn't this what we're used to?

B You're right. I should be better at this.

····→ **A** You should be accustomed to this work. 이거 우리가 하던 일 아니니?
B 맞아. 나는 이것을 더 잘해야 해.
∷ should ~해야만 하다 | used to ~하곤 하다

Chances are slim. ·······················
가능성이 희박해요.

'어떤 일의 가능성이 거의 없다'라는 표현입니다. 영어로 '날씬한'이라
는 의미의 slim이 사용된 것을 기억하세요. 표현 그대로 기회가 날씬
하단 말이지요, 즉 기회가 거의 없다는 것을 의미합니다.

PATTERN 143

He seems (to be) sad.

그가 슬픈 거 같아.

♟oint Tip / **seem to :** ~처럼 보이다, ~처럼 생각이 되다

보통 화자의 주관적인 생각이나 의견을 말할 때 사용한다. 따라서 화자의 의견
이 사실과 다를 수도 있다. 대화를 나눌 때 자신의 생각을 피력해야 할 경우가
많은데, 그럴 때 유용하게 사용할 수 있는 표현이다.

BASIC EXERCISE

· It seems awful.
   그거 정말 좋지 않은 거 같아요.

· Jim seems to be interested in this project.
   짐이 이 프로젝트에 관심 있는 것 같아요.

· Jackson seems to be lying to his mom.
   잭슨은 그의 엄마에게 거짓말을 하는 거 같아요.

· She doesn't seem to want to leave early.
   그녀는 일찍 떠나고 싶어하는 거 같지 않아요.

QUIZ

그들은 그들의 상관을 지지하고 싶어하는 것 같았어요.

⇨ _____

Hint support 지지하다 | boss 상관

Tip

* awful 매우 좋지 않은   * be interested in ~에 관심이 있다
* lie 거짓말을 하다
* leave 떠나다
ANSWER They seemed to support their boss.

Section 6

1

A How is your dad? I heard he is very upset because you were late last night.

B 나를 피하시는 것 같아.

⋯▸ **A** 아빠는 어떠셔? 어젯밤에 네가 너무 늦어서 아빠가 많이 화났다고 들었는데.
B He seems to be avoiding me.
∷ upset 화가 난 | be late 늦은 | avoid 피하다

2

A 그녀는 그녀의 일에 대해서 걱정하는 거 같아.

B Perhaps she just needs more time to fit in.

⋯▸ **A** She seems to be apprehensive about her job.
B 아마도 그녀가 거기에 적응하려면 좀더 시간이 필요할 거야.
∷ apprehensive 우려하는 | perhaps 아마도 | fit 맞다

3

A Did you see Ms. Pollar today? She looks very happy.

B Yes, I did. She came back from her trip this morning. 매우 즐거웠나 봐.

⋯▸ **A** 오늘 폴라양 봤어? 매우 행복해 보이더라.
B 응, 봤어. 그녀는 오늘 아침에 여행에서 돌아왔어. She seems to have had a good time.
∷ come back from ~로부터 돌아오다 | have a good time 즐거운 시간을 가지다

He went too far!
그가 너무 지나쳤어!

누군가가 도를 넘어 지나치게 어떤 행동을 할 때 '너무했어'라고 말합니다. 미국인들 또한 '너무 멀리 갔다'라는 표현으로 He went too far! 이라고 하는군요.

313

PATTERN 144

Feel free to have these cookies.

마음껏 쿠키를 드세요.

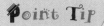

BASIC EXERCISE

· Feel free to call me.
　　언제든 전화하세요.

· Feel free to ask me if you have any questions.
　　질문이 있으면 언제든 저에게 물어주세요.

· Please feel free to stay at my apartment.
　　마음껏 내 아파트에서 머무르세요.

· Feel free to come over to my house.
　　언제든 저의 집에 오세요.

QUIZ

문제가 있으면 언제든 내 사무실로 들러주세요.

⇨ _____

Hint drop by 들르다 | office 사무실 | problem 문제

Tip

· feel ~한 느낌이 들다　　　　　　　　· stay 머무르다
· apartment 아파트
· cell phone 휴대폰

ANSWER Feel free to drop by my office if you have any problems.

Section 6

1

A Your house is very clean.

B Thank you. 마음껏 둘러보세요.

⋯› **A** 당신 집이 매우 깨끗하네요. **B** 고맙습니다. Feel free to look around.
∷ clean 깨끗한 | look around 둘러 보다

2

A I need to finish this project by tomorrow.

B Really? 그것을 끝낼 때까지 마음껏 내 컴퓨터 쓰렴.

⋯› **A** 내일까지 이 프로젝트를 끝내야 해.
B 그래? Feel free to use my computer until you finish it.
∷ finish 끝내다 | by ~까지 | until ~까지

3

A Where is the parking lot?

B You can park your car in my garage. 마음껏 내 차고를 이용하세요.

⋯› **A** 주차장이 어딘가요? **B** 내 차고에 주차해도 돼요. Feel free to use my garage.
∷ parking lot 주차장 | garage 차고

I feel lazy today.
오늘 나른해.

점심만 먹으면 몸이 노곤해지면서 나른함을 많이 느끼지요? 영어에서
는 이렇게 '나른함을 느끼다'는 표현을 '게을러지다'라고 말하는군요.

315

You need to go right now.

너는 지금 당장 가야 해.

Ｐｏｉｎｔ Ｔｉｐ / **need to + 동사 원형 : ~을 할 필요가 있다, ~을 해야만 한다**

어떤 일의 필요성을 말할 때 유용하게 쓸 수 있는 표현으로, [have to + 동사 원형]과 비슷한 의미로 사용한다. [need to]나 [have to] 다음에 강조하고 싶은 행동이나 상황이 온다는 것을 알아두자.

BASIC EXERCISE

· **You need to clean your room.**
  너의 방 청소를 할 필요가 있다.

· **I need to drop by his office.**
  나는 그의 사무실을 들려야 해.

· **She needs to learn how to swim.**
  그녀는 수영하는 법을 배울 필요가 있다.

· **We need to take a close look at it.**
  우리는 그것을 더 가까이 봐야 할 필요가 있어요.

Ｑｕｉｚ

너는 규칙적으로 운동할 필요가 있어.

⇨ _____

Hint work out 운동하다 | regularly 규칙적으로

Ｔｉｐ

* clean 청소하다   * drop by 들르다
* learn 배우다
* take a close look at ~을 가까이 보다
  ANSWER You need to work out regularly.

Section 6

1

A What's going on here? 진정해.

B I am just very upset.

···→ **A** 무슨 일이야? You need to calm down. **B** 그냥 너무 화가 나.

:: calm down 진정하다 | upset 화가 난

2

A You collected lots of information. 리스트를 만들어야겠다.

B Yes. You're right.

···→ **A** 정말 많은 정보를 수집했구나. You need to make a list of it. **B** 응, 네 말이 맞아.

:: collect 수집하다 | make a list 리스트를 만들다

3

A Look at his hair!

B Oh. 머리 좀 잘라야겠는데.

···→ **A** 저 사람 머리 좀 봐! **B** 오. He needs to get a hair cut.

:: get a hair cut 머리카락을 자르다

They ended up winning the game.
그들은 결국 그 경기를 이겼어요.

어떤 일이 지루하게 오래 끌다 어떤 결과에 이르게 될 때 우리는 '결국
~이 되다'라는 표현을 씁니다. 영어에서는 'end up –ing' 구문을 쓴답
니다.

317

You don't have to tell me now.

지금 나에게 말할 필요는 없어요.

Point Tip / don't (doesn't) have to : ~할 필요가 없다, ~을 하지 않아도 된다

꼭 어떤 것을 하지 않아도 된다, 즉 강제성은 없다는 것을 이야기할 때 쓰는 표현으로 일상 회화에서 많이 사용하는 말이다. 비슷한 의미로 쓸 수 있는 [don't need to]도 함께 알아두자.

 BASIC EXERCISE

· You don't have to explain it to me.
  너는 나에게 그것을 설명하지 않아도 돼.

· He doesn't have to pay the rent.
  그는 집세를 낼 필요가 없어요.

· They don't have to attend the meeting.
  그들은 회의에 참석할 필요가 없어요.

· You don't have to go to the hospital everyday.
  너는 병원에 매일 가지 않아도 돼.

 QUIZ

나를 공주처럼 대할 필요 없어요.

⇨ _____

Hint treat 대하다 | like ~처럼 | princess 공주

 Tip

· explain 설명하다   · pay 지불하다
· rent 집세   · attend 참석하다
· hospital 병원

ANSWER You don't have to treat me like a princess.

Section 6

1

A Can I finish this picture today?

B Well, 오늘 꼭 끝내지 않아도 돼.

⋯→ **A** 이 그림을 오늘 완성할 수 있을까? **B** 음, you don't have to finish it today.
:: finish 끝내다, 완성하다

2

A Did you take the first quiz?

B No. 난 안 봐도 돼.

⋯→ **A** 첫 번째 시험 봤어? **B** 아니. I don't have to take it.
:: quiz 퀴즈, 시험

3

A Dr. Phillips, I was absent last class. Can I make up for that class?

B 그럴 필요 없어.

⋯→ **A** 필립스 박사님, 지난 수업에 결석을 했어요. 보충할 수 있을까요? **B** You don't have to.
:: be absent 결석하다 | make up 보충하다

They want me to be housebroken. ⋯⋯⋯⋯
그들은 내가 길들여지길 바래.

'사람이나 동물을 길들이다'라는 표현을 할 때 쓰는 단어가 housebreak
입니다. 이 단어를 보니 셰익스피어의 희극 '말괄량이 길들이기'가 생
각나네요.

PATTERN 147

Let's make it a rule to get up at 7.

7시에 일어나기로 하자.

BASIC EXERCISE

- We make it a rule to clean our house all together on Sundays.
  우리는 매주 일요일에 다 함께 집 청소를 하기로 했어요.

- He makes it a rule to play with his kids as long as he can.
  그는 가능한 오랫동안 그의 아이들과 놀아주기로 정했다.

- I make it a rule to come home right after class.
  나는 수업이 끝나자마자 바로 집에 오기로 정했다.

- They make it a rule not to eat while they are studying.
  그들은 공부하는 동안에는 먹지 않기로 했어요.

나는 방과 후에 엄마를 돕기로 했다.

⇨ _____

Hint help 도와주다 | after school 방과 후

Tip

- clean 청소하다
- play with ~와 놀다
- after class 수업 후에
- on Sundays 일요일마다
- as long as ~하는 만큼 오랫동안

ANSWER I make it a rule to help my mom after school.

Section 6

1

A Is he making a dinner again?

B Yes. 그는 매주 화요일마다 요리하기로 정했거든요.

> ···→ **A** 그가 또 저녁을 만들고 있어요? **B** 네. He made it a rule to cook on Tuesdays.
> :: make dinner 저녁을 만들다 | cook 요리하다

2

A Can you go shopping this Saturday?

B I am sorry, I can't. I am going swimming with John. 우리 매주 토요일 에 함께 수영하러 가기로 정했거든.

> ···→ **A** 이번 토요일에 쇼핑하러 갈 수 있어? **B** 미안하지만 안 돼. 존과 수영하러 가거든.
> We made it a rule to go swimming together every Saturday.
> :: go shopping 쇼핑하러 가다 | go swimming 수영하러 가다

3

A Mom, 나 이제부터 매일 아침 일찍 일어나기로 했어요.

B Good. That's good for your health.

> ···→ **A** 엄마, I make it a rule to get up early every morning from now on.
> **B** 잘했어. 그것이 건강에 좋아.
> :: get up 일어나다 | from now on 지금부터 | health 건강

My back is itchy.
등이 가려워.

'등이 가렵다'는 My back is itchy. 혹은 My back is itching.이라 표현 한답니다. 싱글인 한 여성은 미국 유학에 효자손을 가져왔더군요. 그 래도 사람 손이 제일 시원하게 긁어주겠지요?

I am trying to be happy.

행복하고 싶어서 노력 중이에요.

Point Tip | **be trying to + 동사 원형 : ~하려고 노력 중이다**

정신적 혹은 물리적인 어떤 상태나 상황의 완료를 위해서 노력 중이라는 의미다.
노력 중인 것은 다시 말해 어떤 것을 이루고자 하는 의지가 있고, 그것을 위해
노력하겠다는 뉘앙스를 가지므로 대화에 적절히 활용한다.

BASIC EXERCISE

- He is trying to make me understand.
  그는 나를 이해시키려고 노력 중이에요.

- They are trying to focus on their studying.
  그들은 공부에 집중하려고 노력 중이에요.

- We are trying to save energy.
  우리는 에너지를 절약하려고 노력 중이에요.

- She is trying to raise her daughter well.
  그녀는 그녀의 딸을 잘 기르기 위해서 노력 중이에요.

나는 위층으로 올라가려고 노력 중이에요.

⇨ _____

Hint upstairs 위층

Tip

* understand 이해하다   * focus on 집중하다
* save 절약하다
* raise 기르다
ANSWER I am trying to go upstairs.

Section 6

1

A What are you doing?

B 나는 지금 이 꽃병을 선반 꼭대기에 올리려고 노력 중이야.

······→ **A** 뭐하고 있어? **B** I am trying to put this vase on the top of the shelf.
∷ vase 꽃병 | on top of ~의 꼭대기 | put on ~위에 두다

2

A Open the window!

B 지금 열려고 노력 중이야. Be patient!

······→ **A** 창문 좀 열어! **B** I am trying to open it. 좀 참아!
∷ window 창문 | open 열다 | patient 인내심 있는

3

A Why do you interview people with these questionnaires?

B 언어 습득의 방법을 알아내려고 노력 중이거든요.

······→ **A** 이 질문들을 가지고 왜 사람들을 인터뷰해요?
B I am trying to figure out the way of acquiring languages.
∷ questionnaire 질문 | figure out 알아 내다 | acquiring languages 언어 습득

Hang on!
잠시만요!

'잠시만요'라는 표현을 자주 하게 됩니다. 전화에서 뿐만 아니라, 누군
가에게 잠시 기다려 달라고 이야기할 때도 Hang on!이라는 표현을 쓴
답니다.

PATTERN 149 I happened to see him at my school.

나는 우연히 학교에서 그를 만났어.

🐙oint Tip / **happen to** : 우연히 ~을 하다

계획에 없었던 일을 우연히 하게 되었음을 나타낼 때 사용할 수 있는 표현이다.
[happen to] 다음에는 동사의 원형이 와서 우연히 일어난 상황이나 행동 등을
서술해주면 된다.

BASIC EXERCISE

• Do you happen to know where my bag is?
  혹시 너 내 가방이 어디 있는지 아니?

• He happened to join our club.
  그는 우연히 우리 모임에 가입하게 되었어요.

• He said he happened to drop by my office.
  그는 우연히 내 사무실에 들르게 되었다고 말했어요.

• I happened to meet Jim on my way home yesterday.
  나는 어제 집에 오는 길에 우연히 짐을 봤어요.

• They happened to know what I did yesterday.
  그들은 내가 어제 뭘 했는지 우연히 알게 되었어요.

나는 우연히 그녀가 시험에 부정행위 하는 것을 봤어요.

⇨ _____

Hint cheat on ~을 속이다 | exam 시험

Tip

• see 보다   • join 가입하다
• drop by 들르다
• on one's way ~의 가는 길에
ANSWER I happened to see her cheating on the exam.

 LIVE TALKS – 뉘앙스 따라잡기

1

A 혹시 누가 나한테 전화했는지 기억하니?

B I am sorry, I don't.

⋯▸ **A** Do you happen to remember who called me? **B** 미안해요, 기억나지 않아요.
∷ remember 기억하다

2

A 저는 이 과정을 우연히 고안해 냈어요.

B It's amazing.

⋯▸ **A** I happened to come up with this procedure. **B** 굉장해요.
∷ come up with 고안하다 | procedure 과정 | amazing 굉장한

3

A What are you doing here?

B I am sorry. 우연히 당신들의 대화를 들었어요.

⋯▸ **A** 여기서 뭐하니? **B** 미안합니다. I happened to hear your conversation.
∷ conversation 대화

I have an ear for music.
내가 음악을 알지.

'음악을 잘 알다' 혹은 '음악에 정통하다'라는 표현으로 have an ear for music이라는 말을 한답니다. 반대로 '음악에는 문외한이다'라는 표현은 have no ear for music가 되겠지요.

I look forward to seeing you soon.

곧 당신을 만나기를 기대합니다.

> **Point Tip** / **look forward to + 명사 : ~을 하는 것을 기대하다**
>
> 어떤 일이 일어나기를 기대하거나 희망할 때 사용할 수 있는 표현으로 [look forward to] 다음에는 무엇을 기대하는지 그 내용을 가진 명사 혹은 동명사를 넣어준다. 이때 동사 원형이 오지 않음을 꼭 기억한다.

BASIC EXERCISE

- I look forward to the reception.
  나는 환영회를 기대해요.

- He looks forward to meeting her.
  그는 그녀 만나는 것을 기대해.

- She looks forward to celebrating the New Year.
  그녀는 새해를 축하하는 것을 기대해.

- They look forward to the premier of the play.
  그들은 최초의 경기를 기대해요.

QUIZ

우리는 너의 부모님과 함께 저녁 먹는 것을 기대한단다.

⇨ _____

Hint dinner 저녁 | together 함께 | parents 부모님

Tip

- reception 환영회
- celebrate 축하하다, 경축하다
- premier 최초의
- meet 만나다

ANSWER We look forward to our dinner together with your parents.

Section 6

1

A 나는 집으로 돌아가는 것이 기대돼.

B When are you leaving?

···→ **A** I look forward to going back home.　**B** 언제 떠나니?
:: go back 돌아가다 | leave 떠나다

2

A How was your summer vacation?

B It was great, but 학교로 돌아가는 게 기대가 돼.

···→ **A** 여름 방학은 어땠어?　**B** 멋졌지만 I look forward to going back to school.
:: summer vacation 여름 방학

3

A 내가 승진하기를 기대해.

B Me, too. I hope I can get one as well.

···→ **A** I look forward to getting a promotion.　**B** 나도. 나도 역시 승진했으면 좋겠어.
:: get a promotion 승진을 하다 | as well 역시

Something is fishy.
뭔가 수상해!

어떤 일이 의심스럽고 수상할 때 '냄새가 난다'라고 하지요? 미국인들
은 fish에 비유하네요. 아마도 물고기의 비린 냄새를 빗대는 표현이 아
닐까요?

327

I managed to finish my work.

저는 가까스로 제 일을 끝냈어요.

ⓟoint Ƭip **manage to + 동사 원형 : 가까스로 ～하다**

어떤 일을 힘들여 겨우, 혹은 간신히 한 것을 나타낼 때 쓸 수 있는 숙어 표현이
다. [manage to] 다음에는 간신히 무엇을 했는지에 해당하는 동사의 원형으로
내용을 표현한다.

**BASIC
EXERCISE**

- He manages to maintain his job.
  그는 겨우 그의 직업을 유지하고 있어요.

- I managed to pass the exam last year.
  나는 작년에 가까스로 시험을 통과했어요.

- I managed to get over the sadness.
  나는 슬픔을 겨우 이기고 있어요.

- We managed to make a profit this year.
  올해 저희는 겨우 이익을 창출했답니다.

나는 혼자서 가까스로 내 자전거를 조립했어요.

⇨ _____

Hint assemble 조립하다 | bike 자전거 | on one's own 스스로

Ƭip

- maintain 유지하다   • pass the exam 시험을 통과하다
- get over 극복하다   • sadness 슬픔
- make a profit 이익을 창출하다

ANSWER I managed to assemble my bike on my own.

Section 6

1

A How is the plan going?

B 저희가 가까스로 그녀의 치료비를 모으고 있어요.

⋯→ **A** 계획은 어떻게 되어가니? **B** We manage to collect some money for her treatment.
∷ plan 계획 | collect 모으다 | treatment 치료

2

A Did your mom accept that you moved out of her house?

B Yes. 제가 가까스로 엄마를 설득했어요.

⋯→ **A** 네가 엄마 집에서 이사 나오는 것을 엄마도 받아들였어? **B** 네. I managed to persuade her.
∷ accept 받아들이다 | out of ~로부터 | persuade 설득하다

3

A Did Jim submit his final essay?

B Yes. 어제 저녁에 가까스로 마쳤어.

⋯→ **A** 짐이 그의 마지막 에세이를 제출했어? **B** 응. He managed to complete it last night.
∷ submit 제출하다 | final 마지막 | complete 완성하다, 마치다

I have my hands full.
나는 몹시 바빠요.

양손이 무엇인가로 가득 찼다는 것은 더 이상 무언가를 할 수 없다는
이야기겠지요? 그래서 I have my hands full.이라는 표현으로 자신이
아주 바쁘다는 것을 표현할 수 있습니다.

329

I am poor at cooking.

저는 요리하는 데 서툴답니다.

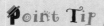 **be poor at** : ~에 서툴다, ~을 잘하지 못하다

자신이 어떤 일을 능숙하게 하지 못한다는 것을 표현할 때 사용하는 구문이다.
이 패턴과 반대의 의미로 사용하는 것에는 [be good at] 구문이 있다. 잘하고 못
하는 것에 대한 표현에 둘 다 유용하게 쓸 수 있다.

 BASIC EXERCISE

- I am poor at singing a song.
  저는 노래 부르는 데 서툴답니다.

- Women are poor at figures.
  여자들은 계산을 잘 못해요.

- Jack is poor at driving on the highway.
  잭은 고속도로에서 운전하는 데 서툴러요.

- She is poor at lying.
  그녀는 거짓말을 잘 못합니다.

 QUIZ

저는 아이들을 돌보는 데 서툽니다.

⇨ _____

Hint take care of 돌보다

 Tip

- sing a song 노래 부르다
- highway 고속도로
- lie 거짓말하다
- figures 셈

ANSWER I am poor at taking care of children.

1

A She is very good at English.

B I know, but 그녀는 영어를 가르치는 데는 서툴러.

⋯⋯▸ **A** 그녀는 영어를 정말 잘해. **B** 알아, 그런데 she is poor at teaching English.
∷ be good at ~에 능숙하다 | be poor at ~에 서툴다

2

A I think we need someone who is very brilliant.

B Yes. I agree with you. 그 사람은 또한 의사소통 하는 데에도 서툴면 안 되지.

⋯⋯▸ **A** 내 생각엔 우리는 아주 똑똑한 사람이 필요한 것 같아.
B 그래 나도 동의해. He also should not be poor at communication.
∷ brilliant 똑똑한, 훌륭한 | agree with 동의하다 | communication 의사소통

3

A Terrific, is it your work?

B Actually, it's Susan's. As you know, 난 바느질을 잘 못해.

⋯⋯▸ **A** 훌륭한데. 이거 네가 한 거야? **B** 사실은 수잔이 했어. 너도 알다시피 I am poor at sewing.
∷ terrific 훌륭한 | as you know 너도 알다시피 | sew 바느질하다

What's it to you?
무슨 관계야?

친구들 사이에서 누군가를 두둔하려고 할 때 상대로부터 들을 수 있는
말이지요? '너 쟤랑 무슨 사이야?' 혹은 '너 쟤랑 사귀니?'라는 표현으
로 사용할 수 있답니다.

I am busy cooking.

저는 요리하는라 바빠요.

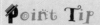

Point Tip / **be busy -ing** : ~을 하느라 바쁘다

어떤 일이나 동작을 하느라 바쁘다는 표현을 할 때 사용할 수 있는 구문이다. 구체적으로 바쁨의 원인이 되는 동작이나 행동, 상황 묘사는 [동사 + -ing] 형태로 위치하는 것을 기억해둔다.

BASIC EXERCISE

· He is busy taking care of his dog.
  그는 그의 강아지를 돌보느라 바빠요.

· We are busy packing all of these things.
  우리는 이 모든 물건들을 싸느라 바빠요.

· She is busy putting her baby's toys into the box.
  그녀는 그녀 아기의 장난감을 상자에 넣느라 바빠요.

· I was busy begging my mom.
  나는 엄마한테 비느라 바빴어요.

QUIZ

너는 자전거 고치느라 바쁘구나.

⇨ _____

Hint fix 고치다 | bike 자전거

Tip

· take care of 돌보다   · pack 싸다
· toy 장난감
· beg 빌다
ANSWER You are busy fixing your bike.

Section 6

1

A What were you doing?

B 고객을 도와주느라 바빴어요.

⋯→ **A** 뭐하고 있었어요? **B** I was busy helping a customer.
ⵘ customer 고객

2

A How was the picnic? Did you have a good time today?

B Yes. 보물을 찾느라 너무 바빴어요.

⋯→ **A** 소풍은 어땠니? 오늘 즐겁게 보냈니? **B** 네. I was very busy finding some treasures.
ⵘ have a good time 즐거운 시간을 보내다 | find 찾다 | treasure 보물

3

A Do you have a minute to talk?

B I am sorry. 지금 제 학생들을 위한 단어 리스트를 만드느라 매우 바빠요.

⋯→ **A** 이야기할 시간 좀 있어요?
B 미안해요. I am very busy making a word list for my students now.
ⵘ have a minute ~할 시간을 갖다 | a word list 단어 리스트 | student 학생

The rain lets up soon.
비가 곧 그칠 거야.

우리말의 '비가 그치다'라는 표현입니다. 영어로는 '비가 그치면 만물
이 선다'라는 의미로 표현을 하는군요. 매우 의미심장한 표현이지요?

I am used to driving at night.

나는 저녁에 운전하는 것에 익숙해요.

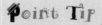 **be used to + 명사 : ~에 익숙하다**

어떤 사물이나 일을 하는 데 있어서 습관처럼 익숙해져 있다는 의미로 사용할 수 있는 표현이다. '과거에 ~하곤 했었다'를 뜻하는 [used to + 동사 원형]과 혼동하지 않도록 주의한다.

BASIC EXERCISE

- He is used to this noise.
  그는 이 소음에 익숙합니다.

- I am used to negotiating the price.
  나는 가격을 흥정하는 데 익숙해요.

- They are used to cleaning with this old vacuum cleaner.
  그들은 이 오래된 진공청소기로 청소하는 데 익숙해요.

- We are used to taking long walks.
  우리는 오랫동안 걷는 것에 익숙합니다.

나는 강아지에게 먹이 주는 것에 익숙해요.

⇨ _____

Hint feed 먹이를 주다

Tip
- noise 소음
- vacuum cleaner 진공청소기
- walk 걷다
- negotiate 흥정하다

ANSWER I am used to feeding a dog.

 LIVE TALKS – 뉘앙스 따라잡기

1

A I am sorry for this mess.

B It's ok. 이런 것에 익숙해요.

⋯→ **A** 지저분해서 미안해요. **B** 괜찮아요. **I am used to it.**
∷ mess 지저분함

2

A This knife is very sharp. It looks very dangerous.

B Yes. But 제니는 그 칼 사용하는 데 익숙해요.

⋯→ **A** 이 칼 아주 날카롭네. 매우 위험해 보여. **B** 네. 하지만 Jenny is used to using that knife.
∷ knife 칼 | sharp 날카로운 | dangerous 위험한

3

A I am not good at working with a computer.

B You can ask Ray about it. 그는 컴퓨터 사용에 매우 익숙해요.

⋯→ **A** 나는 컴퓨터로 일하는 거 잘 못해요.
B 레이에게 물어보세요. He is used to using a computer.
∷ be good at ~을 잘하다 | with ~로, ~와

The same goes for him. ⋯⋯⋯⋯⋯⋯⋯⋯⋯⋯⋯⋯⋯⋯
그도 마찬가지에요.

'너도 마찬가지야'라는 말은 칭찬이든 위로든 대화 중에 참 많이 쓰는
표현입니다. 영어로는 The same goes for라고 하는군요.

I can't stop thinking of you.

당신을 생각하는 것을 멈출 수가 없어요.

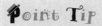

Point Tip | **I cannot stop -ing** : ~하는 것을 멈출 수가 없다

'하고 있던 어떤 일을 그만둘 수가 없다'라는 의미이다. 이것은 한편으로는 본인의 의지와는 상관없이 하게 된다는 의미가 있고, 다른 한편으로는 '아주 좋아 멈출 수가 없다'라는 뜻으로도 사용한다.

BASIC EXERCISE

· I can't stop loving you.
  당신을 사랑하지 않을 수가 없군요.

· I can't stop eating the stew you fixed.
  당신이 만든 스튜를 먹는 것을 멈출 수가 없어요.

· I can't stop grinning at him.
  그를 보고 실실 웃는 것을 멈출 수가 없어.

· I can't stop laughing at your outfit.
  너의 옷차림에 웃음을 멈출 수가 없다.

QUIZ

나는 당신과 사랑에 빠지지 않을 수가 없어요.

⇨ _____

Hint fall in love with ~와 사랑에 빠지다

Tip

· fix 요리하다   · grin 실실 웃다
· laugh at 비웃다
· outfit 옷차림

ANSWER I can't stop falling in love with you.

Section 6

1

A Are you trying to buy another pair of shoes again?

B I know what you mean, but 가지고 싶은 것을 멈출 수가 없어.

⋯▸ **A** 너 또 다른 슈즈 한 쌍을 사려는 거니?
B 네가 무슨 말하는지 알아 하지만 I can't stop desiring them.
∷ **another** 또 다른 | **mean** 의미하다 | **desire** 몹시 바라다

2

A 그들의 대화를 엿듣는 것을 멈출 수가 없어.

B Don't do that. I am going to let them know what you did.

⋯▸ **A** I can't stop eavesdropping on their conversation.
B 하지 마. 그들에게 네가 한 짓을 알려줄 거야.
∷ **eavesdrop** 엿듣다 | **conversation** 대화 | **let** ~하게 하다

3

A You have been drinking beer too much.

B I know but 맥주 마시는 것을 멈출 수가 없어.

⋯▸ **A** 너 맥주를 너무 마시고 있어. **B** 알지만 I can't stop drinking beer.
∷ **drink** 마시다 | **too much** 너무 많이 | **beer** 맥주

I gave it my all.
나는 최선을 다했어요.

모든 것을 줄만큼, 혹은 모든 것을 걸만큼 어떤 것을 했다면 최선을 다
했다는 말이겠지요? I did my best와 함께 I gave it my all이라는 표
현도 기억해둡시다.

337

He keeps asking me about you.

그가 계속해서 너에 대해서 나한테 물어.

Point **T**ip / **keep (on) -ing : 계속해서 ~을 하다**

어떤 동작이나 상태가 계속될 때 쓰는 표현이다. on은 생략할 수도 있다. 동작
이나 상태가 계속 집요하게 반복됨을 의미하는 뉘앙스를 가지고 있으므로 적절
한 상황에서 활용하도록 한다.

**BASIC
EXERCISE**

• **She keeps stalking me.**
  그녀는 나를 계속해서 미행해요.

• **You keep bothering me.**
  너는 계속 나를 귀찮게 하는구나.

• **He keeps banging on the door.**
  그가 문을 계속해서 두드려요.

• **I kept on yelling at him in front of the people.**
  나는 사람들 앞에서 그에게 계속해서 소리 질렀어요.

우리는 엄마가 우리를 부른 후에도 계속해서 낚시를 하고 있었어요.

⇨ _____

Hint fish 낚시하다 | after ~후에 | call 부르다

Tip

• stalk 미행하다   • bother 귀찮게 하다
• bang 두드리다   • yell at ~에게 소리치다
• in front of ~앞에서

ANSWER We kept fishing after my mom called us.

Section 6

1

A I can't stand my neighbors any more.

B 여전히 시끄럽게 해?

⋯▶ **A** 이웃 때문에 더 이상 못 참겠어. **B** Do they still keep making noise?
⁝ neighbor 이웃 | any more 더 이상 | make noise 시끄럽게 하다

2

A 샘이 계속해서 학교에서 저를 괴롭혀요.

B I need to talk to your teacher.

⋯▶ **A** Sam keeps bullying me at school. **B** 내가 너의 선생님과 이야기를 해야겠다.
⁝ bully 괴롭히다 | need to ~할 필요가 있다

3

A Mom, please stop. 나한테 계속해서 잔소리하고 있어요.

B Do I? So you have to listen to me.

⋯▶ **A** 엄마 제발 그만해요. You keep nagging me. **B** 내가? 그러니까 내 말을 들어야 해.
⁝ nag 잔소리하다 | listen to ~을 듣다

I am under the weather.
몸이 좋지 않아.

컨디션이나 기분이 별로 좋지 않을 때 under the weather이라는 표현을 씁니다. 몸 상태나 기분이 날씨에 많이 좌우되는 것은 사실이지요.

339

I can't help smiling.

웃지 않을 수가 없어요.

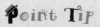

BASIC EXERCISE

- I can't help falling in love with you.
  당신을 사랑하지 않을 수 없어요.

- I can't help looking at your results.
  너의 결과를 보는 것을 멈출 수가 없구나.

- I can't help complaining to my landlord about my neighbors.
  나는 이웃에 대해서 집주인에게 불평을 안 할 수가 없어.

- I can't help missing my father.
  나의 아버지를 그리워하지 않을 수 없어요.

QUIZ

그녀에게 미안한 마음을 가지지 않을 수 없어요.

⇨ _____

Hint feel 느끼다 | sorry 미안한

Tip

- fall in love with ~와 사랑에 빠지다
- look at 보다
- landlord 집주인
- complain 불평하다
- miss 그리워하다

ANSWER I can't help feeling sorry for her.

Section 6

1

A Be quiet, Kelly.

B 벤에게 소리를 지르지 않을 수가 없어.

⋯ **A** 켈리, 조용히 좀 해. **B** I can't help yelling at Ben.
:: quiet 조용한 | yell 소리지르다

2

A Isn't Liz adorable?

B Yes. 그녀를 사랑하지 않을 수 없어.

⋯ **A** 리즈 귀엽지 않니? **B** 응. I can't help loving her.
:: adorable 귀여운

3

A Take it easy, Sam.

B 새라한테 화가 나는 것을 참을 수가 없어.

⋯ **A** 진정해 샘. **B** I can't help being angry with Sarah.
:: angry with ~에게 화를 내다

The game was neck and neck.
그 경기는 막상막하였어.

승부를 가리기 힘들 만큼 실력이 비슷한 팀들의 경기를 우리는 '막상막하인 경기'라고 합니다. 영어로는 neck and neck라고 표현한답니다.

You'd better go home now.

너는 지금 집에 가는 것이 좋겠다.

Point Tip / **you'd better + 동사 원형 : ~하는 편이 더 좋겠다**

상대방에게 강도 높은 권유를 할 때 사용할 수 있는 표현이지만, 연장자에게는 다소 예의 바르지 못하게 들릴 수도 있는 표현이다. 한글로 해석되는 뜻과 영어 고유의 어감에 약간의 차이가 있으므로 주의하자.

 BASIC EXERCISE

- You'd better clean your room.
  방 청소를 해라.

- You'd better be careful.
  조심해야 한다.

- You'd better watch your mouth.
  말조심해야 한다.

- You'd better not pout.
  뾰로통해 있지 않는 게 좋겠다.

 QUIZ

이 공포영화는 보지 않는 게 좋겠다.

⇨ _____

Hint watch 보다 | horror movie 공포영화

 Tip

- clean 청소하다
- be careful 조심하다
- watch one's mouth 말조심하다
- pout 뾰로통해 하다

ANSWER You'd better not watch this horror movie.

Section 6

1

A I want to ask him what he said yesterday.

B 나는 네가 그것에 관해서 조용히 있는 것이 좋을 거 같아.

⋯→ **A** 어제 그 사람이 나에게 한 말에 대해서 그 사람에게 물어보고 싶어.
B I think you'd better keep quiet about it.
:: keep quiet 조용히 하다

2

A Do you know when we have to turn in the portfolios?

B 그것에 관해서는 너의 지도 교수님께 물어보는 것이 낫겠다.

⋯→ **A** 우리가 포트폴리오를 언제 제출해야 하는지 아세요?
B You'd better ask your advisor about it.
:: turn in 제출하다 | portfolio 포트폴리오 | advisor 지도 교수

3

A I need to fix my camera again.

B 새 것을 사는 게 낫겠다.

⋯→ **A** 내 카메라를 또 고쳐야 해. **B** You'd better buy a new one.
:: fix 고치다 | buy 사다 | new one 새 것

She wants to slim down.
그녀는 날씬해지고 싶어해.

날씬하게 되는 것은 거의 모든 여자들의 소망이지요? 미국인들도 날씬
해지려고 다이어트를 많이 한답니다. 물론 한국인이 생각하는 날씬함
과 미국인이 생각하는 날씬함은 조금 다르지만요.

343

It depends on you.

그것은 당신에게 달려있어요.

Point Tip / **it depends on** : ~에 달려있다

누가 하는가에 따라 혹은 무엇인가에 따라 일이나 결과가 달라질 수 있음을 표현하는 구문이다. 일반적으로 '상황에 따라 다르다'라는 의미인 Depend on. 단독으로도 자주 사용하고 있다.

BASIC EXERCISE

• It depends on the weather.
  날씨에 따라 달라요.

• It depends on how much money you earn monthly.
  당신이 매달 얼마나 많은 돈을 버느냐에 따라 달라요.

• It depends on the quality of this product.
  이 제품의 질에 따라 달라요.

• It depends on how funny the novel is.
  그 소설이 얼마나 재미있는지에 따라 달라요.

QUIZ

그것은 곤충의 종류에 따라 달라요.

⇨ _____

Hint kind 종류 | insect 곤충

Tip

• weather 날씨
• quality 질
• funny 재미있는

• earn 벌다

ANSWER It depends on the kinds of insects.

Section 6

1

A How long does it take to get to the train station?

B Nobody knows. 교통 흐름에 따라 달라.

⋯▸ **A** 기차역까지 얼마나 걸리지? **B** 아무도 몰라. It depends on the traffic flow.
∷ take 걸리다 | get to ~에 도착하다 | traffic flow 교통 흐름

2

A Can you wash the dishes for me, Jim?

B I can but 당신이 나한테 얼마나 착한지에 달려있어.

⋯▸ **A** 짐, 나를 위해서 설거지 해줄 수 있어요?
B 물론 하지만 it depends on how nice you are to me.
∷ wash dishes 설거지 하다 | nice 착한

3

A Do you think I can work with Sean?

B I think 네가 그를 얼마나 많이 믿을 수 있느냐에 달려있다고 봐.

⋯▸ **A** 너는 내가 션과 함께 일할 수 있을 거라고 생각해?
B 내 생각에는 it depends on how much you can rely on him.
∷ work with ~와 함께 일하다 | rely on 믿다

They sold like hotcakes.
그것들이 순식간에 팔렸어요.

어떤 물건이 순식간에 매우 빨리 팔리는 것을 영어로는 hotcake에 비유해서 sell like hotcakes라고 표현을 한답니다. 어떤 물건이나 마찬가지지만 맛있는 hotcake은 금방 팔리겠지요.

PATTERN 160

I count on your help.

나는 당신의 도움에 의지해요.

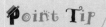

Point Tip   count on + 명사 : ~에 의지하다

count의 뜻은 '계산하다, 셈에 넣다, ~의 탓으로 하다, 생각하다' 등의 뜻을 가진 동사이다. 그런데 [count on + 명사]의 형태가 되면 어떤 일을 믿거나 그 일에 의지함을 나타내는 숙어 표현이 된다.

BASIC EXERCISE

- You can count on his decision.
  너는 그의 결정을 믿어도 돼.

- I counted on my employees.
  나는 나의 직원들에게 의지합니다.

- We can count on her opinions for this matter.
  우리는 이 문제에 있어서 그녀의 의견에 의지할 수 있어요.

- Can I count on you to take care of my baby?
  네가 내 아기를 돌보는걸 믿어도 되겠니?

QUIZ

계산기를 백 퍼센트 믿어도 되나요?

⇨ _____

Hint calculator 계산기 | percent 퍼센트

Tip
- decision 결정
- opinion 의견
- take care of 돌보다
- employee 직원

ANSWER Can we count on calculators 100 percent?

Section 6

1

A Jean, I will give you my motorbike. 믿어도 돼.

B I don't trust you.

⟶ **A** 진, 내 오토바이를 너에게 줄게. **You can count on it. B** 나 너 안 믿어.
∷ motorbike 오토바이 | trust 믿다

2

A 이 조사 방법을 우리가 믿어도 되나요?

B Absolutely. It has been used widely.

⟶ **A** Can we count on this survey method? **B** 물론이죠. 이 방법은 폭넓게 사용되어 왔어요.
∷ survey 조사하다 | method 방법 | widely 폭넓게

3

A 이 번역을 믿을 수가 없어.

B What's wrong?

⟶ **A** I can't count on this translation. **B** 뭐가 문제야?
∷ translation 번역 | wrong 잘못 된

Get off my back, please.
나 좀 그만 괴롭혀.

상상해 보세요. 누군가가 등에 꼭 붙어있다면 얼마나 무겁고 답답하겠어요? 그래서 자신을 그만 괴롭히라는 표현으로 '등에서 떨어져!'라는 표현인 Get off my back.를 씁니다.

PATTERN 161

I care about the salary.

나는 월급에 신경을 써요.

BASIC EXERCISE

- He cares quite a lot about safety.
  그는 항상 안전에 신경 써요.

- She cares too much about being in style.
  그녀는 스타일에 너무 많이 신경을 써요.

- I care about my job.
  나는 나의 직업에 신경 써요.

- My husband cares about me very much.
  내 남편은 나를 매우 많이 신경 써요.

QUIZ

그들은 그들의 옷차림에 신경 쓰지 않아요.

⇨ _____

Hint outfit 옷차림

Tip

- quite a lot 꽤 많이   • safety 안전
- too much 너무 많이
- husband 남편

ANSWER They don't care about their outfit.

Section 6

1

A 우리 사장님은 정확함에 신경을 많이 써.

B I heard about him.

⋯→ **A** My boss cares about punctuality. **B** 그에 대해서 들었어.
‖ punctuality 시간 엄수, 정확함

2

A How is your English teacher?

B 우리가 책 읽을 때 발음에 신경을 쓰셔.

⋯→ **A** 너의 영어 선생님 어때? **B** She cares about the pronunciation when we read a book.
‖ pronunciation 발음

3

A Did you ask your advisor about the length of the paper?

B No. 그녀는 길이에는 관심 없어. She cares more about coherence than length.

⋯→ **A** 너 지도. 교수님에게 작문의 길이에 대해서 물어봤어?
B 아니. She doesn't care about the length. 그녀는 길이보다는 일관성에 더 관심을 둬.
‖ advisor 지도 교수 | length 길이 | coherence 일관성

That is the bottom price.
그것이 최저 가격이에요.

'최저 가격'은 신문 사이에 끼워 넣어 돌리는 광고지 등에서 쉽게 찾아볼 수 있는 문구예요. 영어로는 'bottom price'라고 표현한답니다. 우리말 표현과 비슷하지요?

I am crazy about B.

나는 비한테 푹 빠졌어.

Point Tip / **be crazy about + 명사 : ~에 푹 빠지다**

직역하면 '무엇에 대해 미쳤다'이다. 즉 어떤 대상에 대해서 미칠 만큼 혹은 지나치게 좋아한다는 의미이다. 좋아하는 정도가 열렬할 때 쓸 수 있는 표현이므로 일상 회화에서 잘 활용해보자.

BASIC EXERCISE

- He is crazy about computer games.
  그는 컴퓨터 게임에 푹 빠져 있어.

- She is crazy about Chinese food.
  그녀는 중국 음식을 너무 좋아해.

- They are crazy about the show "What not to wear".
  그들은 "입지 말아야 할 것"이라는 프로를 너무 좋아해.

- I am crazy about sports cars.
  나는 스포츠카를 너무 좋아해.

QUIZ

그는 자동차 경주에 미쳤어요.

⇨ _____

Hint auto racing 자동차 경주 대회

Tip

- crazy 미친, 열중한
- wear 입다
- sports car 경기용 자동차
- computer game 컴퓨터 게임

ANSWER He is crazy about auto racing.

Section 6

1

A I spent too much money last month. I am broke.

B 내 생각에는 네가 도박을 너무 좋아하는 거 같아.

⋯▸ **A** 지난 달에 내가 돈을 너무 많이 썼어. 파산이야. **B** I think you are crazy about gambling.
∷ spend 쓰다 | break 파산하다 | gambling 도박

2

A Did you buy new jeans again?

B Yes. 나는 청바지를 너무 좋아하잖아. You know that.

⋯▸ **A** 너 청바지 또 샀어? **B** 응. I am crazy about jeans. 너 알잖아.
∷ buy 사다 | jeans 청바지 | again 다시

3

A I'd like to have a piece of cheese cake for a dessert.

B I knew you'd order it. 너는 치즈케이크를 너무 좋아하는 것 같아.

⋯▸ **A** 나는 디저트로 치즈케이크 한 조각을 먹고 싶어.
B 나는 네가 그것을 주문할지 알았어. You seem to be crazy about it.
∷ would like to ～하고 싶다 | a piece of 한 조각 | order 주문하다

If only I were a millionaire!
내가 백만장자면 좋을 텐데!

현실이 아닌 일을 상상하거나 소망할 때 쓰는 if only 표현을 이용해
If only I were a millionaire!라고 말할 수 있습니다. 정말 백만장자가
되면 좋겠지요?

PATTERN 163 I am going to call either him or you.

그 사람이나 당신에게 전화를 할게요.

Point Tip / **either A or B** : A나 B 둘 중에 하나

두 개의 선택 조건 중에서 하나라는 의미를 가지고 있는 구문이다. 만약 이 구문이 주어로 사용될 때는 B에 놓이는 단어에 동사를 맞추어야 한다는 것에 주의해야 한다.

BASIC EXERCISE

- You can choose either science or math.
  너는 과학이나 수학을 선택할 수 있단다.

- Either your teacher or your friends have to clean this room.
  너의 선생님이나 너의 친구들이 이 방을 청소해야 한다.

- Would you hire either a man or a woman if you had a choice?
  만약 당신에게 선택권이 있다면 남자를 고용할 건가요, 여자를 고용할 건가요?

- I had to choose either Canada or Australia for a place to study.
  나는 공부할 장소를 캐나다 혹은 호주 중에 선택을 해야 했어요.

QUIZ

선생님이나 혹은 학생들이 이 사고에 책임이 있어요.

⇨ _____

(Hint) be responsible for ~에 책임이 있다 | accident 사고

Tip

- choose 선택하다
- choice 선택권
- place 장소
- hire 채용하다

(ANSWER) Either a teacher or students are responsible for this accident.

Section 6

1

A 너나 나 둘 중에 하나는 톰을 기다려야 해.

B Right. He is always late.

···→ **A** Either you or I have to wait for Tom.   **B** 맞아. 그는 항상 늦어.
:: wait for 기다리다 | always 항상

2

A 인터넷을 사용하려면 데스크탑이나 혹은 랩탑을 사야 해.

B I know, but I can't afford it now.

···→ **A** You have to buy either a desktop or a laptop in order to use the Internet.
B 알아. 하지만 지금은 살 수가 없어.
:: laptop 노트북 | in order to ~하기 위해서 | afford ~할 여유가 있다

3

A 너는 제2외국어 수업으로 스페인어나 혹은 불어를 선택해야만 해.

B Can I choose other languages?

···→ **A** You have to choose either Spanish or French for the second language class.
B 다른 언어를 선택해도 되나요?
:: choose 선택하다 | language 언어 | other 다른

You can catch on this.
너는 이것을 이해할 수 있어.

'무엇을 이해하다'라는 의미를 나타내는 영어로는 catch on 이라는 표현을 사용한답니다. 이해한다는 것은 그 사람의 말을 따라잡는 것이라는 의미겠지요?

353

Thanks for your help.

도와줘서 고마워.

---

 thanks for : ~에 대해 고마워하다

어떤 일에 대한 고마움을 표시할 때 쓸 수 있는 구문이다. [thank you for] 표현과 별 차이가 없어 보이지만, [thanks for]의 경우가 비교적 사무적이지 않은 표현임을 기억하자.

- **Thanks for your kindness.**
  너의 친절함이 고마워.

- **Thank you for your concern about my future.**
  저의 미래에 대한 당신의 배려에 감사합니다.

- **Thank you for your donation to our school.**
  우리 학교를 위한 당신의 기부에 감사합니다.

- **Thanks for asking me for that.** ·
  그것에 대해서 나에게 물어봐 줘서 고마워.

여기로 그녀를 데리고 와줘서 고마워.

⇨ _____

Hint bring 데리고 오다 | here 여기

- kindness 친절함   · concern 배려
- future 미래
- donation 기부
  ANSWER Thanks for bringing her here.

1

A 태워주셔서 감사합니다.

B You're welcome.

⋯▸ **A** Thank you for giving me a ride.　**B** 천만에요.
‥ give a ride 태워주다

2

A I was looking forward to seeing you.

B 저를 초대해주셔서 감사합니다.

⋯▸ **A** 당신을 보고 싶었어요.　**B** Thank you for inviting me.
‥ look forward to ~을 기대하다 ｜ invite 초대하다

3

A Your pictures are very great. I love them very much.

B 내 그림에 대한 칭찬 고마워.

⋯▸ **A** 너의 그림들이 아주 좋은데. 매우 마음에 들어.
B Thanks for your compliment on my pictures.
‥ compliment 칭찬

I dropped out of school.
저는 학교를 중퇴했어요.

'학교를 중퇴하다'라는 의미를 영어로 표현하자면, dropped out of
school이라 하여 '학교로부터 떨어져 나가다'라고 말한답니다.

PATTERN 165

You can take advantage of it.

당신은 그것을 이용할 수 있어요.

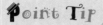 **take advantage of : ~을 이용하다**

어떤 일이나 사물 따위를 이용 혹은 활용한다는 의미의 숙어 표현이다. [take advantage of] 뒤에 사람을 쓸 경우, 그 사람을 악용한다는 좋지 않은 의미가 된다. 따라서 뉘앙스를 잘 고려하여 말해야 한다.

• We can take advantage of the tax system.
  우리는 세금 체계를 이용할 수 있어요.

• You took advantage of his kindness.
  너는 그의 친절함을 이용했어.

• People take advantage of the Christmas sales.
  사람들은 크리스마스 세일을 이용해요.

• They take advantage of the preferences of people.
  그들은 사람들의 취향을 이용해요.

나는 취소 체계를 이용했어요.

⇨ _____

Hint canceling system 취소 체계

• advantage 유리한 점, 이점   • tax 세금
• kindness 친절함
• preference 취향

ANSWER I took advantage of the canceling system.

Section 6

1

A What do we have to do now?

B 우리는 그들의 실수를 이용해야 해.

⋯→ **A** 이제 우리가 뭘 해야 하지? **B** We need to take advantage of their mistakes.
 ⠿ have to ~을 해야 하다 | mistake 실수

2

A How can we advertise this item?

B 다음 달에 있을 에어쇼를 이용할 수 있어.

⋯→ **A** 우리가 이 품목을 어떻게 광고하지?
 B We can take advantage of the air show next month.
 ⠿ advertise 광고하다 | item 품목 | next month 다음 달

3

A 나는 나의 언어 능력을 이용했어.

B How many languages can you speak?

⋯→ **A** I took advantage of my proficiency at different languages.
 B 얼마나 많은 언어를 말할 수 있어?
 ⠿ proficiency 능력 | language 언어

Let's pick his brain!
그의 지혜를 빌리자.

직역하면 '그의 뇌를 집자'입니다. 사람의 brain에서 집을 수 있는 것이 뭐가 있을까요? 아마도 그 사람의 의견이나 그 사람이 갖고 있는 지혜가 아닐까요?

357

PATTERN 166

I am familiar with this scene.

저는 이 장면에 익숙해요.

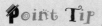 **Point Tip** / **be familiar with + 명사 : ~에 대해서 익숙하다**

어떤 일을 잘 알거나 어떤 일을 하는 것에 익숙하다는 것을 나타낼 때 사용할 수 있는 숙어 표현이다. 뭔가에 익숙하다는 표현도 여러 가지가 있으나 실생활에서 자주 쓸 수 있는 표현 위주로 정리해두면 유용하다.

 BASIC EXERCISE

- I am not familiar with this area.
  이 지역이 낯설어요.

- He is familiar with the terms of Biology.
  그는 생물학 용어를 잘 알아요.

- She is familiar with the ingredients in Italian food.
  그녀는 이태리 요리 재료를 잘 알아요.

- I am familiar with his accent.
  나는 그의 억양에 익숙합니다.

 QUIZ

그녀는 컴퓨터 시스템을 잘 알아요.

⇨ _____

Hint computer system 컴퓨터 시스템

 Tip

- familiar 잘 아는, 친한
- biology 생물학
- accent 억양
- term 용어
- ingredient 재료

 ANSWER She is familiar with computer systems.

1

A It seems difficult to use this sewing machine.

B No, it's not. 나는 이 기계에 익숙해.

⋯▸ **A** 이 재봉틀을 사용하는 게 어려운 거 같아. **B** 아니야. I am familiar with this machine.
∷ seem ~인 것 같다 | difficult 어려운 | sewing machine 재봉틀

2

A I don't know how to control adolescents.

B You'd better ask Mr. Lee. 그는 그런 문제를 잘 알아.

⋯▸ **A** 사춘기 아이들을 어떻게 다루어야 할지 모르겠어.
B 이 씨에게 물어봐. He is familiar with that problem.
∷ control 다루다 | adolescent 사춘기 아이

3

A I can't get rid of this smell from my house.

B Sam can help you. 그는 냄새를 없애는 데 익숙해.

⋯▸ **A** 집에서 나는 냄새를 없앨 수가 없어.
B 샘이 도와줄 수 있어. He is familiar with getting rid of odors.
∷ get rid of 없애다 | smell 냄새 | odor 냄새

That will be it.
그게 다예요.

식당이나 가게에서 점원이 더 주문할 것이 있느냐고 물을 때 쓸 수 있
는 표현이 That will be it. 혹은 That will be all. 이랍니다. That will
be it.는 slang에 가까운 표현이란 것까지 기억해두세요!

I am good at cooking.
저는 요리를 잘해요.

Point Tip | **be good at + 명사 : ~을 잘하다, ~에 능숙하다**

어떤 일을 잘하거나 능숙하다고 말하고 싶을 때 사용할 수 있는 숙어 표현이다. 이와 반대로 어떤 일에 미숙하다, 혹은 잘하지 못하는 것을 의미하는 [be poor at] 표현도 함께 익혀두자.

BASIC EXERCISE

- He is good at negotiating.
  그는 협상을 잘해요.

- She is good at decorating cakes.
  그녀는 케이크를 잘 꾸며요.

- We are good at training dogs.
  우리는 강아지 훈련을 잘 시켜요.

- I am good at language learning.
  나는 언어 공부를 잘해요.

QUIZ

그녀는 우는 아기를 달래는 일을 잘해요.

⇨ _____

Hint soothing 달래다 | crying 우는

Tip
- negotiate 협상하다
- train 훈련하다
- language 언어
- decorate 꾸미다

ANSWER She is good at soothing a crying baby.

1

A 그는 이야기 만들어내는걸 잘해요.

B You mean he is a liar?

⋯▸ **A** He is good at making up stories. **B** 그가 거짓말쟁이란 말이에요?
:: make up stories 이야기를 만들다 | liar 거짓말쟁이

2

A 그녀는 사람들을 웃게 만드는 것을 잘해요.

B Right. That's the reason people love her.

⋯▸ **A** She is good at making people smile.
B 맞아요. 그게 바로 사람들이 그녀를 사랑하는 이유지요.
:: smile 웃다 | reason 이유

3

A 그는 물건 파는걸 잘해요.

B Yes. He makes a lot of money.

⋯▸ **A** He is good at selling things. **B** 그래요. 그는 돈을 많이 벌어요.
:: sell 팔다 | thing 물건 | a lot of 많은

Can you give me a hand?
좀 도와줄래요?

'손을 좀 빌린다'라는 표현이 있습니다. 영어로도 똑 같은 표현이 있어
요. Give one's a hand 혹은 lend one's a hand라고 말해서 도움을 요
청할 수 있답니다.

Don't forget to close the door.

문 닫는 거 잊지 마세요.

Point Tip / **don't forget to + 동사 원형 : ~하는 것을 잊지 마세요**

상대에게 어떤 일을 해야 한다는 것을 잊지 말도록 당부할 때 사용하는 표현이다.
[forget to do]는 '~할 것을 잊다'이고, [forget -ing]는 '~한 것을 잊다'가 된다.
의미의 차이를 잘 알아두자.

BASIC EXERCISE

- Don't forget to go to the doctor.
  병원에 가는 거 잊지 말아라.

- Don't forget to check your car before the winter comes.
  겨울이 오기 전에 차 검사하는 거 잊지 마세요.

- Don't forget to buy a gift for your sister.
  동생 선물 사는 거 잊지 마.

- Don't forget to invite your aunt to your graduation.
  숙모를 너의 졸업식에 초대하는 거 잊지 마.

제시간에 응시원서를 보내는 거 잊지 마세요.

⇨ _____

Hint send 보내다 | application 응시원서 | on time 제시간에

Tip

- go to the doctor 병원에 가다
- buy 사다
- graduation 졸업식
- check 검사하다
- invite 초대하다

ANSWER Don't forget to send your application on time.

Section 6

1

A 할머니께 크리스마스 카드 보내는 거 잊지 마.

B I did it already.

⋯→ **A** Don't forget to send a Christmas card to your grandma. **B** 저 벌써 보냈어요.
:: send 보내다 | grandma 할머니 | already 벌써

2

A Mom, 오늘 5시에 저 데리러 오는 거 잊지 마세요.

B OK. See you then.

⋯→ **A** 엄마, don't forget to pick me up at five pm today. **B** 알았어. 그때 보자.
:: pick up 데리러 오다 | then 그때

3

A 다시 카메라를 사용할 때는 배터리를 충전하는 것을 잊지 마세요.

B Well, I don't know how to recharge it.

⋯→ **A** Don't forget to recharge the battery when you use the camera again.
B 음. 저는 어떻게 그것을 충전하는지 몰라요.
:: recharge 충전하다 | use 사용하다 | again 다시

I don't want to give in.
양보하고 싶지 않아.
어떤 것을 안에다 넣어준다는 것이 결국은 무엇을 양보한다는 의미이
군요. 양보하기를 원하지 않는다는 표현을 만들어보세요. 영어로 표
현하면 I don't want to give in.이랍니다.

PATTERN 169 Is it possible to check my grade early?

일찍 제 점수를 확인하는 게 가능할까요?

Point Tip / is it possible …? : ~하는 것이 가능한가요?

어떤 일을 하는 것이 가능한지 물을 경우에는 [Is it possible to + 동사 원형]을 쓰고, 누군가가 어떤 일을 하는 것이 가능한지 물을 때는 [Is it possible + for + 사람 + to + 동사 원형]의 형태를 취한다.

BASIC EXERCISE

- Is it possible to withdraw some money from this ATM?
  이 ATM 기계에서 돈을 좀 찾는 것이 가능한가요?

- Is it possible for an applicant to be hired without experience?
  응시자가 경험이 없는데 채용되는 게 가능한가요?

- Is it possible to borrow some money from your bank with my credit?
  내 신용만으로 당신 은행에서 돈을 좀 빌리는 것이 가능한가요?

- Is it possible for students to go out at night without your permission?
  학생들이 당신 허락 없이 밤에 나가는 것이 가능합니까?

QUIZ

이 표를 가지고 버스를 타는 것이 가능한가요?

⇨ _____

Hint take a bus 버스를 타다 | pass 표

Tip

- withdraw 인출하다
- borrow 빌리다
- ATM(Automatic Teller Machine) 자동 금전 인출기
- hire 채용하다
- permission 허락

ANSWER Is it possible to take a bus with this pass?

1

A 청중들이 음료를 방으로 가지고 오는 것이 가능합니까?

B Actually, no. We are going to post it tomorrow.

⋯→ **A** Is it possible for audiences to bring their drinks into the room?
B 사실 안 돼요. 내일 그것을 게시할 겁니다.
:: audience 청중 | drink 마실 것 | post 게시하다

2

A 7살 남자아이가 이 게임을 할 수 있나요?

B I am sorry, this game is for adults.

⋯→ **A** Is it possible for a 7-year-old boy to play this game?
B 죄송합니다만 이 게임은 어른들을 위한 겁니다.
:: adult 어른

3

A 전자기타로 클래식을 연주하는 것이 가능할까요?

B I guess it is possible.

⋯→ **A** Is it possible to play classical music with an electric guitar?
B 가능할 거라고 생각돼요.
:: classical music 클래식 음악 | electric 전자의 | guitar 기타

I'll say. It was awesome!
맞아. 그거 정말 멋졌어!

'동감이야'라는 표현을 생각하면 자동적으로 중고등학교 때 달달 외웠던 'I agree.'가 기억나지요? 이제 그것 말고 하나 더 기억해두세요. '맞아 혹은 '동감이야'라는 표현으로 I'll say.가 있습니다.

PATTERN 170 — I called you last night at least ten times.

어젯밤에 내가 너한테 적어도 열 번은 전화를 했다.

BASIC EXERCISE

- Please pick up a ticket at least one day before departure.
  적어도 출발 하루 전에 표를 찾으세요.

- We have to read at least two articles.
  우리는 적어도 2개의 기사를 읽어야 해요.

- You have to attend at least three conferences before you graduate.
  당신들이 졸업하기 전에 적어도 세 개의 회의에 참석해야 합니다.

- She already ate at least four ice cream cones.
  그녀는 이미 네 개의 아이스크림을 먹었어요.

QUIZ

나는 이 선물에 적어도 500달러를 썼어.

⇨ _____

(Hint) spend 쓰다 | gift 선물

Tip

- pick up 찾다, 들어 올리다
- article 기사
- graduate 졸업하다
- departure 출발
- attend 참석하다

(ANSWER) I spent at least 500 dollars on this gift.

1

A 나는 적어도 일주일에 한 번은 빨래를 해.

B I do, too.

⋯→ **A** I do laundry at least once a week.　**B** 나도 그래.
∷ **do laundry** 세탁하다 | **once** 한 번

2

A How much money do you need?

B 적어도 50불이요.

⋯→ **A** 돈이 얼마나 필요하니?　**B** At least 50 dollars.
∷ **much** 많은 | **need** 필요한

3

A I put some salt and pepper into the pot.

B OK. 이제 그것을 약한 불에서 최소한 한 시간은 끓도록 두세요.

⋯→ **A** 소금과 후추를 냄비에 넣었어요.　**B** 좋아요. Now let it simmer at least one hour.
∷ **pot** 냄비 | **simmer** (약한 불에) 끓이다

Can I grab a bite now?
내가 지금 빨리 먹어도 될까?

할 일이 많아서 밥 먹을 시간도 없을 때가 가끔 있지요? 낭비되는 시간을 조금이라도 아끼기 위해 '음식을 후딱 먹자'라고 말할 때 grab a bite라는 표현을 쓸 수 있답니다.

What's wrong with you?

뭐가 문제인가요?

Point Tip | **what's wrong with + 명사 : ~에 무엇이 문제인가요?**

어떤 사람이나 사물, 혹은 사건에 대해서 무엇이 잘못 되었는지를 묻는 표현이다. [What's wrong with] 다음에는 문제의 대상이 되는 명사를 넣으며, What's wrong? 자체만으로도 '문제가 뭐야?'라는 질문으로 사용할 수 있다.

BASIC EXERCISE

• **What's wrong with this pie?**
  이 파이가 뭐가 잘못된 거야?

• **What's wrong with my car?**
  제 차가 뭐가 잘못된 거죠?

• **What's wrong with this printer?**
  이 프린터가 뭐가 잘못된 거지?

• **What's wrong with your neighbor?**
  너의 이웃이 어디가 아픈 건데?

QUIZ

당신 아기가 어디가 아픈 거예요?

⇨ _____

Hint baby 아기

Tip
• wrong 잘못된, 나쁜   • pie 파이
• printer 프린터
• neighbor 이웃
ANSWER What's wrong with your baby?

1

A 너 뭐가 문제야? (왜 그래?)

B Nothing. I just don't want to be involved in this argument.

⋯⟶ **A** What's wrong with you? **B** 아무것도 아니야. 그냥 그 다툼에 휘말리고 싶지 않아.
∷ nothing 아무것도 아닌 | involve 휘말리다 | argument 다툼

2

A Teacher, 저의 답이 뭐가 잘못됐어요?

B Jim, you didn't seem to read the questions carefully.

⋯⟶ **A** 선생님, what's wrong with my answers?
B 짐, 너 문제를 주의 깊게 읽어보지 않은 것 같더구나.
∷ answer 답 | carefully 주의 깊게

3

A 날씨가 뭐가 잘못된 거야? It's too hot in winter.

B It happens due to global warming.

⋯⟶ **A** What's wrong with the weather? 겨울에 너무 더워. **B** 지구 온난화 때문에 그런 거야.
∷ weather 날씨 | happen 발생하다 | global warming 지구 온난화

I am on the fence. ⋯⋯⋯⋯⋯⋯⋯⋯⋯⋯⋯⋯⋯⋯⋯⋯⋯⋯⋯⋯⋯⋯

저는 아직 결정을 못했어요.

무엇인가를 결정하지 못했다는 것을 표현할 때 영어로는 be on the fence라고 한답니다. 담장 위에 앉아 있는 사람의 모습이 어떤 일을 결정하기 전의 모습을 연상시키나 봅니다.

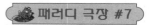

Three Wishes

There was one couple, who were very poor but happy.

One day, a fairy visited them and she wanted to make their wishes come true.

The potato is well baked. I wish I could have well baked sausage.

Oh no! His wife wasted their first wish.

Shoot, I wish the sausage was on your nose.

Thus the angry husband wasted their second wish.

Let's control our avarice, let's use the last wish for you! Let's live happily like before, even though we couldn't get anything with our wishes!

I'm all right, I will make another wish. I wish...

This sausage was on YOUR nose.

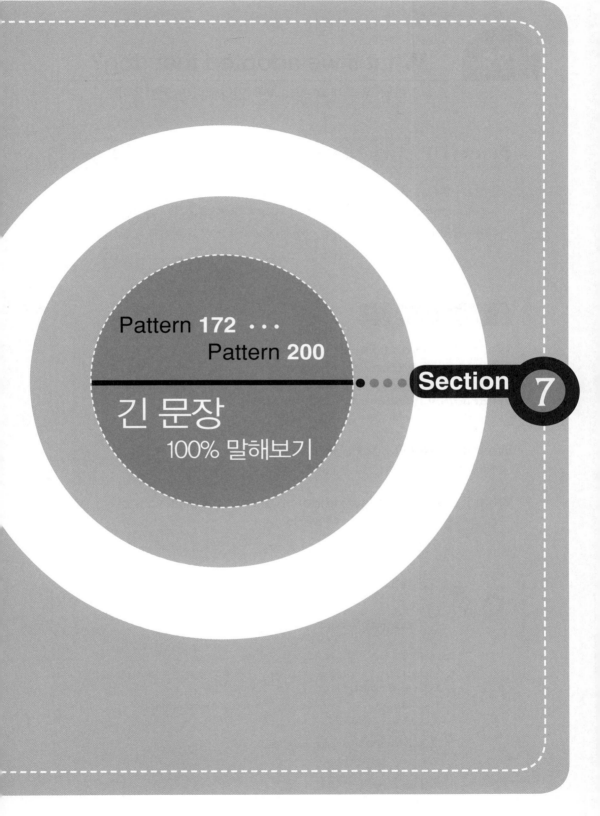

Pattern **172** ···
Pattern **200**

긴 문장
100% 말해보기

Section ⑦

What if we adopted that dog?

만약 우리가 그 강아지를 입양했다면 어땠을까?

Point Tip

what if + 절(주어 + 동사) ? : 만약 ~을 했더라면 어땠을까?

일어나지 않은 일을 가정하여 그 결과를 상상해보고자 할 때 유용하게 쓸 수 있는 표현이다. 일반적으로 if의 경우는 '만약 ~라면, ~할 텐데'라는 가정만을 의미하지만 [what if]의 경우는 '가정하여 어떻게 될까'라는 질문의 형태까지 취한다.

BASIC EXERCISE

• What if I told you a lie?
  만약 제가 당신에게 거짓말을 했었다면 어떨까요?

• What if they have already baked a pie?
  만약 그들이 벌써 파이를 구웠으면 어땠을까?

• What if we didn't book our plane tickets early enough?
  만약 충분히 일찍 우리 비행기 표를 예약하지 않았더라면 어땠을까?

• What if she went to law school instead of medical school?
  만약 그녀가 의대 대신에 법대를 갔더라면 어땠을까요?

QUIZ

내가 그 시험에 통과하지 못했다면 어땠을까?

⇨ _____

Hint pass (시험을) 통과하다 | exam 시험

Tip
  • tell a lie 거짓말 하다   • bake 굽다
  • book 예약하다   • medical school 의대
  • instead of ~대신에

ANSWER What if I didn't pass the exam?

1

A It's been raining all day long. 만약 플로리다로 갔었더라면 어땠을까?

B It would be fantastic. We should go there.

⋯▸ **A** 하루 종일 비가 오네. **What if we went to Florida?**
B 환상적이었을 거야. 우리는 거기로 갔었어야 했어.
:: **all day long** 하루 종일 | **fantastic** 환상적인

2

A 만약 그때 집을 사지 않았더라면 어땠을까?

B You might not have such a great house at this low price.

⋯▸ **A** What if I hadn't bought the house when I did?
B 너는 아마도 이 좋은 집을 그렇게 낮은 가격에 살 수 없었을 거야.
:: **such** 그처럼 | **low** 낮은

3

A 만약 불이 났을 때 셀리가 집에 없었다면 어땠을까?

B It would have been horrible. We might have lost our home.

⋯▸ **A** What if Sally was not home when the fire broke out?
B 끔찍했을 거야. 우리는 집을 잃었을지도 몰라.
:: **the fire breaks out** 불이 나다 | **horrible** 끔찍한 | **lose** 잃다

Please give me a rain check. ●
다음 기회로 미루어주세요.

미국은 야구를 좋아해서 야구 관련 표현들을 일상생활에서 많이 사용합니다. 그래서 어떤 일을 다음 기회로 미루자고 할 때도 Please give me a rain check.라고 한답니다.

I wonder if I can get some information here.

여기에서 정보를 좀 얻을 수 있을지 궁금해요.

Point Tip

I wonder : ~할 수 있을지 궁금하다

문장의 형태는 평서문이지만 wonder의 의미로 인하여 의문이나 부탁을 요청하는 문장으로 쓰게 된다. 일상 회화에서 많이 쓰는 말이지만 막상 영어로 말하려면 자연스럽게 나오지 않는 구문 중에 하나이므로 잘 익혀두자.

BASIC EXERCISE

- I wonder if I can get a job here.
  내가 이곳에서 직업을 얻을 수 있을지 궁금해.

- I wonder what he said to you.
  그가 너에게 무슨 말을 했는지 궁금해.

- I wonder when we can get the results.
  언제 결과를 알 수 있을지 궁금해요.

- I wonder why she was so angry with us.
  왜 그녀가 우리에게 그렇게 화가 났는지 궁금해.

QUIZ

나는 그녀가 그녀의 선물을 좋아할지 궁금해.

⇨ _____

Hint if ~할지 | present 선물

Tip
- get a job 직업을 얻다
- so 그렇게
- be angry with ~에게 화가 나다
- result 결과

ANSWER I wonder if she likes her present.

1

A Have you seen Tony recently?

B No. 그가 잘 지내는지 궁금해.

··→ **A** 최근에 토니 본 적 있어? **B** 아니. I wonder if he is doing well.
∷ recently 최근에 | do well 잘 지내다

2

A Are you going to take care of your baby for the summer vacation?

B Yes, but 이번 여름에 휴가를 얻을 수 있을지 모르겠어. It is the busiest time of the year.

··→ **A** 여름 휴가에 아기를 돌볼 거야?
B 응, 하지만 I wonder if I can take a vacation this summer. 일년 중에 가장 바쁜 때 거든.
∷ be going to ~할 것이다 | take care of 돌보다 | busiest 가장 바쁜

3

A 왜 사람들이 이 영화를 그렇게 좋아하는지 궁금해.

B Oh, it is an amazing movie. You should have seen it.

··→ **A** I wonder why people are crazy about this movie.
B 오. 굉장한 영화야. 네가 봤었어야 하는데.
∷ be crazy for ~을 (미치도록) 좋아하다 | amazing 굉장한

 I am sick and tired of his lying.
그의 거짓말에 진저리가 난다.

우리가 하는 말 중에 '진저리 나게 싫다'라는 표현이 있지요? 뭔가 매우 못마땅하고 너무나 싫을 때 쓰는 말입니다. 영어로는 sick and tired라고 표현하는군요.

I am not sure if he is coming.

저는 그가 올지 오지 않을지 잘 모르겠어요.

Point Tip | I am not sure if : ~인지 아닌지 잘 모르겠다

화자가 어떤 일에 대한 확신이 없음을 나타낼 때 쓸 수 있는 표현이다. 만약 이 패턴을 모른다면, 영어로 도대체 어떻게 표현해야 할지 난감할 수 있는 말이므로 이번 기회에 잘 익혀서 실생활에 바로 활용해보자.

 BASIC EXERCISE

- I am not sure if I can help you out.
  제가 당신을 도울 수 있을지 잘 모르겠네요.

- I am not sure if he has curly hair.
  그가 곱슬머리를 가졌는지 잘 모르겠어.

- I am not sure if she got a shot.
  그녀가 주사를 맞았는지 잘 모르겠어.

- I am not sure if those are Jim's belongings.
  이것들이 짐의 소지품인지 잘 모르겠다.

QUIZ

나는 이 가격이 세금을 포함한 것인지 잘 모르겠어요.

⇨ _____

Hint price 가격 | include 포함하다 | tax 세금

Tip
- help out 돕다
- shot 주사
- belonging 소지품
- curly 곱슬머리의

ANSWER I am not sure if this price includes tax.

 **LIVE TALKS** – 뉘앙스 따라잡기

①

A It's too cold in here. Is the heater on?

B 히터가 켜져 있는지 잘 모르겠는데.

⋯⟶ **A** 여기 너무 추워. 히터가 켜져 있어? **B** I am not sure if it is on.
∷ too 너무 | heater 히터 | be on 켜져 있다

②

A Did you invite Marie to the farewell party?

B Yes, I did. But 그녀가 올 수 있을지 모르겠어.

⋯⟶ **A** 송별회에 마리 초대했니? **B** 응, 했어. 그런데 I am not sure if she can come.
∷ invite 초대하다 | farewell party 송별회

③

A Can I get my money back by tomorrow?

B 내일까지 내가 돌려줄 수 있을지 모르겠다. I will try.

⋯⟶ **A** 내일까지 내가 돈을 받을 수 있을까?
B I am not sure if I can pay you back by tomorrow. 노력할게.
∷ pay back 돌려주다, 갚다 try 노력하다

He lost track of the time chatting with me.
그는 나와 수다 떠느라 시간 가는 줄 몰랐어.

우리말 중에 '시간 가는 줄 모르다'라는 말이 있어요. 영어로는 'lose track of the time'라고 말한답니다. 미국인들은 그것을 '궤도를 놓치다'라고 표현하네요.

377

Is it OK if I stay here tonight?

오늘 밤에 제가 여기에 머물러도 될까요?

Point **Ti**p | **is it OK if …? :** ~을 해도 괜찮을까요?

상대의 의견을 묻거나 혹은 상대의 긍정적 대답을 기대하고 허락을 구할 때 사용할 수 있는 표현이다. 이때 if는 '만약 ~해도'라는 의미로 사용한다. 그리고 OK 대신에 [all right]를 써도 같은 의미를 나타낸다.

 BASIC EXERCISE

- Is it OK if I change the channel?
  제가 채널을 바꿔도 될까요?

- Is it OK if I take your dog outside?
  강아지를 밖으로 데리고 가도 되니?

- Is it OK if I leave the pie in the oven?
  파이를 오븐에 둬도 괜찮을까요?

- Is it all right if I do the laundry now?
  지금 빨래해도 되겠니?

QUIZ | 내일 그녀가 당신 아파트로 방문해도 괜찮겠어요?

⇨ _____

Hint come 오다 | apartment 아파트 | tomorrow 내일

 Tip
- take out 데리고 나가다
- leave 두다
- do the laundry 빨래하다

ANSWER Is it OK if she comes to your apartment tomorrow?

1

A Mr. Green, I didn't submit my assignment yet. 내일 제출해도 될까요?

B Don't worry. It will be fine.

⋯➔ **A** 그린 씨, 제가 아직 제 숙제를 제출하지 못했어요. **Is it OK if I submit it tomorrow?**
B 걱정 마. 괜찮을 거야.
:: submit 제출하다 | assignment 과제 | fine 좋은

2

A 우리가 음식을 안으로 가지고 가도 괜찮을까요?

B I am sorry, sir. Food is not allowed inside.

⋯➔ **A Is it OK if we bring our food inside?** **B** 죄송합니다, 손님. 음식은 안으로 못 가지고 가세요.
:: bring 가지고 가다 | inside 안 | allow 허락하다

3

A 제가 이 구문을 사용해도 괜찮을까요?

B Sure.

⋯➔ **A Is it OK if I use this phrase?** **B** 물론이지요.
:: use 사용하다 | phrase 구문 | sure 물론이지요

You smell funny.
너 냄새가 이상해.

친구가 향수를 새로 사서 '냄새 어때?'라고 물어볼 때 할 수 있는 표현입니다. 그런데 '이상해!'라고 하면 매우 속상하겠죠? 미국인들은 funny라는 단어로 이상하다는 것을 표현하네요.

379

That's why you are here.

그게 바로 네가 여기 있는 이유지.

Point Tip | **that's why + 절(주어 + 동사) : 그게 바로 ~한 이유이다**

대화의 바로 앞에서 언급되었을 '그것'이 why 뒷부분의 결과나 행동을 있게 한 이유임을 나타낼 때 쓰는 표현이다. 이 패턴은 비슷한 의미인 [That's the reason + 절]로 바꿔 쓸 수도 있다.

 BASIC EXERCISE

• That's why you have to study harder.
그것이 바로 네가 더 열심히 공부해야만 하는 이유이다.

• That's why he is against this idea.
그것이 바로 그가 이 의견에 반대하는 이유이다.

• That's why Sue wanted to see you last night.
그것이 바로 어젯밤에 수가 너를 보길 원했던 이유야.

• That's why they watch this show.
그것이 바로 그들이 이 프로를 보는 이유지.

QUIZ | 그것이 바로 그가 나한테 화난 이유구나.
⇨ _____
Hint be mad at ~에 화나다

Tip
• have to ~해야만 한다
• against ~에 반대하여
• watch 보다
• harder 더 열심히
ANSWER That's why he is mad at me.

 LIVE TALKS - 뉘앙스 따라잡기

1

A Dr. Nelson's class is very hard. I don't catch what he's saying.

B 그게 바로 내가 그 수업을 신청하지 않은 이유야.

> ···▸ **A** 넬슨 박사 수업은 너무 어려워. 그가 무슨 말을 하는지 알아듣지 못하겠어.
> **B** That's why I didn't sign up for his class.
> :: catch 이해하다 | sign up 등록하다

2

A You look very healthy these days. Are you still doing yoga?

B Yes, I am. 그게 바로 내가 너도 요가를 했으면 하는 이유야.

> ···▸ **A** 너 요즘 매우 건강해 보여. 아직도 요가 하니?
> **B** 응, 하고 있어. That's why I want you to do yoga, too.
> :: healthy 건강한 | these days 요즘 | too 역시

3

A Why are people so excited? Did the Cardinals win the final game?

B Oh, yes. 그게 바로 우리가 오늘 저녁에 파티를 해야 하는 이유지요.

> ···▸ **A** 왜 사람들이 저렇게 신이 났죠? 카디날즈가 결승전을 이겼나요?
> **B** 오, 네. That's why we need to have a party tonight.
> :: excited 신이 난 | have a party 파티를 열다 | the Cardinals St. Louis 대표 야구팀

 You, cheapskate!
야, 구두쇠!

진짜 부자일수록 돈 쓰는 것에 인색하다고 하지요? 미국인들은 짠돌이를 cheapskate 혹은 가장 작은 단위의 동전 penny와 연관 지어 penny pincher라고 표현한답니다.

381

PATTERN
177

That's what he said to me.

그게 바로 그가 나한테 말한 거예요.

Point **T**ip | **that's what + 절 : 그것이 바로 ~한 것이다**

[that's what + 절]은 '그것이 바로 ~한 것이다'라는 의미를 나타내는 구문이다. 앞에 나왔던 문장을 강조할 때 자주 쓴다. 이때 what이 무엇을 지칭하는지는 앞 뒤 문맥을 통해 확인하면 된다.

BASIC EXERCISE

- **That's what I'm saying.**
  그게 바로 내 말이야.

- **That's what they used to do in summer.**
  그것이 그들이 여름에 하곤 하던 일이지요.

- **That's what he loves to watch.**
  그것이 그가 보고 싶어하는 것이에요.

- **That's what they expected.**
  그것이 그들이 기대했던 것입니다.

그것이 바로 내 딸이 가지고 싶어하는 거예요.

▷ _____

Hint daughter 딸 | want 원하다 | have 가지다

Tip
- say 말하다
- in summer 여름에
- expect 기대하다
- used to ~을 하곤 했다

ANSWER That's what my daughter wants to have.

1

A Happy birthday, Jean. This is for you.

B Oh, thanks. Wow, 그것은 바로 내가 바라던 거야.

> ···▸ **A** 생일 축하해 진. 이거 너를 위한 거야.
> **B** 오, 고마워. 와, that's exactly what I hoped for.
> :: birthday 생일 | exactly 바로 | hope for 바라다

2

A We are going to tour Paris this summer, so I bought this big back pack.

B Awesome. 내가 항상 사고 싶었던 거야.

> ···▸ **A** 이번 여름에 우리는 파리를 여행할 거야. 그래서 이 큰 가방을 샀어.
> **B** 멋지다. That's what I have always wanted to buy.
> :: tour 관광 여행하다 | back pack 배낭 | awesome 매우 멋진

3

A I have a midterm next week. I have to review for the test.

B Exactly. 그것이 바로 시험 전에 네가 해야 할 거야.

> ···▸ **A** 다음 주에 중간고사가 있어. 복습해야만 해.
> **B** 맞아. That's what you need to do before a test.
> :: midterm 중간고사 | review 복습하다 | exactly 정확히

She is pushing 50!
그녀의 연세가 50에 가까워요.

'나이가 어디에 가깝다'라는 표현을 할 때 사용할 수 있는 표현입니다. 미국인들은 '밀다'라는 의미의 단어 push를 나이를 말하는 표현에 사용하는군요.

That's the way I cook.

그것이 내가 요리하는 방법입니다.

Point Tip | **that's the way** : 그것이 ~하는 방법이다

어떤 일의 방법을 말할 때 사용할 수 있는 구문이다. 이런 패턴을 쓸 때는 특히 '방법'을 강조하고자 할 때이다. 따라서 화자가 타인에게 무엇인가를 설명할 때 주로 사용하게 되는 표현이다.

BASIC EXERCISE

- **That's the way he counsels his patients.**
  그것이 그가 그의 환자들과 상담하는 방법이에요.

- **That's the way they talk.**
  그것이 그들이 말하는 방법이에요.

- **That's the way he shows his love to his children.**
  그것이 그가 그의 아이들에게 그의 사랑을 보여주는 방법입니다.

- **That's the way my baby eats soup.**
  그것이 나의 아기가 수프를 먹는 방법이에요.

 QUIZ

그것이 그들이 아이들과 함께 여행하는 방법입니다.

⇨ _____

Hint travel 여행하다 | kid 아이

 Tip
- counsel 상담하다
- patient 환자
- talk 말하다
- show 보여주다

ANSWER That's the way they travel with their kids.

1

A 그것이 그들이 그들의 물건을 파는 방법이에요.

B Do you think it is effective?

···▸ **A** That's the way they sell their items.　**B** 당신은 그것이 효과적이라고 생각하세요?

‡‡ sell 팔다 | item 물건 | effective 효과적인

2

A What is he doing now?

B 저것이 그가 피아노를 조율하는 방법이에요.

···▸ **A** 저 사람 지금 뭐 하는 거예요?　**B** That's the way he tunes up a piano.

‡‡ tune up 조율하다

3

A You can't do this all tonight.

B Don't worry. I can. 그게 내가 일하는 방법이야.

···▸ **A** 이 모든 걸 오늘 밤에 다 못 해.　**B** 걱정 마. 나는 할 수 있어. **That's the way I work.**

‡‡ worry 걱정하다 | work 일하다

My baby has a runny nose.
아기가 콧물이 나요.

감기에 걸려 코에서 콧물이 흐르는 것을 runny 를 사용해 나타낸 재미
있는 표현이지요. '흐르는 코' 라는 의미는 콧물이 흐르는 것을 말하는
것임을 알 수 있겠지요?

PATTERN 179

Do you know what it is?

당신은 이것이 무엇인지 아나요?

Point Tip | **do you know what …? :** 당신은 ~하는 것을 아나요?

상대에게 어떤 사건이나 사물을 아는지에 대해서 직접적으로 묻는 표현이다. 또한 화제를 전환 시키거나 혹은 상대의 관심을 끌기 위해서 의문문의 형태가 아닌 평서문의 형태로 You know what. 단독으로 사용하기도 한다.

 BASIC EXERCISE

- **Do you know what time the game is?**
  너 그 경기 시간을 알아?

- **Do you know what I mean?**
  내 말이 무엇을 뜻하는지 너 알겠어?

- **Do you know what this chart is about?**
  이 차트가 뭐에 관한 건지 아니?

- **You know what? I am not going to buy this.**
  있잖아. 나 이거 안 살 거야.

QUIZ

내가 너를 위해서 준비한 것이 뭔지 아니?

⇨ _____

Hint prepare 준비하다

 Tip
- mean 의미하다
- about ~에 관한
- buy 사다
- chart 차트
ANSWER Do you know what I prepared for you?

A 너 넬슨 박사님 수업 숙제가 뭔지 아니?

B I am sorry, I don't know either. I was absent from his class.

⋯▸ **A** Do you know what the homework of Dr. Nelson's class is?
B 미안하지만 몰라. 나 결석했었어.
∷ homework 숙제 | either 역시 | be absent 결석하다

A 너 내가 이번 여름 방학에 뭐 하려고 했었는지 아니?

B No. What were you going to do?

⋯▸ **A** Do you know what I was going to do this summer vacation?
B 아니. 뭐 하려고 했었어?
∷ summer 여름 | vacation 방학

---

③

A 너 멕시코의 수도가 뭔지 알아?

B I think it is Mexico City.

⋯▸ **A** Do you know what the capital city of Mexico is? **B** 멕시코 시티 같은데요.
∷ capital city 수도

It's none of your business.
네가 상관할 일이 아니야.

내 일에 상관하지 말라, 즉 남의 일에 신경 끄라는 표현을 영어로는
It's none of your business.라고 합니다. 들었을 때 썩 유쾌하지는 않
을 것 같은 표현이지요?

PATTERN 180

It's said that she is a liar.

그녀가 거짓말쟁이라고 하더군요.

Point Tip | **it is said that** : ~이라고 하더군요

소문으로 들은 혹은 흔히 알고 있는 상식들을 말할 때 사용할 수 있는 표현이다. 이 패턴은 출처는 알 수 없지만 사람들이 하는 말을 전할 때 사용할 수 있다. 일상에서 말을 옮길 때 유용하게 쓸 수 있는 표현이다.

BASIC EXERCISE

• It's said that there is a lot of snow in this town in winter.
  겨울에 이 마을에 눈이 많이 온다고 하더군요.

• It's said that John is the best teacher in this school.
  이 학교에서 존이 가장 좋은 선생님이라고 하더군요.

• It's said that sheep are innocent animals.
  양들은 순진한 동물이라고 하지요.

• It's said that Australia is very famous for surfing.
  호주는 써핑으로 유명하다고 하지요.

QUIZ

그는 매우 용감한 군인이었대요.

⇨ _____

Hint brave 용감한 | soldier 군인

Tip
• a lot of 많은   • sheep 양
• innocent 순진한   • famous for ~로 유명한
• surfing 써핑

ANSWER It's said that he was a brave soldier.

1

A 버터는 당신의 심장에 좋지 않다고 하더군요.

B I know, but I love it.

⋯→ **A** It's said that butter is not good for your heart. **B** 알아요. 하지만 난 그게 너무 좋아요.
:: be good for ~를 위해서 좋다 | heart 심장

2

A What is your favorite insect?

B Ants. 개미는 가장 부지런한 곤충이라고 하지.

⋯→ **A** 네가 좋아하는 곤충은 뭐니? **B** 개미야. It's said that ants are the most diligent insects.
:: favorite 좋아하는 | insect 곤충 | diligent 근면한, 부지런한

3

A Did you watch the documentary about Mayans?

B Yes. 마야인들은 한때 매우 찬란한 문명을 가졌다고 하지.

⋯→ **A** 마야인들에 관한 다큐멘터리 봤니?
B 응. It said that Mayans once had a very brilliant civilization.
:: once 한때 | brilliant 찬란한 | civilization 문명
여기에서 it는 가주어가 아닌 documentary를 의미하는 대명사이다.

 ## Go for it!
해!

무엇을 망설이느냐, 어떤 것을 얼른 진행하라는 표현을 한 마디로 쓰
자면 Go for it! 입니다. 비슷한 표현으로 Just do it! 이 있는데 들어본
적 있나요?

389

PATTERN 181 | I was shocked that you failed the exam.

네가 시험에 실패했다는 것에 나는 충격 받았어.

✐oint Tip

be shocked that : ~에 충격을 받았다

어떤 사건이나 일에 대해서 정신적인 충격을 받았음을 나타낼 때 사용할 수 있는 표현이다. 실생활에서 많이 쓰지만 막상 영어로 말하려고 하면 쉽게 나오지 않는 표현 중에 하나이다. 이번 기회에 익숙해지도록 연습하자.

 BASIC EXERCISE

· She was shocked that the interview was very short.

그녀는 인터뷰가 매우 짧은 것에 충격 받았어요.

· He was shocked that his name was not on the list.

그는 그의 이름이 리스트에 없다는 것에 충격 받았어요.

· They were shocked that their teacher was in the hospital.

그들은 그들의 선생님이 병원에 입원해 있다는 것에 충격 받았어요.

· My parents were shocked that I flunked science class.

나의 부모님은 내가 과학 과목을 낙제했다는 것에 충격 받으셨어.

> QUIZ
>
> 그는 그의 어머니의 생일을 완전히 잊어버린 것에 대해서 충격 받았어요.
>
> ⇨ _____
>
> (Hint) totally 완전히 | forget about ~에 대해서 잊어버리다

 Tip
· interview 인터뷰
· be in hospital 병원에 입원해 있다
· flunk 낙제하다
· list 리스트

(ANSWER) He was shocked that he totally forgot about his mother's birthday.

 **LIVE TALKS** - 뉘앙스 따라잡기

1

A I heard something bad happened to Jenny.

B Yes. 그녀는 그녀가 집을 잃은 것에 대해서 충격 받았어.

···➔ **A** 제니에게 뭔가 좋지 않은 일이 생겼다고 들었어.
B 맞아. She was shocked that she lost her house.
‼ something 무언가 | happen 일어나다 | lose 잃어 버리다

2

A Did you get the result from the doctor?

B Yes. 의사가 내 혈압이 꽤 높다고 이야기해서 충격 받았어.

···➔ **A** 의사로부터 결과 받았니?
B 응. I am shocked that the doctor said my blood pressure is quite high.
‼ result 결과 | blood pressure 혈압 | quite 꽤

3

A 그들이 먹을 충분한 음식이 없다는 것에 충격 받았어

B Yes. It is very shocking.

···➔ **A** I was shocked that they don't have enough food to eat. **B** 그래. 매우 충격이야.
‼ enough 충분한 | eat 먹다 | shocking 충격적인

 Talk Talk 튀는 English

Life isn't a bowl of cherries.
인생이 멋진 것만은 아니죠.

'멋진' 혹은 '훌륭한'이라는 의미를 표현할 때 영어로는 a bowl of cherries라고 한답니다. 그릇 안에 가득 담긴 체리가 얼마나 보기 좋은 지 상상해 보세요.

PATTERN
182

How dare you say such a thing!

어떻게 감히 그런 말을 합니까!

𝒫oint 𝒯ip | **how dare you …!** : 어떻게 감히 ~하지!

상대가 예상치 못한 일을 했거나 혹은 상대의 행동으로 기분이 몹시 상했을 때 사용할 수 있는 표현이다. 하지만 가까운 친구들 사이에서는 농담으로 도 많이 사용하므로 분위기에 따라 의미가 조금 달라질 수 있다.

🐧 BASIC EXERCISE

• **How dare you visit her again!**
  어떻게 감히 그녀를 다시 찾아가니!

• **How dare you annoy me!**
  어떻게 감히 나를 약올리니!

• **How dare you tell me what to do!**
  어떻게 감히 나에게 뭘 하라고 말하니!

• **How dare you try to cheat on the assignment!**
  감히 숙제를 부정으로 하려고 해!

QUIZ

감히 네가 내 부츠를 신다니!

⇨ _____

Hint put on 신다 | boots 부츠

Tip
• visit 방문하다   • annoy 약올리다
• cheat 부정행위를 하다
• assignment 과제, 숙제
ANSWER How dare you put on my boots!

Section 7

1

A 감히 어떻게 넬슨 박사님에게 도전할 수가 있니!

B I know. I think I am crazy.

> ⋯⟩ **A** How dare you challenge Dr. Nelson! **B** 알아. 내가 미쳤나 봐.
> :: challenge ~에 도전하다 | crazy 미친

2

A I decided not to take your offer.

B 어떻게 감히!

> ⋯⟩ **A** 저는 당신의 제안을 받아 들이지 않기로 결정했습니다. **B** How dare you!
> :: decide 결정하다 | take 받아 들이다 | offer 제안

3

A 어떻게 감히 나한테 말 대답을 할 수가 있니!

B I am sorry, Dad.

> ⋯⟩ **A** How dare you talk back to me! **B** 죄송해요 아빠.
> :: talk back 말 대답하다

She doesn't stick to any job.
그녀는 끈기가 없어요.

'어떤 일에 끈기가 있다'라는 표현으로 미국인들은 '고정시키다'라는 의미의 단어인 stick를 사용하는 군요. '끈끈한 무엇에 들러붙어 있다', 즉 '끈기나 인내심이 있다'라는 뜻이랍니다.

393

 **PATTERN 183** You will miss the show unless you hurry.

서두르지 않으면 쇼를 못 봐요.

𝓟oint 𝓣ip | **unless + 절 : …가 ~하지 않는다면**

unless는 단어 자체에 '가정'과 '부정'의 의미인 if와 not, 두 가지 의미를 모두 포함한다. 따라서 '만약 ~하지 않는다면'의 의미로 쓰인다. 이 패턴 역시 쉽게 말해지지 않는 표현이므로 익숙해지도록 연습하자.

BASIC EXERCISE

• He will not know about your plan unless you tell him about it.
　네가 그것에 대해 이야기하지 않으면 그는 너의 계획에 대해서 모를 거야.

• We will go on a picnic this Sunday unless it rains.
　비가 오지 않으면 우리는 이번 일요일에 소풍을 갈 겁니다.

• I am going to have to go home unless I get a visa.
　내가 비자를 받지 않는다면 집에 가야 할 겁니다.

• Don't put too much salt in this unless you want to have salty soup.
　짠 수프를 원하지 않는다면 너무 많은 소금을 넣지 마세요.

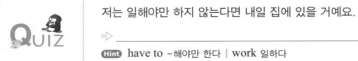

QUIZ 저는 일해야만 하지 않는다면 내일 집에 있을 거예요.

⇨ _____

Hint have to ~해야만 한다 | work 일하다

Tip
• go on a picnic 소풍 가다　　• too much 너무 많이
• put in ~에 넣다
• salty 짠
ANSWER I will be home tomorrow unless I have to work.

1

A Why don't you come to the party tonight?

B 엄마를 공항에 모셔다 드리지 않아도 되면 갈게.

⋯→ **A** 오늘 저녁 파티에 오지 그래?
B I will come unless I need to take my mom to the airport.
∷ need to ~할 필요가 있다 | take A to B A를 B에 데려다 주다

2

A 너무 덥지 않으면 에어컨을 켜지 마세요.

B What? It doesn't make sense.

⋯→ **A** Don't turn on the air conditioner, unless it gets hot. **B** 뭐라고? 말도 안 돼.
∷ hot 더운 | air conditioner 에어컨 | make sense 말이 되다

3

A 엄마가 내 생각을 싫어하지 않으면 내 모든 친구를 결혼식에 초대할 거야.

B You'd better ask your mom first.

⋯→ **A** I will invite all my friends to my wedding unless
my mom disapproves of my idea. **B** 먼저 엄마에게 물어보는 게 좋겠다.
∷ invite 초대하다 | disapprove 안 된다고 하다 | first 먼저

I am out of shape. •
나 몸이 좋지 않아.

'건강하지 못하고 아프다'라는 표현을 영어로는 out of shape, 즉 '모양'
이라는 단어 shape를 사용한답니다. 아프면 모양도 좋지 않다고 생각
하나 봐요.

PATTERN
184

I can't believe you said that.

네가 그렇게 말했다니 믿기지 않아.

Point **T**ip | **I can't believe : ~한 것을 믿을 수가 없다**

어떤 사실이나 사건에 대해서 의문을 가질 때 혹은 믿을 수 없음을 나타낼 때 사용할 수 있는 표현이다. 이 패턴은 담담한 어조라기보다는 아주 의아해하는 뉘앙스를 담고 있는 표현이므로 적절한 상황에서 사용하자.

 BASIC EXERCISE

- I can't believe you won the prize.
  네가 그 상을 탄 것을 믿을 수가 없구나.

- I can't believe he showed up last night.
  어젯밤에 그가 나타났다니 믿을 수가 없어.

- I can't believe she said I looked down on her.
  그녀가 내가 그녀를 무시했다고 말했다는 것을 믿을 수가 없어.

- I can't believe my mom quit her job.
  엄마가 회사를 그만뒀다는 것을 믿을 수가 없어.

QUIZ | 당신이 제 생일을 잊어버리다니 믿을 수가 없어요.

⇨ _____

Hint forget 잊어버리다 | birthday 생일

Tip
- win a prize 상을 타다
- look down on 무시하다
- quit 그만두다
- show up 나타나다

ANSWER I can't believe you forgot my birthday.

 **LIVE TALKS** – 뉘앙스 따라잡기

①

A How is it?

B It is delicious. 너 혼자서 이것을 만들었다니 믿을 수가 없구나.

> ⋯▸ **A** 어때요? **B** 맛있어. I can't believe you made this by yourself.
> ∷ delicious 맛있는 | by yourself 혼자서

②

A 네가 가지고 있던 돈을 벌써 다 써버렸다니 믿을 수가 없구나.

B I know. I don't have any money left.

> ⋯▸ **A** I can't believe you already spent all the money you had. **B** 알아. 남은 돈이 없어.
> ∷ already 벌써 | spend 써버리다 | left 남은

③

A Did you hear that Sarah and Bobby divorced?

B What? 믿을 수가 없어.

> ⋯▸ **A** 새라와 바비가 이혼했다는 거 들었어? **B** 뭐라고? I can't believe it.
> ∷ divorce 이혼하다

 ## Thank you for your concern.
염려해 주셔서 감사합니다.

누군가의 충고나 걱정에 감사를 표현할 때 사용할 수 있는 표현이
Thank you for your concern.입니다. 아주 예의 바르고 정중한 표현
이랍니다.

Whatever you do, I understand.

네가 무슨 일을 하든, 나는 이해해.

 **Point Tip** | **whatever + 절 : ~한 것은 무엇이든지**

그 범위가 어디서부터 어디든지 상관하지 않는다는 의미로 쓰는 표현이다.
whatever 다음에는 상관하지 않는다는 것이 어떤 것인지를 나타내는 절(주어 +
동사)이 필요하다.

BASIC EXERCISE

- **Whatever you do, I don't care.**
  네가 무슨 일을 하든 난 상관 안 해.

- **Whatever he says, don't take it seriously.**
  그가 뭐라고 말하든, 그것을 심각하게 받아들이지 마세요.

- **Whatever happens, I will go.**
  무슨 일이 일어나도 나는 갈 거야.

- **I want you to do whatever you like.**
  나는 당신이 좋아하는 것이 무엇이든 그것을 하기를 원해요.

QUIZ
당신이 가지고 있는 것이 무엇이든 저는 그것들을 확인해야 합니다.
⇨ _____
Hint get 가지다 | check 확인하다

 Tip
- care 신경 쓰다
- take 받아 들이다
- seriously 심각하게
ANSWER Whatever you get, I need to check them.

1

A Can I use one of your spoons?

B 이 방에서 무엇이든 원하는 것이 있으면 그것을 써도 돼요.

⋯→ **A** 당신 숟가락 중에 하나 써도 돼요? **B** You can use whatever you want in this room.
∷ spoon 숟가락 | room 방 | use 사용하다

2

A Can you do me a favor?

B Sure, 무엇이든지.

⋯→ **A** 부탁 좀 들어줄 수 있어? **B** 물론, whatever you want.
∷ do a favor 부탁을 들어 주다 | sure 물론

3

A 제가 뭐라고 하든지 진심이에요.

B I know. Thank you.

⋯→ **A** Whatever I say, I mean it. **B** 알아요. 고마워요.
∷ mean ~을 의미하다

That'll do.
거기까지.

고급 레스토랑의 황송한 서비스들이 부담스러울 때가 있지 않나요? 미국은 치즈나 소스까지 뿌려주는데, 도대체 그만 넣어도 된다는 표현이 무엇일까요? 바로 That'll do.랍니다.

I'll answer to whenever you call me.

언제든 네가 전화를 하면 받을 거야.

 Point Tip | **whenever + 절 : 언제든지, ~할 때마다**

기본적으로 때를 나타내는 말이지만, 시간의 범위가 언제부터 언제까지인지 상관하지 않는다는 의미를 갖는 표현이다. whenever 다음에는 절(주어 + 동사)이 필요하다.

 BASIC EXERCISE

- **Whenever you go, it's OK.**
  네가 언제 가든 괜찮아.

- **Whenever she goes to school, she takes her dictionary.**
  그녀는 학교에 갈 때마다, 사전을 가지고 갑니다.

- **Whenever he has dinner with me, he orders a glass of wine.**
  그는 나와 저녁을 먹을 때마다, 한 잔의 와인을 주문해요.

- **Whenever I watch movies, I eat popcorn.**
  나는 영화를 볼 때마다, 팝콘을 먹어요.

QUIZ

그들은 함께 있을 때마다 공부를 하면서 음악을 들어요.

⇨ _____

Hint together 함께 | listen to ~을 듣다 | while ~하는 동안

 Tip
- dictionary 사전
- a glass of 한 잔의
- watch 보다
- order 주문하다

ANSWER Whenever they are together, they listen to music while they study.

A When are you available?

B 언제든 저와 이야기하고 싶으시면 그냥 저의 사무실로 찾아와주세요.

> ⋯ **A** 당신은 하루 중에 언제가 여유가 있어요?
> **B** Whenever you want to talk to me, just visit my office.
> ∷ available 여유가 있는 | visit 방문하다

A 나는 외국으로 여행을 할 때마다 보험을 사요.

B That's a good idea. Nobody knows what will happen.

> ⋯ **A** Whenever I travel abroad, I should buy insurance.
> **B** 좋은 생각이에요. 아무도 무슨 일이 일어날지 모르죠.
> ∷ travel 여행하다 | abroad 해외로 | insurance 보험

A 내가 잠잘 때마다, 엄마가 침대에서 책을 읽어줘요.

B Sounds good.

> ⋯ **A** Whenever I go to bed, my mom reads a book to me. **B** 좋은 거 같아요.
> ∷ go to bed 자러 가다 | sound ~처럼 들리다

It couldn't be better.
이보다 더 좋을 수는 없다.

'이보다 더 좋은 일이 있을 수 없다'라는 의미는 '그것이 가장 좋다'라는
의미겠지요? 매우 좋은 일을 경험할 때 사용할 수 있는 표현입니다.

This is the only thing that I miss.

이것이 내가 그리워하던 유일한 것입니다.

𝓟oint 𝓣ip **it[this] is the only thing that : 이것이 ~하는 유일한 것이다**

어떤 일이 유일무이함, 즉 딱 한 가지였음을 강조할 때 사용할 수 있는 구문이다. that절에는 무엇이 유일하다는 것인지 그 실체를 밝히는 문장이 오면 된다. 비교적 긴 패턴이므로 익숙해지도록 반복 연습하자.

 BASIC EXERCISE

- **It is the only thing that we found in the cave.**
  이것이 우리가 그 동굴에서 찾은 유일한 것입니다.

- **This is the only thing that I remember about my grandfather.**
  이것이 내가 할아버지를 기억하는 유일한 것입니다.

- **It is the only thing that he hoped for.**
  이것은 그가 희망하던 유일한 것입니다.

- **This is the only thing that they have now.**
  이것은 그들이 지금 가지고 있는 유일한 것입니다.

QUIZ 이것이 제가 가난한 사람들을 도울 수 있는 유일한 것입니다.

⇨ _____

Hint the poor 가난한 사람들

Tip
- find 찾다
- remember 기억하다
- hope 희망하다
- cave 동굴

ANSWER It is the only thing that I can do for the poor.

1

A What else can we do for the orphans?

B 이것이 그들을 위해서 우리가 할 수 있는 유일한 일이야.

⋯› **A** 고아들을 위해서 우리가 할 수 있는 다른 일이 무엇일까?
B This is the only thing we can do for them.
∷ else 다른 것 | orphan 고아

2

A 이것이 지금까지 제가 한 유일한 것입니다.

B You should have finished all of it today.

⋯› **A** This is the only thing that I did so far. **B** 네가 오늘 이것 모두를 끝냈어야만 했는데.
∷ so far 지금까지 | should have pp ~을 했어야 했는데 | finish 끝내다

3

A Do you have another picture of him?

B No. 이것이 제가 가지고 있는 유일한 겁니다.

⋯› **A** 또 다른 그의 사진을 가지고 있어요? **B** 아니요. This is the only thing that I have.
∷ another 또 다른 | picture 사진

She is back seat driver.
그녀는 말로 이래라 저래라 참견하는 사람이야.

차 뒷자석에 앉아서 천천히 가라, 이럴 땐 서야지, 왜 그곳에서 도는
거냐 등등 입으로 이래라 저래라 다 조정하는 사람을 back seat driver
라 합니다.

PATTERN 188 By the time my mom comes home I have to finish my homework.

엄마가 집에 올 때까지 나는 숙제를 마쳐야 해.

Point **T**ip | **by the time + 절 : ~할 때까지**

어떤 특정한 사건이나 일이 기준이 되어 그때까지, 혹은 그때쯤을 나타내는 표현이다. [by the time] 뒤에는 어떤 때인지를 나타내는 절(주어 + 동사)이 온다. 실생활에서 유용한 표현이므로 잘 익혀두자.

 BASIC EXERCISE

- By the time he came home we were ready for bed.
  그가 집에 왔을 때 우리는 잘 준비가 돼 있었다.

- By the time they opened the shop we had been standing outside.
  그들이 가게를 열 때까지 우리는 밖에 서 있었다.

- By the time you complete your course your file will be on hold.
  네가 너의 과정을 이수할 때까지 너의 서류는 보류될 거야.

- By the time you graduate from school you will be 30.
  네가 학교를 졸업할 때면 너는 30살이 될 거야.

Quiz

그들의 엄마가 퇴근할 때까지 그들은 아무것도 먹지 않았다.

⇨ _____

Hint come back from ~로부터 돌아오다 | anything 어떤 것도

 Tip
- ready for bed 잘 잘 준비된
- be on hold 보류하다
- complete 완료하다
- graduate 졸업하다

ANSWER By the time their mom came back from work, they hadn't eaten anything.

Section 7

1

A 우리가 이 미니어처를 완성했을 때 너무 행복했었죠.

B No doubt. It is gorgeous.

> **A** By the time we completed this miniature, we were very happy.
>
> **B** 당연하죠. 멋져요.
>
> ‼ complete 완성하다 | doubt 의심하다 | gorgeous 멋진

2

A 제 아들은 유치원에 갈 때까지 하루 종일 저랑만 보냈답니다.

B My son did it, too.

> **A** By the time my son went to kindergarten, he had spent all day with me.
>
> **B** 제 아들도 마찬가지였어요.
>
> ‼ kindergarten 유치원 | spend 보내다 | all day 하루 종일

3

A 우리가 서로를 이해하기 시작할 때까지 너무도 자주 다퉜었지.

B Is it true?

> **A** By the time we started to understand each other, we had argued very often.
>
> **B** 그게 사실이에요?
>
> ‼ start to ~을 시작하다 | understand 이해하다 | argue 다투다

Give me a break!
한 번만 그냥 넘어가자!

해석 그대로 나에게 휴식을 달라는 표현으로도 쓰이지만, 어떤 일을
한 번만 그냥 넘어가 달라는 사정의 뜻으로도 아주 많이 사용됩니다.

PATTERN 189 We are going to leave as soon as you come home.

네가 집에 오자마자 우리는 떠날 거야.

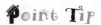

Point **T**ip | **as soon as + 절 : ~하자마자**

때를 나타내는 표현으로 어떤 사건이나 일을 한 직후의 순간을 의미하는 표현이다. [as soon as] 다음에는 무엇을 했는지에 관한 내용을 말해주는 절(주어 + 동사)이 오게 된다.

BASIC EXERCISE

· He called me as soon as he arrived at Tokyo.
  그는 도쿄에 도착하자마자 나에게 전화했어요.

· I could recognize who he was as soon as I saw him.
  나는 그를 보자마자 그가 누구인지 알아볼 수 있었어요.

· It got cold as soon as the sun went down
  해가 지자마자 추워졌어요.

· She started to look for a job as soon as she graduated from school.
  그녀는 학교를 졸업하자마자 일자리를 찾기 시작했어요.

QUIZ

그녀는 아기를 낳자마자 일하러 나왔어요.

⇨ _____

Hint deliver 아기를 낳다 | come back to ~로 돌아오다

Tip
· arrive 도착하다   · recognize 알아채다
· start 시작하다
· look for 찾다
ANSWER She came back to work as soon as she delivered her first baby.

1

A 이 서류 타이핑을 마치자마자 복사를 해드릴게요.

B Thank you very much.

> ···➤ **A** As soon as I finish typing this form, I will copy it for you.
> **B** 대단히 감사합니다.
> :: finish 마치다 | type 타이프 치다 | copy 복사하다

2

A We are calling to tell you about a late item.

B I am sorry. 제가 도착하자마자 그것을 도서관으로 반납하겠습니다.

> ···➤ **A** 반납기간이 지난 물품에 대해서 당신에게 알려주려고 해요.
> **B** 미안합니다. As soon as I arrive, I will return it to the library.
> :: notice 알리다 | return 돌려주다 | library 도서관

3

A 우리가 아파트를 팔자마자 가격이 올랐어.

B I am sorry to hear that.

> ···➤ **A** As soon as we sold the apartment, the price rose.
> **B** (그것을 듣게 되니) 안됐구나.
> :: sell 팔다 | price 가격 | rise 오르다

Let's shake a leg!
서두르자!

어떤 일을 서두른다고 하면 hurry up이 생각나지요? 그런데 shake a leg라는 표현도 있답니다. 다리가 떨리도록 빨리 서둘러야 한다는 뜻이 아닐까요?

You can stay here as long as you are quiet.

네가 조용히 있는 한, 이곳에 머물러도 돼.

Point Tip | **as long as + 절 : ~을 하는 한**

'만약 ~라면'의 if 표현과 유사하게 어떤 상황을 가정할 때 쓸 수 있는 유용한 표현이다. [as ~ as]가 '~와 같이, ~처럼, ~만큼'의 뜻을 가진 동등비교로도 쓰이므로 이 구문과 의미를 헷갈리지 않도록 한다.

 BASIC EXERCISE

- You can use my computer as long as you are careful.
  네가 조심한다면 내 컴퓨터를 사용해도 돼.

- As long as you are nice to me I will be nice to you, too.
  네가 나한테 친절하게 하는 한 나도 역시 너에게 친절할 거야.

- You can have some cookies as long as you behave.
  네가 행동을 잘하는 한 쿠키를 먹을 수 있어.

- As long as I am healthy I can do anything.
  내가 건강한 한, 나는 어떤 것도 할 수 있어.

QUIZ 네가 이 책을 돌려준다면 이 책을 빌릴 수 있어.

⇨ _____

Hint borrow 빌리다 | return 돌려주다

 Tip
- careful 조심하는
- behave 예의 바르게 행동하다
- healthy 건강한
- nice 친절한

ANSWER You can borrow this book as long as you return it.

1

A Why are you smiling like that all day long?

B Because I am happy. 엄마가 행복하면 나 역시도 행복해.

⋯→ **A** 하루 종일 왜 그렇게 웃고 다니니?
B 행복하니까. As long as my mom is happy, I am, too.
∷ all day long 하루 종일

2

A I didn't pay the rent this month.

B 지금 내는 한 괜찮을 거야.

⋯→ **A** 이번 달에 집세를 못 냈어. **B** You will be fine as long as you pay right now.
∷ pay 지불하다 | rent 집세

3

A Do I need to have surgery?

B No, you don't. 약을 드시는 한 곧 회복되실 거예요.

⋯→ **A** 수술을 해야 하나요?
B 아니요. As long as you take medicine, you will recover soon.
∷ have surgery 수술하다 | take medicine 복약하다 | recover 회복하다

I was shaken up.
나 놀랬어.

숨어 있다 짠 하고 나타나 친구를 깜짝 놀라게 한 일 있나요? 이럴 때 영어로 '놀랬잖아!'라고 말하고 싶으면 I was shaken.이라고 표현합니다.

There is nothing as far as I know.

제가 아는 한 아무것도 없어요.

Ｐoint Ｔip | **as far as I know + 절 : 내가 아는 범위에서는**

어떤 일에 대해서 '내가 아는 한'이라는 전제를 붙일 때 사용할 수 있는 구문이다. 어떤 상황을 설명하거나 정보를 줄 때 출처를 밝히게 되는데, 이때 자신의 정보력이나 인식의 범위로 출처를 한정할 때 사용하는 표현이다.

BASIC EXERCISE

· As far as I know the tickets are free.
   내가 아는 한 표는 공짜야.

· As far as I know the book is in the library.
   내가 아는 한 그 책은 도서관에 있어요.

· As far as I know she can stay home.
   내가 아는 한 그녀는 집에 있을 수 있어요.

· As far as I can remember he didn't apologize to you.
   내가 기억하는 한 그는 너한테 사과하지 않았어.

 QUIZ

내가 아는 한 그 영화는 7시에 시작해요.

⇨ _____

Hint movie 영화 | start 시작하다

Tip
· free 무료   · library 도서관
· remember 기억하다
· apologize 사과하다
ANSWER As far as I know the movie starts at 7pm.

Section 7

A Is this pill safe?

B 내가 아는 한은 맞아요.

> ⋯▸ **A** 이 약이 안전한가요? **B** As far as I know, yes.
> ⸬ pill 알약 | safe 안전한

A Did you recommend Sarah for this position?

B Yes, I did. 내가 아는 한 그녀가 이 자리를 위한 가장 좋은 사람이야.

> ⋯▸ **A** 너는 이 자리에 새라를 추천했어?
> **B** 응. As far as I know she is the best person for this position.
> ⸬ recommend 추천하다 | position 자리

A Do you know the due date of the paper?

B 내가 아는 한 내일이야.

> ⋯▸ **A** 너 이 작문의 만료일이 언제인지 아니? **B** As far as I know it is tomorrow.
> ⸬ due date 만료일 | paper 작문

You have a nice one!
좋은 하루 보내세요!

'좋은 하루 보내세요!'라는 표현을 일반적으로 Have a good day!라고
말하지요? 그보다 더 일반적으로 쓰는 표현이 You have a nice one!
입니다.

411

This is the best way to master English.

이것이 영어를 마스터하는 가장 좋은 방법입니다.

Point Tip | **the best way to** : ~하는 가장 좋은 방법

어떤 일을 하기 위한 가장 좋은 방법이 무엇인지를 표현할 때 쓰는 구문이다. 무엇을 하는 데 가장 좋은 것인지에 대한 내용은 [the best way to] 이하에 동사의 원형으로 제시되어야 한다.

 BASIC EXERCISE

- **This is the best way to accomplish your goal.**
  이것이 너의 목표를 성취하는 가장 좋은 방법이란다.

- **This is the best way to get to the airport.**
  이것이 공항으로 가는 가장 좋은 길이에요.

- **What is the best way to preserve food safely?**
  무엇이 음식을 안전하게 보관하는 가장 좋은 방법입니까?

- **What is the best way to keep the air clean?**
  무엇이 공기를 깨끗하게 유지하는 가장 좋은 방법이지요?

QUIZ 무엇이 이 상자를 안전하게 보내는 가장 좋은 방법입니까?

⇨ _____

Hint send 보내다 | safely 안전하게

 Tip
- accomplish 성취하다
- preserve 보존하다
- keep 유지하다
- get to ~에 도달하다

ANSWER What is the best way to send this box safely?

1

A 아이들에게 용기를 북돋아주는 가장 좋은 방법은 무엇일까요?

B Well, it is probably showing your love to them.

> ⋯▸ **A** What is the best way to encourage children?
> **B** 글쎄요, 아마도 당신의 사랑을 그들에게 보여주는 것이 아닐까요.
> ∷ encourage 용기를 북돋우다 | probably 아마도 | show 보여주다

2

A Doctor, do I have to get a shot every week?

B Yes. 이것이 당신의 병을 치료하는 가장 좋은 방법입니다.

> ⋯▸ **A** 의사 선생님, 제가 매주 주사를 맞아야 하나요?
> **B** 네. This is the best way to cure your illness.
> ∷ a shot 주사 | cure 치료하다 | illness 병

3

A Daddy, did you turn off the lights? Why?

B Yes. 이것이 에너지를 절약하는 가장 좋은 방법이야.

> ⋯▸ **A** 아빠, 불들을 다 끄셨어요? 왜요? **B** 응. This is the best way to save energy.
> ∷ turn off 끄다 | save 절약하다 | energy 에너지

It is over my head.
이것이 이해가 안 돼요.

어떤 것이 이해가 안 된다는 표현을 할 때 미국인들은 over one's head 라는 표현을 한답니다. '무엇인가가 머리 속에 정리가 되지 않고 머리 위에서 맴돈다'라는 의미입니다.

413

PATTERN
193 Write down my number in case you get lost.

길을 잃을 경우를 대비해서, 내 전화번호를 적어두세요.

Point Tip | **in case + 절 : ~의 경우에**

어떤 상황을 조건으로 내세워 '~을 하는 경우에'라는 의미나, 혹은 '어떤 상황이 올 경우를 대비하여'라는 의미를 나타낼 때 사용하는 표현이다. [in case] 뒤에 절이 오는 것에 유의하자.

BASIC EXERCISE

- Save the receipt in case you need to return.
  영수증을 보관하세요. 만약 반환할 경우를 대비해서.

- I will give you this number in case we go somewhere else.
  우리가 다른 곳으로 가게 될 경우를 대비해서 이 번호를 줄게요.

- You should bring an umbrella in case it rains.
  비가 올 경우를 대비해서 우산을 가지고 가렴.

- I bought the medical insurance in case I have an accident.
  내가 사고를 당할 경우를 대비해서 의료보험을 샀어요.

QUIZ

다시 다른 곳으로 이사 갈 경우를 대비해서 우리는 가구를 사지 않았어요.

⇨ _____

Hint furniture 가구 | decide to ~을 결정하다 | move 이사하다

Tip
- receipt 영수증
- medical insurance 의료 보험
- accident 사고
- umbrella 우산

ANSWER We didn't buy furniture in case we decide to move again.

 **LIVE TALKS** – 뉘앙스 따라잡기

1

A Why are you wearing that rain coat? It's not raining.

B 단지 만약의 경우를 대비해서, I'm wearing it.

> ···→ **A** 우비를 왜 입고 있니? 비도 안 오는데. **B** Just in case, 그냥 입고 있어.
> :: wear 입다 | rain coat 우비

2

A We need to make a copy of this file 잃어버릴 경우를 대비해서.

B You are right. Let's save it on this CD.

> ···→ **A** 이 서류를 복사해둬야 해, in case we lose it. **B** 네 말이 맞아. 이 CD에 저장을 해두자.
> :: make a copy 복사를 하다 | lose 잃어버리다

3

A What are you doing now?

B I am making sandwiches 아들들이 배고플지도 몰라서.

> ···→ **A** 뭐하세요? **B** 샌드위치를 만들고 있어요, in case the boys are hungry.
> :: hungry 배고픈

Stop putting me on!
나 그만 놀려!

'놀리다' 혹은 '놀리지 마라'를 영어로 막상 표현하려고 하면 떠오르는 단어가 드물지요. 누군가가 계속 자신을 놀릴 때 그만 놀리라는 의미로 미국인들은 Stop putting me on!이라고 말한답니다.

PATTERN 194

In fact, he is not a student.

사실 그는 학생이 아니에요.

Point **T**ip | **in fact** : 사실은, 실제로는

actually와 유사한 쓰임새를 가진 구문으로써 '사실'이라는 의미처럼 자신이 어떤 화제에 대해 솔직히 이야기하려 한다는 것을 알리거나, 주로 새로운 대화를 시작할 때 자주 사용하는 표현이다.

BASIC EXERCISE

- In fact, she is not a real police officer.
  사실 그녀는 진짜 경찰관이 아닙니다.

- This story, in fact, is a work of fiction that we made up.
  그 이야기는 사실 우리가 지어낸 소설이에요.

- In fact, this is a very important matter to us.
  사실 이것은 우리에게는 중요한 문제입니다.

- In fact, there is a big gap between American culture and Korean culture.
  사실 미국 문화와 한국 문화 사이에는 큰 차이가 있어요.

 QUIZ

사실 이 영화는 작년에 촬영되었어요.

⇨ _____

Hint shoot 촬영하다 | last year 작년

 TiP
- polic officer 경찰관
- important matter 중요한 문제
- culture 문화
- make up 지어내다
- gap 차이

ANSWER In fact, this movie was shot last year.

①

A 사실 우리는 이 프로그램을 당뇨를 앓고 있는 사람들을 위해서 만들었어요.

B I think it is very helpful for them.

⋯→ **A** In fact, we made this program for those who suffer from diabetes.
B 그 사람들에게 매우 도움이 될 것 같아요.
∷ suffer from ~을 앓고 있다 | diabetes 당뇨 | helpful 도움이 되는

②

A 사실 충분한 물을 마시는 것은 너의 다이어트에 도움이 돼.

B I heard about it. I wonder if it is true.

⋯→ **A** In fact, drinking enough water helps your diet.
B 그것을 들었어. 그것이 정말인지 아닌지 궁금해.
∷ enough 충분한 | diet 식이요법 | wonder 궁금하다

③

A Why do we put salt in food?

B 사실 소금은 모든 맛을 끌어내요.

⋯→ **A** 왜 소금을 음식에 넣나요? **B** In fact, it brings all the tastes out.
∷ put in ~에 넣다 | bring out 끌어내다

It doesn't make sense at all.
전혀 말이 안 돼.

'어떤 일이 이치에 맞다 혹은 맞지 않다'라는 표현을 할 때 영어로는 sense에 의지를 하는군요. '말이 된다'라는 표현은 It makes sense.가 되겠지요?

417

I need to talk to you even though you don't want to.

네가 원하지 않더라도 나는 이야기를 해야겠어.

Point **T**ip | **even though + 절 : ~임에도 불구하고**

'어떤 일이 일어나거나, 어떤 상황이 되었음에도 불구하고'라는 의미를 나타
낼 때 쓸 수 있는 표현이다. 실생활에서 많이 활용할 수 있는 패턴이다. 그리고
[even though] 대신 although를 사용해도 좋다.

 BASIC EXERCISE

- Even though he is short, he is a good player.
  그는 비록 키가 작지만 훌륭한 선수예요.

- I will call her again even though she keeps on hanging up on me.
  비록 그녀가 계속해서 전화를 끊더라도 나는 다시 전화할 거야.

- Even though I told him the truth, he didn't listen to me.
  내가 그에게 사실을 말했음에도 그는 내 말을 듣지 않았다.

- Even though it is a good movie, it was not a hit.
  좋은 영화임에도 불구하고 히트작이 되지는 못했다.

QUIZ
그는 그녀를 사랑했음에도 청혼하지 않았다.

➪ _____

Hint propose to 청혼하다

Tip
- keep on -ing 계속 ~을 하다   - hang up on 전화를 끊다
- tell the truth 사실을 말하다
- listen to (이야기를) 듣다
ANSWER Even though he loved her, he didn't propose to her.

Section 7

1

A 제임스는 매우 열심히 시험 공부를 했는데도 그 과목을 낙제했어.

B That's why he is disappointed.

⋯ **A** Even though James studied very hard for the test, he flunked the class.

B 그래서 그가 실망하는 거구나.

∷ flunk 낙제하다 ｜ be disappointed 실망하다

2

A 벤은 7살인데도 여전히 말을 잘 못해.

B How come?

⋯ **A** Even though Ben is a seven-year-old boy, he still can't speak well. **B** 어째서?

∷ speak 말하다 ｜ how come 왜, 어떻게

3

A He looks very healthy.

B Yes. 그는 매일 운동을 하려고 해. 요즘 매우 바쁜데도 말이야.

⋯ **A** 그는 매우 건강해 보여.

B 응. He tries to work out everyday even though he is very busy these days.

∷ try to ~하려고 하다 ｜ work out 운동하다

It is a beat-up old bike.
이거 아주 낡아빠진 오래된 자전거다.

무엇인가가 아주 오래되고 낡았다는 표현을 미국인들은 It is a beat-up old⋯ 라고 표현하는군요. 우리가 흔히 이야기하는 '구식'이라는 의미로 사용할 수 있겠네요.

419

Are you sure he comes?

그가 오는 거 확실해?

Point **T**ip | are you sure (that) + 절? : ~한 것에 대해 확신하나요?

화자가 상대방에게 어떤 사실이 확실한지에 대해 묻는 질문이다. 일상 회화에서
확인을 요할 때 유용하게 쓸 수 있다. Are you sure?(확실한 거야?)라는 의미로
단독으로도 많이 사용하는 표현이다.

 BASIC EXERCISE

• Are you sure you flunked English class?
  네가 영어 과목을 낙제한 게 확실해?

• Are you sure we are going the right way?
  우리가 바른 길을 가고 있는 것이 확실해?

• Are you sure that Mrs. Phillips retired already?
  너 필립스 부인이 벌써 퇴직했다는 것이 확실해?

• Are you sure that you locked the door?
  네가 문을 잠근 것이 확실하니?

QUIZ

소풍이 연기 됐다는 거 확실해?

⇨ _____

Hint picnic 소풍 | be postponed 연기 되다

Tip
• flunk 낙제하다   • right way 바른 길
• retire 퇴직하다
• lock 잠그다
ANSWER Are you sure the picnic was postponed?

1

A 선생님이 시험을 연기했다는 것이 확실해?

B Yes. I heard it from him.

⋯▸ **A** Are you sure the teacher delayed the test? **B** 응. 그로부터 직접 들었어.

∷ delay 미루다

2

A I don't need to pay my debts this year.

B 확실해?

⋯▸ **A** 나는 올해는 빚을 안 갚아도 돼. **B** Are you sure?

∷ pay 지불하다 | debt 빚 | this year 올해

3

A 짐이 인터뷰를 통과했다는 거 확실해?

B He told me that.

⋯▸ **A** Are you sure Jim passed the interview? **B** 그가 나한테 그렇게 말했어.

∷ pass 통과하다 | interview 인터뷰

I am very behind in my work. ●
일이 많이 밀려 있어.

제때 해야 할 일이 많이 있을 때 우리는 '일이 밀려 있다'라고 표현하지요. 영어로는 behind를 사용하여 '일의 뒤에 뒤처져있다'라고 표현한답니다.

PATTERN 197

What else do you want?

그밖에 더 원하는 게 뭐예요?

 **what else …?** : 그밖에 더 ~하는 것이 무엇입니까?

기존에 있는 것들을 제외하고 그것 이외의 것을 물을 때 사용할 수 있는 표현이다. 문장과 함께 쓸 경우도 많지만 What else? 단독으로도 자주 사용되고 있다. Anything else?(그밖에 다른 것은?) 표현도 함께 알아둔다.

🐧 BASIC EXERCISE

- **What else do you need?**
  뭐가 더 필요하니?

- **What else do I have to pack?**
  내가 뭐를 더 싸야 하지?

- **What else did he want to know about me?**
  그가 나에 대해 그밖에 더 무엇을 알고 싶다고 해?

- **What else did your son pick up?**
  너의 아들이 그밖에 무엇을 집어 들었어?

 QUIZ

그들이 그밖에 무엇을 더 모았어요?
⇨ _____
Hint collect 모으다

Tip
• need 필요하다　　　　　　　• pack 싸다
• know 알다
• pick up 집어 들다
ANSWER What else did they collect?

1

A You should bring your text books and a pencil to school.

B 그 외에 제가 무엇을 더 가지고 와야 해요?

⋯→ **A** 학교에 교과서와 연필을 가지고 오세요.　**B** What else do I have to bring?
∷ bring 가지고 오다 | text book 교과서

2

A 지난 여름에 그밖에 무엇을 했어요?

B And I went to New York to see my friend.

⋯→ **A** What else did you do last summer?　**B** 그리고 뉴욕에 친구를 만나러 갔었어요.
∷ last 지난 | summer 여름

3

A 그 외에 우리가 무엇을 더 토론해야 하나요 지금?

B Well, did we talk about the plan for the presentation next month?

⋯→ **A** What else do we have to discuss now?
B 글쎄. 다음 달 프리젠테이션 계획에 대해서 우리가 이야기했나요?
∷ discuss 토론하다 | talk about ~에 대해서 이야기하다

He hit the hay early.
그는 일찍 잠자리에 들었어요.

미국의 서부 개척 시대에는 건초더미에 누워 하늘을 지붕 삼아 잤다고
하지요? 그래서 나온 말이 hit the hay라는 표현입니다. Go to bed
와 함께 기억해두세요.

It doesn't mean it.

그것은 그런 뜻이 아니에요.

Point **T**ip | **it doesn't mean (that) :** ~하란 뜻은 아닙니다

상대방이 자신이 의도하지 않은 뜻으로 어떤 것을 받아들이지 않도록 설득하는 표현이다. [It doesn't mean] 뒤에 어떤 의도인지를 구체적으로 쓰기도 하고, 간단히 It doesn't mean it. 자체만으로도 많이 사용된다.

 BASIC EXERCISE

• It doesn't mean he smashed the window.
 그가 창문을 부수었다는 의미는 아니야.

• It doesn't mean my baby can not speak at all.
 내 아기가 전혀 말을 못한다는 의미는 아니에요.

• It doesn't mean you can watch TV until late at night.
 네가 늦은 밤까지 TV를 봐도 된다는 뜻은 아니야.

• It doesn't mean you can criticize someone's ability.
 다른 사람의 능력을 평가해도 된다는 이야기는 아니야.

QUIZ | 네가 바에 가도 된다는 뜻은 아니란다.
⇨ _____
Hint go to a bar 바에 가다

 Tip
• smash 부수다　　　　　　　• at all 전혀
• criticize 비평하다
• ability 능력
ANSWER It doesn't mean you can go to a bar.

Section 7

1

A 네가 학교에 장난감을 가지고 와도 된다는 것은 아니야.

B I am sorry.

⋯ **A** It doesn't mean you can bring your toy to school. **B** 미안해요.
∷ bring 가지고 오다 | toy 장난감

2

A 네가 내 강아지를 쓰다듬어도 된다는 의미는 아니야.

B Why not?

⋯ **A** It doesn't mean you can pet my dog. **B** 왜 안 돼?
∷ pet 어루만지다

3

A 당신이 더 이상 우리 그룹의 회원이 아니라는 의미는 아니에요.

B Really? Can I still use my membership card?

⋯ **A** It doesn't mean you are not a member of our group any more.
B 그래요? 그러면 여전히 제가 회원카드를 사용해도 되는 건가요?
∷ any more 더 이상 | membership card 회원카드

Not on your life!
어림도 없는 소리!

어떤 일이 절대로 일어나서는 안 된다는 강한 반대의 의견을 표현할
때 '내 눈에 흙이 들어가도 안 된다'라고 하지요? 영어에서는 '네 인생
에서 절대로 그런 일은 없다'라고 표현합니다.

PATTERN 199
I came here in order to see you.

저는 당신을 보기 위해서 이곳에 왔어요.

 **in order to + 동사 원형 : ~을 하기 위해서**

특정한 일이나 사건이 어떤 목적 때문에 일어났는지, 그 이유를 표현하는 구문이다. 그 이유가 주어와 동사를 포함한 절이라면 [in order to] 대신에 [in order that] 구문을 사용한다.

 BASIC EXERCISE

- I want to become a doctor in order to cure my dad.
  나는 아빠를 치료하기 위해서 의사가 되고 싶어요.

- We need a witness in order to prove this.
  우리는 이것을 증명하기 위해서 증인이 필요해요.

- He volunteered for this job in order to experience something exciting.
  그는 뭔가 흥미로운 것을 경험하고 싶어서 이 일을 자원했어요.

- I am shaking this bottle in order to mix the things inside well.
  나는 안에 있는 것을 잘 섞으려고 병을 흔들고 있어요.

QUIZ 나는 좀더 일찍 졸업하기 위해서 학점을 좀 이전했어요.

⇨ _____

Hint transfer 이전하다 | credit 학점 | graduate 졸업하다

 Tip
- cure 치료하다
- prove 증명하다
- shake 흔들다
- witness 증인
- volunteer 자원하다

ANSWER I transferred some credits in order to graduate from school earlier.

Section 7

1

A 졸업하려면 토플 점수를 제출해야 해.

B Do you have that?

⋯➤ **A** I have to hand in my TOFEL score in order to graduate. **B** 그거 가지고 있니?

:: hand in 제출하다 | graduate 졸업하다

2

A 사람들은 가난한 사람들을 돕기 위해서 돈을 기부합니다.

B I want to donate some money, too.

⋯➤ **A** People donate some money in order to help the poor.
B 나도 역시 돈을 좀 기부하고 싶어요.

:: donate 기부하다 | the poor 가난한 사람들

3

A Why did you record your presentation?

B 내 실수를 찾기 위해서요.

⋯➤ **A** 너는 왜 너의 프리젠테이션을 녹화했니? **B** In order to find out my mistakes.

:: record 녹화하다 | find out 찾다 | mistake 실수

Don't spill the beans.
비밀을 누설하지 마.

'비밀을 누설하다'라는 표현을 영어로는 콩 자루에 빗대어 표현을 합니다. 콩 자루 안에 든 콩이 쏟아져 나오는 것이 비밀이 새서 생기는 파장과 비슷하다는 의미겠지요?

Please make sure you locked the door.
문을 잠갔는지 확인해주세요.

P○int Tip | **please make sure (that) + 절 : 꼭 ~을 해주세요**

[make sure] 이하를 확실하게 만들어 달라는 의미로, '꼭 ~을 해주세요'라는 당부의 뜻을 가지고 있다. please를 사용하지 않으면 명령의 의미에 가까우므로 please를 꼭 덧붙이도록 한다.

 BASIC EXERCISE

- Please make sure you turn off the light.
  반드시 불을 꺼주세요.

- Please make sure you sign up for the contract.
  이 계약서에 반드시 서명해주세요.

- Please make sure that you submit the file before you go home.
  집에 가기 전에 서류를 반드시 제출해주세요.

- Please make sure you thaw this fish before you cook it.
  요리하기 전에 반드시 이 고기를 해동시켜주세요.

QUIZ
컴퓨터가 꺼졌는지 확인해주세요.
⇨ _____
Hint shut down (컴퓨터를) 끄다

 Tip
- turn off 끄다
- contract 계약서
- thaw 해동하다
- sign up 서명하다
- submit 제출하다

ANSWER Please make sure you shut down the computer.

1

A Can you lend me some money, Laura? I didn't bring my wallet.

B Again? 너 나중에 갚는 거 잊지마.

⋯▶ **A** 로라, 나한테 돈 좀 빌려줄래? 지갑을 안 가지고 왔어.
B 또? Please make sure you pay me back.
∷ lend 빌려주다 | bring 가지고 오다 | pay back 갚다

2

A This fax machine is not working again.

B Folks, 제발 설명서를 올바르게 따라 해주세요.

⋯▶ **A** 팩스가 또 작동을 안 해요. **B** 여러분, please make sure you follow the instructions.
∷ folks 여러분 | follow 따라 하다 | instructions 설명서

3

A 계산하기 전에 이것이 네가 사기 원했던 것인지 확인해.

B You are right.

⋯▶ **A** Please make sure this is what you want to buy before you pay for it.
B 네 말이 맞아.
∷ buy 사다 | pay for 지불하다

My boyfriend is very cranky.
내 남자친구는 좀 괴팍해.

물 위에 뜬 배가 파도 따라 왔다갔다하는 모습을 한번 상상해보세요.
꽤 불안할 것 같지요? 이렇게 좋았다 나빴다 하고, 성질 잘 내고 까다
로운 사람을 cranky 한 사람이라고 한답니다.

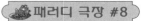

Little Red Riding Hood

⋯→ 해석과 해설은 446페이지에

패러디극장

해석 & 해설

Parody

잠자는 숲 속의 공주 (The Sleeping Beauty)

어느 나라에 귀여운 공주가 태어났습니다.
요정들은 궁전으로 찾아와 공주의 탄생을 축복해 주었지요.

해 석

● 어느 나라에 귀여운 공주가 태어났습니다.
A pretty princess was born in the country.

● 요정들은 궁전으로 찾아와 공주의 탄생을 축복해 주었지요.
Elves visited the palace to bless the princess.

● 공주님께 아름다움을 선물하겠어요.
I want to give her beauty.

● 저는 아름다운 목소리를 드릴게요.
I want to give her a beautiful voice.

● 난 아주 기가 막힌 11가지 선물을 하지!
I give her eleven stunning gifts.

● 대인기피증 withdrawal
● 편집증 paranoia

● 불면증 insomnia
● 우유부단 inability to make a decision

● 철없음 being childish

● 다중인격장애 Multiple Personality Disorder

● 우울증 mental depression
● 소심함 narrow-mind

● 게으름 laziness
● 피해망상 a delusion of persecution.

● 강박증 obsession

● 마녀가 저주를 아주 제대로 내렸구려.
A wicked witch put a curse on her.

● 차라리 재웁시다.
We'd better let her sleep.

어구 풀이 · 설명

* **stunning** : 구어체에서 '멋진, 매력적인' 등의 의미로 쓰인다.
* **put a curse on** : ~에게 저주를 내리다
* **had better + 동사 원형** : '~하는 것이 낫겠어'라는 표현으로, '~을 하라'는 명령조 뉘앙스를 갖는다.
* **let her sleep** : [Let + 목적어 + 동사 원형] 형태로 목적어가 무언가를 하도록 시킨다는 구문이다.

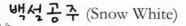

백설공주 (Snow White)

그리하여 백설공주는 왕자와 함께 성으로 가서 행복하게 살아야 하는데……
발길이 떨어지지 않았어요.

왜 자꾸 손해 보는 기분이 드는 걸까?

일곱 명의 꽃미남들과

헤어지기가 쉽지 않았겠죠~.

와~ 이제 그릇 깨지는 소리 안 듣겠다.

올~ 지겨운 누드 모델 노릇도 오늘로 끝이군.

커피 안 타도 되겠구나.

지우개질도 끝이다.

해 석

● 그리하여 백설공주는 왕자와 함께 성으로 가서 행복하게 살아야 하는데……
발길이 떨어지지 않았어요.
So Snow White was supposed to go to the palace and live happily
with the prince…… but she didn't want to.

● 왜 자꾸 손해 보는 기분이 드는 걸까?
Why do I feel like I am too good for him?

● 일곱 명의 꽃미남들과 헤어지기가 쉽지 않았겠죠~.
It seemed difficult for her to say 'good bye' to seven handsome guys.

● 와~ 이제 그릇 깨지는 소리 안 듣겠다.
Oh ye~ I don't need to listen to dish-breaking sounds any more.

● 올~ 지겨운 누드 모델 노릇도 오늘로 끝이군.
Wow~ It's my last day to be a nude model for her.

● 커피 안 타도 되겠구나.
I don't need to make coffee for her any more.

● 지우개질도 끝이다.
It's my last day to erase something.

어구 풀이 · 설명

• feel like : ~처럼 느끼다

• It seemed + 형용사 : ~하게 보였다

• I don't need to + 동사 원형 : '~할 필요가 없다'는 의미로 [don't have to]와 바꿔 써도 괜찮다.

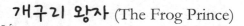

개구리 왕자 (The Frog Prince)

공주의 키스에 개구리는 저주가 풀리고
왕자의 모습을 되찾았답니다.

해 석

● 공주님의 키스를 받으면 저는 왕자로 돌아갈 수 있어요.
Once I got kissed from the princess, I could become a prince again.

● 좋아! 믿어볼게!
Great! Let me trust you!

● 공주의 키스에 개구리는 저주가 풀리고 왕자의 모습을 되찾았답니다.
As the pretty princess kissed the frog, the curse from the prince was removed, and he turned into the prince again.

● 펑~!
Pow!

● 이…… 이봐!
Hey!

● 크기는……?
What a small man! Are you a dwarf?

● 공주, 이제 나와 결혼해주겠소?
Princess, would you marry me?

● 됐거든! 가서 공이나 주워와…….
Give me a break! Go get the ball…….

어구 풀이 · 설명

• **once** : '한 번'이라는 의미도 있지만, once가 절과 함께 올 경우, '일단 ~라면'이라는 의미로 해석된다.

• **turn into** : ~로 변하다

• **What a small man!** : [What + a + 형용사 + 명사]의 감탄문 형태이다. '이렇게 작다니!' 정도로 의역할 수 있다.

• **Give me a break!** : 그걸로 충분하니 그만하라, 혹은 한 번만 봐 달라는 의미이다.

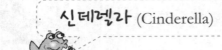

신데렐라 (Cinderella)

드디어 신데렐라의 차례가 되었고……

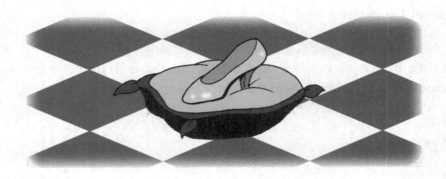

유리구두는 꼭 맞았어요. 하지만 왕자의 신부가 되지는 못했답니다.

해석

● 드디어 신데렐라의 차례가 되었고…….
Finally, it's Cinderella's turn…….

● 유리구두는 꼭 맞았어요. 하지만 왕자의 신부가 되지는 못했답니다.
The glass slipper fit her, but she couldn't become the bride of the prince.

● 오늘은 면도를 못했나 보구나.
You'd better shave your leg first.(분위기에 맞춘 의역이다.)

● 이놈의 남성호르몬……
What the heck!(분위기에 맞춘 의역이다.)

어구 풀이 · 설명

· it's Cinderella's turn : turn은 '돌다'라는 의미뿐만 아니라, 명사로 '차례'라는 의미가 있다.
· The glass slipper fit her : 사이즈가 꼭 맞을 경우, fit라는 표현을 사용한다.
· What the heck! : 'What the hell'이라는 bad language를 나름대로 정화시켜 쓰는 표현이다.

장난감 병정 (The steadfast tin soldier)

스물네 개의 병정을 만들고 남은 재료로 만들어
다리가 하나뿐인 놋쇠 장난감 병정이 있었어요.

병정은 장난감 가게에 함께 사는
발레리나 아가씨를 짝사랑 했었답니다.

아름다운 그녀와
가까워질 수 있을까?

장난감 병정은 용기를 내어
고백을 하러 갔어요.

발레리나 아가씨,
할 얘기가 있어요.
문 좀 열어주세요~.

안에 있는 것 다 알아요.
제가 열게요~.

덜컥

헉

동방신기랑 SS501,
슈퍼주니어 납치하러
간 것 같은데……

도대체 이 여자는
우리 잡아다 놓고
어디 간 거야?

장난감 병정은 꽃미남 수집이 취미인
그녀를 잊는데 그리 오랜 시간이 걸리지 않았답니다.

440

해 석

* 스물네 개의 병정을 만들고 남은 재료로 만들어 다리가 하나뿐인 놋쇠 장난감 병정이 있었어요.
  There was a steadfast tin soldier, who had only one leg because he was made from the left-over material after making 24 tin soldiers.

* 병정은 장난감 가게에 함께 사는 발레리나 아가씨를 짝사랑 했었답니다.
  He was carrying a torch for a ballerina lady, who lived in the same store.

* 아름다운 그녀와 가까워질 수 있을까?
  How can I become intimate with her?

* 장난감 병정은 용기를 내어 고백을 하러 갔어요.
  The soldier went to her in order to confess his love.

* 발레리나 아가씨, 할 얘기가 있어요. 문 좀 열어주세요.
  Ma'am, I need to talk to you. Please open the door.

* 안에 있는 것 다 알아요, 제가 열게요~.
  I know you are there. I will open.

* 도대체 이 여자는 우리 잡아다 놓고 어디 간 거야?
  Where is she going?

* 동방신기랑 SS501, 슈퍼주니어 납치하러 간 것 같은데…….
  I think she went to kidnap Dongbangsingi, SS501, and Super Junior…….

* 장난감 병정은 꽃미남 수집이 취미인 그녀를 잊는데 그리 오랜 시간이 걸리지 않았답니다.
  He didn't need such a long time to forget her, whose hobby was collecting handsome guys.

어구 풀이 · 설명

* carrying a torch for : ~를 짝사랑하다
* become intimate with : ~와 친해지다
* I need to + 동사 원형 : ~할 필요가 있다
* in order to + 동사 원형 : ~하기 위해서

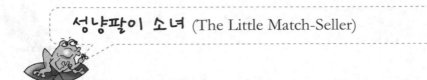

성냥팔이 소녀 (The Little Match-Seller)

사람들은 무심히 소녀를 지나쳐갑니다.

지치고 배고픈 소녀는 팔던 껌을 씹기 시작합니다.

하지만 배고픔을 이겨내지 못한 소녀는 결국 그대로 잠이 들었고, 다음날……

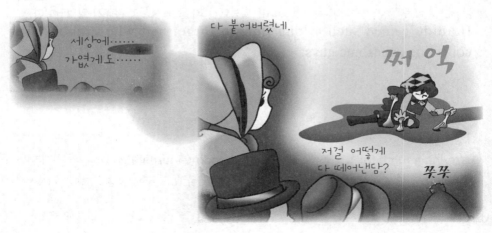

해석

● 사람들은 무심히 소녀를 지나쳐갑니다.
People just passed by the little girl.

● 성냥 사세요~. 껌도 있어요~.
Match~ Gum~

● 이번 달 카드대금 뭘로 막나. 젠장……
How can I pay for the credit card bill this month? Shoot…….

● 지치고 배고픈 소녀는 팔던 껌을 씹기 시작합니다.
The little girl, who was hungry and so tired, began chewing the gum.

● 치킨맛 껌, 케이크맛 껌……
Chicken flavor. cake flavor…….

● 하지만 배고픔을 이겨내지 못한 소녀는 결국 그대로 잠이 들었고, 다음날……
But she couldn't put up with the hunger, and fell asleep.
And next day……

● 세상에…… 가엾게도……
Oh my god…… poor thing…….

● 다 붙어버렸네.
It's stuck to her hair.

● 저걸 어떻게 다 떼어낸담?
How can she get it out?

어구 풀이 · 설명

· just passed by : ~을 지나쳐가다

· shoot : 'Shit!'라는 bad language를 나름대로 정화해서 쓰는 표현이다.

· flavor : 향, 맛

· put up with : ~을 참다, 견디다

· How can she get it out? : How can she…?는 '어떻게 ~할 수 있을는지'라는 방법을 나
타내는 표현이며, get … out은 '~을 떼어내다'라는 의미이다.

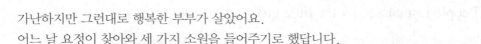

세 가지 소원 (Three Wishes)

가난하지만 그런대로 행복한 부부가 살았어요.
어느 날 요정이 찾아와 세 가지 소원을 들어주기로 했답니다.

감자가 잘 익었네.
여기다 방금
구운 소시지가
있었음 좋겠다.

아내는 어이없게 첫 번째 소원을 써버리고 맙니다.

에잇,
그놈의 소시지
당신 코에나
붙어버려!

화가 난 남편 때문에 두 번째 소원까지
써버리게 되었답니다.

우리 더 이상 욕심부리지 말고
마지막 소원은 당신을 위해 쓰자.
비록 아무 것도 얻은 거 없지만
예전처럼 행복하게 사는 거야!

난 괜찮으니까
다른 소원을 빌게요.
내 소원은……

당신 코에도 이놈의 소시지가 붙어버리는 거예요.

444

● 가난하지만 그런대로 행복한 부부가 살았어요.
There was one couple, who were very poor but happy.

● 어느 날 요정이 찾아와 세 가지 소원을 들어주기로 했답니다.
One day, a fairy visited them and she wanted to make their wishes come true.

● 감자가 잘 익었네.
The potato is well baked.

● 여기다 방금 구운 소시지가 있었음 좋겠다.
I wish I could have well baked sausage.

● 아내는 어이없게 첫 번째 소원을 써버리고 맙니다.
Oh no! His wife wasted their first wish.

● 에잇, 그놈의 소시지 당신 코에나 붙어버려!
Shoot, I wish the sausage was on your nose.

● 화가 난 남편 때문에 두 번째 소원까지 써버리게 되었답니다.
Thus the angry husband wasted their second wish.

● 우리 더 이상 욕심부리지 말고 마지막 소원은 당신을 위해 쓰자.
Let's control our avarice, let's use the last wish for you!

● 비록 아무 것도 얻은 거 없지만 예전처럼 행복하게 사는 거야!
Let's live happily like before, even though we couldn't get anything with our wishes!

● 난 괜찮으니까 다른 소원을 빌게요. 내 소원은……
I'm all right, I will make another wish. I wish……

● 당신 코에도 이놈의 소시지가 붙어버리는 거예요.
This sausage was on YOUR nose.

* there was : '~가 있다'는 표현을 쓸 때 시작하는 구문이다. be동사 뒤의 명사가 단수면 there was, 복수일 경우 there were를 사용한다.

* I wish I could have : 어떤 일이 이루어지기를 바랄 때 쓰는 표현이 I wish이다.

* Let's + 동사 원형 : ~하자

* even though + 주어 + 동사 : 비록 ~라 할지라도

빨간 망토 (Little Red Riding Hood)

해 석

● 빨간 망토야, 할머니 댁에 빵 좀 갖다 드리고 오너라.
Sweetheart, would you bring this bread to grandma?

● 네, 엄마.
Yes, Mom.

● 미리 가서 기다려야지.
I want to go there early and wait for her.

● 오늘 포식하겠군.
I will have plenty of food today.

● 지나갈 때가 됐는데⋯⋯.
I guess it's time for her to pass by⋯⋯.

어구 풀이 · 설명

* sweetheart : 애인을 부를 때, 혹은 어른들이 아이를 사랑스럽게 부를 때 쓰는 호칭이다.
* would you ⋯? : '~해주시겠어요?'라는 정중한 요청을 표현할 때 사용한다.
* I guess : '~라고 생각해'라고 자신의 의사를 표현하는 I think와 유사한 표현이다.
* it's time for ⋯ to : '누군가가 ~할 시간이다'라고 표현할 때 사용하는 구문이다.

영어회화, 내 마음대로!

영어회화 LIVE패턴
200

Good Luck To You!